아 동 상 담

이 성 한 저

청목출판사

머리말

현대의 인간생활에 있어서 상담에 대한 중요성이 점차 대두되면서부터, 전통적으로 교육과 심리분야에서 사용되었던 상담이란 용어는, 유아교육과 아동학, 그리고 사회복지 및 가족분야에 이르기까지 널리 활용되게 되었다. 사회적으로 상담이란 용어가 자주 사용됨에 따라 자연히 실천에 따른 인력수요가 문제되고 자격을 논하는 자격증 문제에까지 논의되게 되었다. 아동과 유아교육분야에서도 예외는 아니다. 아동을 상담하려면 필요한 이론적 지식과 실천력을 구비해야 하는 것은 당연한 원리가 되었다.

인간은 세상에 태어나면 누구나 정상적이고 올바른 발달을 하고 싶어 한다. 주변에서도 그러하기를 기대하고 희망한다. 그러나 출생전후의 곤란함이나 성장 생활에 따른 어려움들이 동반되게 되면, 아동은 자의든 타의든 문제를 소유하게 된다. 삶이란 항상 문제를 가지고 문제를 만들어나가는 공식이 적용되는 것이기 때문이다.

본문에서는 아동상담이 무엇이며 어떻게 진행하는 것인가에 대해 중점을 두고 기술했다. 상담에는 아동에 대한 이해가 선행되고 문제가 발생하면 문제를 해결하기 위한 노력들이 연구되어야 한다. 상담을 학습하려면 이론을 학습해야 하고 그 다음에 실천능력을 가지는 것이 순서이다. 혹 학자에 따라 실천해나가면서 이론연구를 겸하는 역의 방식을 취하기도 한다.

상담을 실천하려면 상담의 구조에 관한 교육학적인 지식도 필요하다. 또한 상담의 원리에 따른 철학적, 교육학적, 심리학적 지식을 근거로 하여 상담 프로그램의 작성, 운영방법을 학습해야하며, 아울러 현대에 이르러서는 상담의 윤리적 문제도 대두되게 되었다.

아동상담 교과목은 현행 여성가족부의 분야 안에 보육교사 자격증 관리에 있어서 필요한 과목이다. 본 교재는 크게 나누어 아래와 같이 구성되어 있다.

제1장에서 제3장까지는 아동상담의 기초를 논했다. 제4장에서 제6장까지는 상담의 방법을 기술했으며, 제7장에서 제10장까지는 상담의 이론과 실천방법을 기술했다. 그리고 제 제11장과 제 13장에서는 상담 심리치료 프로그램과 상담의 사례를 구체적으로 소개했다. 제1장에서 제10장까지를 학습한다면, 제11장부터는 실천결과이므로 현장 실천을 하는데에 참고 자료로서 활용할 수 있으리라 생각한다. 특별히 제6장 집단상담, 제9장의 놀이치료, 제10장의 음악치료, 독서치료와 미술치료 부분은 국내 저명한 선행연구자들의 연구결과를 참조, 인용하였다.

저자는 영남대학교와 동대학원 석사를 졸업하고 이후 일본 츠쿠바대학 교육학연구과 박사과정에 입학하여 졸업하기까지 가족과 함께 약 7년간 일본에서 유학생활을 했다. 일본 유학생활 동안에 츠쿠바대학의 대학원 교육학 연구과, 교육임상연구실에서 상담과 임상에 관한 실천능력을 쌓았다. 츠쿠바대학에서는 지도교수인 나카노 요시아키 선생님이 저자의 슈퍼바이저 역할을 해주셨다. 일본에서 교육임상연구실로 내담하는 다양한 문제를 가진 일본의 아동과 부모들을 대하면서 쌓은 임상실천지식이 지금까지 저자의 연구생활의 기초가 되고 있다고 해도 과언이 아니다.

본 교재의 출간은 전적으로 청목출판사의 도움으로 이루어졌다. 청목출판사의 사장님과 특히 이곳 부산에까지 서울에서 천리길을 한걸음으로 왕래해 주신 최명성 부장님, 그리고 저자의 초고를 정성껏 편집, 수정해 준 청목출판사 편집자께 감사의 말씀을 전한다. 출간의 기회를 허락하신 사랑하시는 나의 하나님께 진심으로 감사를 드린다.

마지막으로 지금쯤 많이 성장해 있을 - 교재의 제11장과 제13장에 등장하는 연구대상이 되어준- 대상아동들과 그 부모님들께 감사의 말을 전한다. 아이들의 꾸준한 바람직한 발달을 위해서 기도하면서 마지막으로 이 책이 아동상담의 길을 준비하는 학생들에게 비전을 주는 안내서가 되었으면 한다.

2007년 8월초 동삼동 고신대학교에서

이 성 한

차 례

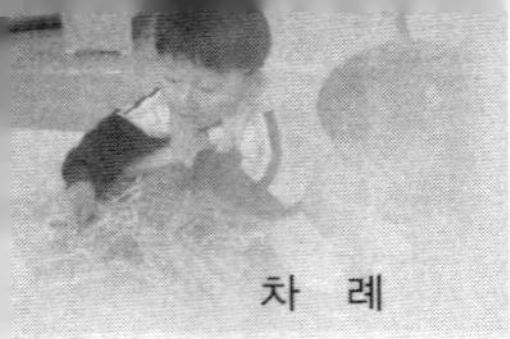

제12장 상담사 자격증 269

제13장 상담의 사례 ——— 289

제 1 장

아동상담의 개요

1. 상담의 정의

아동상담이란 영어로 child counseling이며, 아동 children을 counsel 한다는 뜻이다. 아동상담을 하려면 아동에 대한 이해와 상담의 방법 이 두 가지를 알고, 아동상담을 실천해 나가야 한다. 즉, 아동을 상담하려면 아동의 발달에 대한 이해와 아동이 나타내는 문제행동의 원리를 잘 이해할 수 있어야 하며 상담의 방법과 기술을 배워야 한다.

아동은 인간 human으로서, 감정과 정서와 생각과 사고와 행동능력을 가지고 있다. 중세시대에는 아동은 부모의 소유물이거나 감정을 가지지 않은 어린아이라고 생각하여 아동을 인격적으로 대우하는 일은 드물었으나 근대에 접어들면서부터 그러한 사상들은 사라지게 되었다. 1959년 국제연합은 아동의 권리선언을 공포하여 각국의 아동보호와 양육의 조건향상을 촉구했으며 1989년 아동권리선언은 국제협약의 지위를 갖게 되어 많은 국가들의 비준을 얻게 되었다. 이로써 보듯이 전 세계적으로 아동을 하나의 인격체로 대하려고 하는 움직임이 나타났다.

상담이란 아동의 신체적, 언어적, 표현적, 사회적, 정서적인 면에 있어서 부적응상태가 일어났을 때 아동의 건강한 발달에 도움이 되는 적절한 개입을 하여 아동의 부적응상태를 적응상태로 변화시키는 것이다.

유아나 아동기에는 스스로의 의지로 변화하는 것은 힘든 일이며 부모나 교사의 적절한 지도와 개입이 요구되는 부분이 많다. 이럴 때 아동의 나이가 어리고 문제가 가벼운 경우에는 몇 회의 단기 상담만으로 아동의 바람직한 변화를 가져올 수 있기도 한다. 그러나 문제가 심각한 경우는 상담자에 의한 장기간의 상담 또는 심리치료가 필요하다.

아동상담이란 용어는 초기엔 유아생활지도(강문희, 2000), 아동생활지도란 용어로 사용되었다(김순혜, 2001). 우리나라에서 상담의 중요성이 점차 알려지면서 아동상담이란 용어로 대학교재에 등장한 것은 2000년대부터라고 생각된다. 상담과 관련 있는 몇 가지 용어를 살펴보면 다음과 같다.

1) 생활 지도

생활지도란 영어의 guidance라는 말을 우리나라 말로 옮긴 것이다. 이 말은 이끈다, 안내하다는 동사의 guide로부터 온 것이다. 오늘날 교육학, 상담학에서 쓰는 guidance라는 말은 학생들의 생활전반에 걸친 문제를 지도하는 생활지도의 의미로 사용된다. 이는 생활지도를 통해 아동의 전인적인 발달을 돕고 그들의 적응상 성격상의 문제를 지도하자는 데에 생활지도의 의의가 있음을 말한다. 따라서 아동생활지도는 아동이 자율적인 생활습관을 가지고 보다 안정되고 통합된 성장, 발달을 하도록 체계적, 전문적으로 도와주는 교육적 활동이라고 할 수 있다.

생활지도란 부모나 교사가 모든 아동을 대상으로 아동과 그 주위세계에 대한 이해능력향상, 현명한 선택과 가치판단, 독립적이고 자율적이며 책임감 있는 결정력개발, 여러 가지 문제해결능력향상, 아동의 미래준비와 자아실현을 원조하기 위하여 학문적 이론과 실증적 연구를 토대로 한 일련의 지속적인 조력과정이며 계획된 경험의 프로그램이다

(정용부 · 고경인 · 신경일, 1999).

영어의 guidance의 정확한 의미는 생활지도 혹은 학생지도라고 번역되는 교육 용어이다(國分, 1979). 학교교육은 학습지도와 생활지도가 2개의 주축을 이룬다. 더욱이 생활지도는 교육의 가장 중요한 개념의 하나이다. 그런데 어원(가이던스)과 번역어(생활지도, 학생지도)에서는 그 차이점이 있다. 미국에서는 가이던스라는 용어는 아래의 6가지 서비스를 의미한다. ① 카운슬링, ② 심리검사, ③ 진로지도 · 취업지도, ④ 학생에 관한 기록류의 작성과 보관, ⑤ 리서치(학생의 실태조사), ⑥ 정보제공이다. 그러나 일본에 있어서의 생활지도(학생지도)는 예의 가르치기, 훈육의 기능이 주가 된다. 예를 들어 학습 자료를 가지고 오지 않은 학생에게는 즉시에 귀가시켜 학습용구를 지참시키는 등, 큰 사이즈의 바지나 장발을 금지하는 등 즉, 현실의 원칙을 제시하여 여기에 복종시키는 지도이다. 미국식의 카운슬링은 카운슬링의 상위개념 혹은 포괄적인 개념이 되지만, 일본식 가이던스는 카운슬링의 반대개념 혹은 병열개념이다. 더욱이 미국식에서 일본식을 보면 그것은 Discipline(훈육)이며 가이던스는 아니다(國分, 1991).

2) 상담

상담의 정의는 다양하다. 로저스는 "상담이란 훈련받은 상담자와 도움을 받고자 하는 내담자의 관계를 토대로 한 상호작용의 과정"이라고 했다.

일반적으로 상담이란 문제를 가진 일반인이-아동도 포함하여-그 대상이 되고 취급하는 범위가 넓다. 즉, 경도의 신경증, 문제 행동, 부모자녀 관계, 결혼 문제, 직업 선택, 인생관, 재활(Rehabilitation), 비행, 학업부진, 직장 인간관계, 진학 상담 등의 문제를 취급한다.

상담과 유사한 용어로서 자주 사용되는 심리치료는 신경증 환자, 경계선 환자, 정신병 환자에 대상이 제한되어 있고 병리적인 퍼스낼리티가 주된 대상이다.

Blocher(1996)은 상담의 목표를 일반적으로 발달적, 교육적, 예방적이라고 하며, 심리치료는 교정적, 적응성, 치료적이라고 지적했다. 학자에 따라서 심리치료와 상담(카운슬링)을 구별하는 경우도 있고, 동의어로 취급하는 경우도 있다. 치료란 의미는 인간이 지니고 있는 신체적, 정신적인 병리적 증상에 대하여 그것을 개선시켜 정상적인 기능을 할 수 있는 상태로 나아가도록 가해지는 행위이다. 여기에는 생물학적 치료와 심리치료가 있다. 즉,

① 생물학적인 치료 - 약물, 외과적 수술 등의 방법이 사용이 사용된다.
② 심리치료 - 심리학적인 방법이 사용(약물이나 수술 없이 이루어지는 몸과 마음의 질병에 대한 처치)되며, 목적은 인간의 행동변화이다.

상담이란 언어적 및 비언어적 커뮤니케이션을 통하여 건강한 사람의 행동변용을 도모하는 인간관계이다. 상담(카운슬링)과 닮은 용어가 두 가지 있다. 한 가지는 Psychotherapy이며, 또 한 가지는 Social work 이다. Psychotherapy는 병리적인 퍼스낼리티의 변용을 주목적으로 하지만 카운슬링은 문제를 포함한 건강한 사람(Normal people with problem)을 주된 대상으로 한다. Social worker는 공적 부조 등, 현실적 구체적 원조를 생각하지만 카운슬링은 면담실내에서의 상호작용이 주된 것이 된다. 여기서 카운슬링은 Psychotherapy나 Social worker와 팀을 만들어 내담자에 대한 서비스에 임하여야만 한다(國分, 1991).

카운슬링의 원조는 세 가지다. 현세기 초두의 직업지도운동, 정신위생운동, 그리고 정신측정운동이다. 이러한 세 가지 분야가 합세하여 카운슬링이라는 분야를 만들었다. 지금도 이러한 분위기가 남아 있다. 카운슬링이라고 해도, 퍼스낼리티 변용에 관계하는 사람, 직업선택이나

직업과 아이덴티티문제에 관여하는 사람, 그리고 심리검사법의 구성이나 활용법에 관여하는 사람으로 나누어진다. 그러다가 1980년대에 이르러, 실현유형이 다양화되었다. 과거에는 특정개인에게 초점을 두고 있었으나 지금은 가족, 집단, 커뮤니티로 원조의 대상이 확대되어 있다. 초기에는 치료나 문제해결에 관심이 있었으나, 그 후의 카운슬링에서는 예방, 교육적인 어프로치에도 관심을 가지게 되었다. 소위 말하는 Developmental counseling(개발적 카운슬링)이다. 더욱이 과거에는 대상자와 직접접촉을 하는 것이 보편적이었으나, 지금은 문서, 슬라이드, 강습, 집단 체험 등 방법도 다양화하고 있다. 이것은 카운슬링은 지금 전문가만의 영역이 아니라 볼런티어나 준 카운슬러가 참가할 수 있는 영역도 증가해야만 한다는 것을 의미한다.

3) 심리치료

심리치료(Psychotherapy)라는 용어에는 두 가지 의미가 포함되어 있다. 한 가지는 증상이나 장해가 심리적인 것, 혹은 그 원인이 심리적 소인일 때의 증상이나 장애를 치료, 교정, 변용하는 기법이라고 하는 견해이다. 다른 한편은 치료, 교정하는 기법이 심리적인 방법에 의한 치료기법이라고 하는 견해이다. 또한 심리적방법이라고 하는 것은 견해는 오직 언어적 커뮤니케이션의 수단 즉, 면접상담을 가르쳤으나 근래에는 행동, 반응을 이용하는 경우도 심리적 방법이라고 보게 되었다. 일본의 의료분야에서 사용되는 정신치료는 오직 후자를 가르치고 있으나, 심리학의 분야에서는 전자, 후자를 같이 취급하고 있다. 특별히 의료분야에서는 외과적 치료가나 약물치료와 대치하는 치료로서 정신치료가라고 불리게 되었다. 그러나 영어로는 어느 것이나 Psychotherapy이다.

심리치료는 보다 직접적인 원조를 실현하기 위한 여러 가지의 방법이며 수많은 입장이나 기술이 있으나 대별하면 ① 광의의 정신분석, ② 인간중심, 실존주의적, ③ 행동주의적 및 ④ 일본적의 4가지 그룹으로 나누어진다. ④의 일본적인 심리치료는 모리다 치료와 내관법이 있다. 또한 커뮤니케이션의 매체나 표현법의 근거한 분류로서는 놀이 그리고 모래상자(하코니와)치료, 심리극으로 불리는 여러 가지의 치료가 있다.

심리치료는 치료 기술적으로도 폭넓은 기술로 이루어져 있다. 크게 나누면 4가지 기법으로 이루어진다. 첫째는 면접상담법이다. 이 가운데는 정신분석 및 교류분석, 자기론에 근거한 카운슬링, 실존분석, 현실분석, 논리치료 등이 있다.

둘째는 내담자 자신의 신체나 업적의 표현활동에 근거한 치료법으로서 놀이치료, 심리극, 미술치료(Art-therapy), 모래상자치료, 인형극(Doll play), 게슈탈트요법, 레크리에이션 요법, 작업요법 등이 있다. 셋째는 광의의 행동요법으로서 오페란트 기법(강화), 행동분석, 이완훈련(Relaxation training), 자율훈련법, 암시(최면)치료, 셀프 컨트롤법(Self control), 계통적 탈감작법, 길항 제지법, 바이오 피드백법 등이 있다.

넷째는 몇 가지의 기법이나 이론을 혼합한 이론으로서 선훈련, Meditation훈련, 내관법, 모리다 요법 등이 있다. 어느 기법을 선택하더라도 내담자의 증상, 장해의 종류, 형, 상태에 따른 심리치료법을 선택하는 것이 중요하다. 유명하다고, 혹은 알려져 있다는 것만으로 이유로서 선발되어서는 안 된다. 심리치료를 마스터하는 것은 전문적 훈련을 필요로 한다.

지금까지 알아본 생활지도와 상담, 심리치료의 개념은 문제의 경중에 근거하여 화살표로 표기하면 아래와 같다.

생활지도 ⟹ 상 담 ⟹ 심리치료

4) 상담과 관련된 학문분야

상담을 생각할 때에 종종 등장하는 관련용어들을 살펴보면 아래와 같다.

임상심리학(Clinical psychology)은 심리학의 응용적인 한 부분으로 되어 있으나 정확하게 정의하기 어렵다. 임상이란 언어는 원래 마음이나 행동이 병적인 상태에 놓여 있는 사람들의 심리를 대상으로 하는 실천적인 학문이므로 정신의학과는 다르게 대상은 반드시 병적이라고 할 수 없는 범위에까지 넓게 불리고 있으며 부부나 부모자녀간의 갈등이나 불화, 혹은 직장이나 학교에서의 부적응, 비행 등도 포함된다. 이용되는 전문적인 기술이나 지식도 넓은 의미에서 심리학적 성질의 것으로서 연구실에서 탄생한 좁은 의미의 심리학의 응용이라고 하기보다는, 임상실천에서 생긴 심리학, 예를 들어, 심층심리학, 자기심리학, 최면심리학과 깊은 관계가 있다.

임상심리학이 다른 실천적 심리학분야와의 차이점은 적응이나 자기실현, 마음의 안정을 목표로 하는 전문적인 원조학이라는 점이다. 다양한 필요성이나 상태에 대응하여 발전해 왔으므로 체계로서는 일관성을 결핍하는 면도 있으나 대별하면 심리적 Assessment(사정), 심리치료, 지역사회심리학 그리고 연구의 4가지 영역이 있으며, 특히 앞의 세 가지는 실천을 강조하는 기둥이 된다. 사정이란 임상적 원조의 입장에서 면접이나 다양한 심리검사를 사용하여 인격, 태도, 능력 등을 객관적으로 파악하고 측정하는 것이며, 보통 그 결과의 보고도 포함되어 있다.

임상심리학은 비교적 새로운 학문이다. 임상심리학은 프랑스와 독일의 심리학자, 의사들로부터의 심적 이상의 분류와, 주로 영국과 미국에서 개인차의 연구에서 시작하여 초기의 작업은 진단을 목적으로 하는 개별식의 지적능력 검사작성과 실시였다. 1930년대 초에서 현재까지 임상심리학자의 관심과 활동 변화는 ① 아동과 장애의 문제에서 성인의 적응 문제로 ② 지적장애, 심리적 결함 검사에서 인격의 기술과 적응의 검사로 ③ 주로 정신이상을 분류하는 측정의 역할에서 실제 사례연구자나 심리치료가의 역할로 크게 변화하고 있다. 이러한 변화는 임상심리학의 내용이 그 목적으로 하는 면접달성에 크게 가까워졌다는 것을 의미한다. 특히 세 번째에 든 변화는 가장 중요하며 최근 20여 년간에 걸쳐서 지속적인 발전은 심리치료의 영역에 있어서 가장 현저하고 이것이 현재의 임상심리학의 특징이라고 해도 과언이 아니다. 또한, 대중의 관심도 높아졌다. L. Witmer(1867-1956)이 1896년에 미국의 펜실베니아 대학에 세계 최초로 심리클리닉을 창설하고 임상심리학이라는 용어를 사용한 것이 그 선례이다(森谷, 2005).

상담심리(Counseling psychology)란 인간관계를 연구하는 심리학이다. 구체적으로는 다음과 같은 여러 가지 주제의 해답을 찾고자 하는 것이다. 인간이란 무엇인가, 인간의 성격, 행동은 어떻게 형성되는가, 그것은 어떻게 분류되는가, 또는 측정되는가, 문제행동은 어떠한 기제에서 발생되는가, 낫는다는 것은 무엇인가, 건강하다는 것은 무엇인가(즉, 카운슬링의 목표는 무엇인가), 내담자의 행동변용을 위해서는 어떠한 조건이 필요한데 이러한 질문에 답하는 것이 상담 심리학이다. 이 심리학의 주체는 성격론, 병리론(Etiology), 치료론이라는 것이 된다.

상담심리학은 이러한 3대분류에 관한 지식체계와 연구(Research)를 의미하고 치료의 실천 활동을 카운슬링이라고 칭하는 일이 많다. 즉, 카운슬링은 실천지향이며, 카운슬링 심리학은 연구(Research)지향이라는 것이다. 따라서 미국에서는 카운슬링 심리학이란 박사학위 취득자를, 카운슬러란 석사레벨 혹은 거기에 준하는 교육을 취득한 자를 가리키는 일이 많다. 여기서 카운슬링 심리학이라고 하는 독립적인 지식체계는 없다. 성격론, 심리검사, 카운슬링이론, 면접기법, 직업발달론, 직업지도, 방법론, 문화와 퍼스낼리티, 연구법, 가이던스 등 일종의 과목군을 상담심리학이라고 부른다. 그리고 이러한 과목군은 미국의 대학원의 경우 교육학연구과에 속한다. 한편 임상심리학관계의 과목은 심리학

연구과 소속한다. 이것은 교육적 요소가 강한 인간관계(카운슬링)와 치료적 색채가 짙은 인간관계(Psychotherapy)라는 경우로 각각 연구대상이 서로 다른 것을 시사한다.

2. 문제행동의 개념

문제행동이란 영어로 problem behavior이며, 문제아동(Problem children)이란 문제행동을 가진 아동을 말한다. 그러나 구체적으로 어느 아동이 문제아가 되는지를 말하자면 문제라는 것 자체가 다의적이므로 그 결정은 간단하지 않다. 문제아동과 유사어로는 이상아(Abnormal children), 특수아(Exceptional children), 부적응아(Maladjusted children) 등이 있고, 일반적으로 문제가 없는 아동을 정상아동이라 하고 문제아동이란 거기에서 벗어난 경우를 말하지만, 어디까지를 정상으로 할까에 따라 문제아, 정상아의 경계도 달라진다. 사람에 따라 입장에 따라 문제아라고 하는 구분도 문제성의 중요함의 평가도 무척 다르다. 문제아가 가지고 있는 문제성의 무게를, 교사, 부모, 임상 심리 전문가 등의 입장의 차이에 각각 평정되어 상호 비교한 연구는 미국의 E. K. Wickman을 시작으로 일본의 시나가와 후지로, 다나카 켄 등 수없이 많이 있으며 평정자에 의해서 차이의 크기를 명확히 하고 있다. 예를 들어 교사와 임상심리전문가는 교사가 교실에서 취급하기 어려운 것을 중대하게 생각하는데 비해서, 임상심리전문가는 아동의 장래나 보다 넓은 사회적 입장에서 평정하는 경향이 보인다. 즉, 교사에게는 권위에 따르지 않는 교실의 질서를 어지럽히는 등이 문제행동의 상위에 오는데 비해서, 임상심리전문가에 있어서는 은둔형 외톨이와 같은 비사회적 문제가 중대시된다.

문제성의 견해가 이렇게 사람에 따라 입장에 따라 다르기 때문에 정도가 가벼운 것에 대해서는 문제아동이라고 할 것인가 아닌가의 평정에는 혼란된다. 어떤 의미에서는 인간인 이상은 불완전하며 모든 사람이 크든 적든지 간에 문제를 가지고 있다고 할 수 있다. 또한 인간이 위기적 장면에 놓이게 되면 격분하여 난폭해지거나 비관하여 고독해지거나 한다.

그러므로 문제아동이라고 할 때에는 ① 문제성의 정도가 심할 것, ② 그 문제가 지속성을 가지고 있을 것을 조건으로 해야 한다.

문제아동이란 넓게는 정신박약아, 맹아, 농아, 지체부자유아, 문제성을 가진 아동을 지칭하지만 일반적으로는 행동문제아동을 말한다. 행동문제아동이란 예를 들어 등교거부아, 폭력, 비행, 섭식이상, 심신증, 자폐증, 자살 등을 행하는 아동을 말하는 경우가 많다. 문제아동이라고 하는 일반적인 정의가 있는 것은 아니다. 누가 어떤 목적으로(혹은 어떤 의미로서), 어떠한 것을 문제로 하는 것인가가 문제이며 문제아동에게 그렇다는 인식을 붙여서 그 문제아동을 배제 혹은 차별하는 것이 아니라 왜 그렇게 문제행동을 일으키는가, 어떻게 하면 해결할 수 있을까를 추구하는 것이 중요하다. 문제행동은 선천적으로 가지고 있는 소질이나 성장도중의 환경조건 등에 의해서 생겨나는 것으로서 해결에는 교육과 정신검사, 분석, 뇌파측정 등의 전문가와 협력하여 행하는 것이 중요하다.

3. 문제행동의 종류

아동상담에서는 아동의 발달의 문제, 생활습관의 문제, 행동상의 문제, 반사회적인 것, 비사회적인 것, 언어적 문제, 발달장애의 문제, 건강상의 문제, 부모양육 태도의 문제, 나아가 학령기 아동에게 있어서는 학교생활의 적응문제, 친구관계, 선생님과의 관계, 학습의 장애나 곤란, 등 다양한 문제를 상담한다. 아동의 문제행동의 종류에 대해서는 DSM-Ⅳ-TR의 예를 들어 설명하기로 한다.

1) DSM-Ⅳ-TR에서 분류한 유아기, 아동기, 청소년기의 정신장애유형(Michael et al., 2004)

유아기, 아동기, 청소년기에 처음으로 진단되는 장애	
정신지체	가벼운 정도, 중간정도, 심한 정도, 깊은 정도, 달리 분류되지 않는 정신지체
학습장애	읽기장애, 쓰기장애, 수학 장애, 달리 분류되지 않는 학습장애
운동기술장애	발달성 근육운동 조정장애
의사소통장애	표현성언어장애, 혼합수용-표현언어장애, 조음장애, 말더듬, 달리 분류되지 않는 의사소통장애
광범위성 발달장애	자폐장애, 레트장애, 아동기붕괴성장애, 아스퍼거장애, 달리 분류되지 않는 광범위성발달장애
주의력결핍 및 파괴적 행동	주의력결핍 및 과잉행동장애, 품행장애, 반항성장애, 달리 분류되지 않는 주의력결핍 및 과잉활동장애
유아기 또는 초기아동기의 급식 및 섭식장애	이식증, 반추장애, 유아기 또는 초기아동기의 섭식장애
틱장애	뚜렛장애, 만성운동성장애, 음성틱장애, 일과성탁장애, 달리 분류되지 않는 틱장애
배설장애	유분증, 유뇨증
기타 장애	분리불안장애, 선택적함구증, 유아기 또는 아동기의 반응성애착장애, 그 외

2) 문제의 종류(이태연 · 최명구, 2006)

① 영 · 유아기문제

유아자폐증

주의력결핍 및 과잉행동장애

회피 장애

과잉불안장애

영아기 우울과 애착

분리불안장애

② 아동기의 부적응문제

집단따돌림(왕따)
학교거부증
학습장애
품행장애
독서 장애(난독증)
아동학대

③ 청소년기

학교폭력
자살
약물남용
인터넷 중독과 사이버문화

④ 이상행동

정신분열증
기분장애
불안장애
신체형장애
해리장애
성격장애

3) **발달장애의 분류**(太田, 2006)

고집과 강박 증상
언어장애와 주의력결함 다동성 장애(ADHD)
자폐증
학습장애
뚜렛증후군(Tourette)
지적장애(정신지체)
발달장애와 간질
발달장애로 본 등교거부
발달기의 청각장애와 언어

4) **아동기 정신장애의 분류**(河合, 山登, 2006)

소아자폐증
우울증
섭식장애
강박성장애
정신분열증
학습장애
주의력결핍 과잉행동장애
등교거부

지적장애
소년비행
청소년의 약물의존증
착한 아이 증후군
아동학대문제
청소년의 정신장애와 사회복귀
아동 자살문제

4. 정상과 이상

어떤 기준을 근거로 하여 정상과 이상을 판단하고 있는지 알아보기 위해 김나영·이승희(2001), 이태연·최명구(2006)의 연구를 참고로 하여 그 판단기준을 검토하기로 한다.

① 통계적 기준

이것은 통계적으로 보아 평균적인 것을 정상으로 간주하며 평균으로부터 일정한 기준의 범위를 넘어 일탈된 것을 문제라고 하는 입장이다. 다시 말하면 어떤 기준 이내에 있는 것은 정상이지만 그것을 일탈하면 문제가 있거나 문제가 있을 가능성이 있을지도 모른다고 생각하는 것이다.

이렇게 평균이나 확률을 기준으로 하여 판단하는 것이 통계적 기준이다. 심리학적인 문제로 말한다면 다양한 행동특성이나 능력에 대해서 평균으로부터의 일탈 정도를 보고 그 일탈이 클수록 이상의 정도가 크다고 생각한다. 그러나 행동특성이나 능력은 신장이나 체중처럼 명확하게 평균을 내기가 어려우며 따라서 일탈을 판단하기도 어렵다. 또한 아동의 행동은 변화가 많기 때문에 단 한번의 검사결과로 판단하는 것은 위험하다. 여러 번의 검사나 계속적인 관찰에 의해 비로소 정확하게 파악될 수 있다.

② 사회문화적(가치적)기준

유아의 성장에 대해 가지고 있는 많은 기대나 이상으로부터 생긴 가치적 기준에 비추어 정상과 이상을 판단하는 것이다. 이 가치적 기준이 만들어지는 배경에는 역사적, 사회적으로 만들어져 온 이상적인 모습이나 바람직한 것에 대한 사회적 통념이 존재한다. 따라서 가치적인 기준은 개인, 사회, 문화, 시대 등에 따라 달라지며 변화한다.

③ 의학적 기준

의학적 기준이나 검사 등에 의해 판단하며 정상과 이상 사이는 비연속적이며 질적인 차이가 있다고 가정한다. 심신의 구조 및 기능에 있어서 확실히 정상과는 다른 결함이나 장애나 특징을 가진 것을 병적 또는 이상으로 판단하는 객관적인 기준이다. 그러나 증상이 가벼운 경우에는 판단에 있어서 의사들 사이에서도 차이가 생길 수 있으며 이 기준에서도 이상과 정상의 경계를 짓는 것이 현실적으로 어렵다.

④ 발달적 기준

발달적 기준은 그 연령에 맞는 발달단계에 따라 발달이 이루어졌는가 아닌가에 따라 정상과 이상을 판단하려는 것이다. 이 기준의 기저에도 통계적 기준이 적용하고 있다. 발달적 기준에 따르면 같은 행동이라도 어떤 연령의 유아에게는 정상이지만 다른 연령에서는 이상일 수 있다. 그러나 유아의 발달은 개인차가 크며 늦을 때도 빠를 때도 있으므로 이 기준에서는 충분히 고려해야 한다.

⑤ 행동의 적응성 기준

어떤 행동이 그 개인과 집단, 사회의 복지와 안전에 나쁜 영향을 줄 때 그 행동을 비정상적 행동이라고 판단하는 것이다. 예를 들어 사람과 접촉하는 것을 두려워하여 외출을 못하거나 버스, 전철을 못타는 경우 그 사람의 생활은 많은 지장을 받는다. 또한 아무 죄가 없는 사람에게 종종 폭력을 가하거나 해를 입히는 타인의 안전과 복지에 큰 지장을 준다는 점에서 비정상적인 행동으로 본다.

⑥ 주관적 고통의 기준

개인이 경험하고 있는 심리적 그리고 신체적 고통의 정도가 얼마나 심한가에 따라 정상과 이상을 구분하는 것을 말한다. 불안, 우울, 죄책감 같은 것은 남들이 보기에는 대수롭지 않아 보이지만 그것을 경험하는 사람에게는 매우 고통스러울 수 있다.

제 2 장

아동발달과 상담

1. 발달의 원리

발달은 출생 후 청년기까지의 상승적인 과정과 청년기 이후부터 사망하기까지의 하강적 과정의 모두 포함한다. 발달은 양적인 변화와 질적인 변화가 있는데, 양적인 변화는 키, 몸무게 등의 신체변화와 같은 크기와 양의 증가현상이며, 질적 변화란 분화되지 못한 낮은 수준에서 정밀화된 높은 수준으로의 구조적 변화와 미숙한 수준에서 유능한 수준으로의 기능적 변화를 말한다. 성숙은 목소리의 변성, 초경, 뇌기능의 분화, 사춘기와 같은 신체적, 심리적 변화를 의미한다. 성장은 키, 몸무게, 근육의 증가와 같은 단순한 양적변화를 의미한다. 발달이란 시간에 따라 성숙과 경험이 양적, 질적으로 상승과 하강을 역동적으로 나타내는 신체적, 심리적 변화이다.

발달의 원리는 다음과 같다(Hurlock, 1964)

(1) 발달은 일정한 순서에 따라 일어난다.

(2) 발달은 연속적이다.

(3) 발달에는 방향이 있다.

(4) 발달은 서로 다른 속도로 진행된다.
(5) 발달에는 상관이 있다. 즉, 서로 밀접히 관련되어 발달한다.
(6) 발달은 개체와 환경과의 상호작용에 따른다.
(7) 발달은 분화와 통합의 과정이다.
(8) 발달에는 개인차가 있다.

2. 발달의 단계

훌록(Hurlock, 1964)은 전 생애의 발달을 발달심리학적으로 분류하면서 태아기, 유아기, 아동전기, 아동후기, 청년기, 성인기, 중년기, 노년기의 여덟 단계로 구분하였다.

(1) 유아기: 출생에서 2세
(2) 아동전기: 2세~6세
(3) 아동후기: 6~11세
(4) 청년기: 11~21세(17세까지를 청소년기, 12~14세: 과도기: 청년전기 14~18세, 청년후기: 18~25세)
(5) 성인기: 22~40세
(6) 중년기: 40~65세
(7) 노년기: 65세~사망

일반적으로 학자들마다 인간발달단계에 대한 입장의 차이는 있으나 일반적으로 아동발달은 그 연령범위를 수정 이후 학령기까지 보고 이 시기를 태내기(수정 이후 출산), 신생아기(출생~4주), 영아기(5주~24개월), 유아기(2세~초등학교 입학전), 아동기(6세~11세)로 나눈다. 이처럼 발달단계나 시기를 구분하는 연령범위는 거의 비슷한데 시기에 대한 명칭 및 시기는 다소 차이가 있다.

3. 발달이론

1) 에릭슨의 심리사회적 발달단계

에릭슨(E. H. Erikson, 1902~1994)은 현대정신분석, 자아심리학의 대표적 이론가이다. 그가 연구한 자아정체감(Identity)의 단어는 현대 미국사회에서 가장 이용되는 단어이다. 에릭슨은 1902년 유대교 집안의 프랑크푸르트지역에서 태어났다. 그는 미술교사가 되어 빈에서 프로이트와 친분을 쌓았다. 안나 프로이트에게서 아동분석지도를 받고 31세에 미국으로 이주하여 이듬해 하버드대학의 교수가 되었다. 에릭슨은 1960년에 스탠포드 대학의 행동과학센터에서 1년간 체제, 하버드대학 인간발달연구소의 교수가 되었다.

그는 프로이트보다 인간본성에 대해 긍정적인 관점을 가졌으며 프로이트가 인간 성격형성에서 인생의 초기 6년간의 경험을 강조한 것에 반해 에릭슨은 전 생애에 걸쳐 인간의 성격이 계속 발달한다고 주장했다. 그는 개인의 자아는 부모와 사회적 및 역사적 환경의 영향을 받아 평생 동안 성장, 발달한다고 보았다.

에릭슨의 주요개념은 자아정체감의 발달이다. 에릭슨은 변화하는 욕구를 충족시키고자 환경과 접촉하는 과정에서 아동의 자아양식이 경험하는 위기와 극복과정을 성격발달의 주요인으로 본다. 아동은 긍정적 경험비율이 부정적 경험비율보다 높으면 위기는 긍정적으로 회복되고 아동은 긍정적 성격으로 발달하지만 반대의 경우 부정적 성격을 낳게 된다. 에릭슨의 심리사회적 발달단계이론은 아래와 같다.

• **영유아기**(Infant: 출생에서 1세)는 기본적 신뢰감 대 불신감(Trust 대 Mistrust)의 시기로서 자신, 타인, 환경에 대한 신뢰감을

쌓기 위해서 최대한의 보살핌과 최소한의 불확실성을 요구한다.

- **영아기**(Toddler: 1~3세)시기는 자율성대 수치감(Autonomy 대 Shame and Doubt)로서 자존감을 유지하면서 물리적환경을 열심히 탐색하는 시기이다.
- **유아기**(Preschooler: 3~5세)는 주도성 대 죄책감(Initiative 대 Guilt)시기로서 양심과 성적 정체감(Conscience and sexual identity)을 발달시키는 시기이다.
- **학동기**(School-Age Child: 6~11세)는 근면성 대 열등감(Industry 대 Inferiority)을 발달시키는 시기로서 기능을 연마함으로서 자신의 가치감정을 개발하는데 주력한다.
- **청소년기**(Adolescent: 12~18세)는 자아정체감과 역할 혼돈의 시기(Identity 대 Role Confusion)로서 역할모델과 동료의 압력하에 많은 역할들(아동, 형제, 학생 등)을 자신의 이미지로 통합하는데 주력한다.
- **청년기**(Young Adult: 18~35세)는 친밀감 대 고립감(Intimacy 대 Isolation)의 시기로서 개인적 약속, 다른 배우자나 파트너나 부모에게 개인적인 동의를 만드는 일을 학습한다.
- **중년기**(Middle-Age Adult: 35~55세)는 생산성 대 침체성(Generativity 대 Stagnation)로서 경력과 가족과 시민이 누리는 흥미를 통한 만족감을 추구한다.
- **장년기**(Older Adult: 55세 이상)는 자아통합 대 절망기(Integrity 대 Despair)로서 생의 성취를 되돌아보고 잃은 것을 회고하고 죽음에 대한 준비를 한다.

에릭슨에 있어서 정신병리 현상은 자신이 경험하는 것에 대한 통제감이 부족한 혼란스러운 정체감을 지닌 사람들을 말하며 이들의 자아는 미약하거나 부적절하여 타인들과 관계를 잘 맺을 수 없고 사회내에서도 자신의 자리를 공고히 하지 못한다. 그렇기에 에릭슨은 내담자를 치료하는 것은 정체감을 강화시키는 치료적 경험을 하게 하는 것이라고 믿었다.

2) 피아제의 인지발달단계

피아제(Jean Piaget, 1896~1980)는 인지발달의 단계를 이야기 했다. 피아제는 스위스의 Neuchatel 시에서 태어났다. Neuchatel 대학에서 연체동물연구로 학위를 받고 그 후부터 생애의 연구가 된 인지발생에 관한 연구에 착수했다. 1929년 이후 쥬네브 대학 이학부 교수, 1952년에서 1963년까지 솔본느대학 교수를 역임했다.

① 피아제 연구의 중심은 발생인식론이다. 낮은 인지의 상태에서 높은 인지의 상태로의 발달을 연구하는 과학이다. 인지과정은 주체와 객체의 상호작용이며 이 연구에는 제 과학과의 협동에 의한 발생심리학적 방법을 취하는 것이 필요하다. 피아제의 심리학은 이러한 점에서 현저한 독자성을 나타내게 되었다.

② 인지는 대상을 행동의 쉐마(구조)에 넣는 것, 즉, 동화(Assimilation)이다. 따라서 모든 인지는 동화에 의해서 객관적인 대상의 인지를 왜곡시키게 된다. 객관적인 인지에 근접하기 위해서는 행동의 쉐마를 대상에 적합하도록 변화시키는 것, 즉, 인지의 발달은 동화와 조절과의 만진적 균형화(Equilibration)의 과정이다. 균형화의 과정은 동시에 구조의 양체제화의 과정이다.

③ 인지의 발달과정을 행동의 구조에 의해 구분하면 다음과 같다.

가. **감각운동기**: 탄생에서 언어의 발달이 시작되는 1세반에서 약 3세까지

나. **전조작적 사고기**: 사고는 발달하기 시작하지만 조작(가역적 사고)은 아직 발달하지 않았다. 6~7세까지

다. **구체적 조작기**: 조작이 발달하기 시작한다. 수, 양, 시간, 공간 등의 보존(Conservation), 즉, 객관적인지의 기초가 형성된다. 11~

12세까지

라. **형식적 조작기**: 전 단계는 수와 관계의 논리를 중심으로 한 조작이었으나 이 단계는 명제의 논리에 의한 조작이 발달한다. 14~15세경

④ 자기중심성은 인지행동의 미발달한 전조작적사고의 특성이다.

⑤ 피아제의 인지의 발달설은 경험설도 이성설도 아니고 주체와 객체와의 교섭에 중점을 둔 상호작용설이다. 또한 정신작용의 생물학적 기초, 주체의 자발적 적극적 활동, 정신의 전체성(구조)을 강력히 주장한다.

인지구조가 발달하는 데에는 성숙과 더불어 환경적 요인이 크게 관여한다. 환경적 요인은 사물을 대상으로 하는 지적활동인 물리적 경험과 사람과의 상호작용인 사회적 요인으로 구성된다. 이들 요인을 적합한 방식으로 통합하고 조정하는 개인의 내재적 능력이 필요하다고 보고, 이를 평형화라고 불렀다. 평형화는 개인이 스스로 자신의 인지구조를 형성하고 재구성하는 인지발달의 핵심기능이라고 했다.

3) 매슬로우의 발달이론

매슬로우(Abraham. H. Maslow, 1908~1970)는 미국심리학자이며 뉴욕의 브룩크린에서 출생하여 1934년 위스콘신대학에서 박사학위를 취득했다. 1967년~1968년에는 미국심리학회 회장을 역임했다. 그는 미국심리학의 3대 유파의 한 분야를 차지했다. 실존적, 현상학적, 휴머니즘 심리학의 기수의 한명으로서 활약하고 인간성 심리학 잡지(Journal of Humanistic Paychology)의 창간에 공헌했다.

그의 관심은 동물실험에서 시작하여 이상(Abnormal)심리학이나 퍼스낼리티 이론과 동기화연구로 옮겨가고 정상적인 성숙한 건강한 인간연구를 전개했다. 그의 주장에 의하면 종래 전통적인 심리학에서는 과학의 모델이 일반적으로 사물, 물체, 동물, 부분 등을 취급하는 비인격

적인 과학에서 전승되어 왔다. 따라서 심리학의 연구에서는 쥐와 같은 동물의 행동, 미성숙한 인간, 질병을 가진 인간, 말초적 행동 등의 연구가 크게 다루어지고 인간적인 것, 즉, 가치, 개성, 의식, 미, 초월, 윤리 등의 문제에 충분히 취급하지 않았다. 그러나 그는 이러한 영역을 충분히 과학적으로 취급할 수 있는 것이라고 했다. 실제로 그는 심리학의 연구영역을 확대하고 비교적 탐구되지 않았던 건강심리학, 자기실현, 지고체험(Peak experience), 창조성 연구의 길을 개척했다. 특히 자기실현하는 사람들에 관한 심리학적 건강의 연구는 심리학자이외의 사람들에게도 큰 관심을 불러일으켰다(村山, 1987).

그의 이론은 초기는 이상심리, 임상심리에서 시작하였으나 그 후는 정상적인 성숙한 건강한 인격에 관해서 동기, 자기실현, 창조성, 정신위생 등을 연구한 것이 많다.

인간은 각자 자신의 잠재력을 발달, 성장시키고 완성시킬 수 있는 본능적 욕구를 가지고 태어난다고 보고 인간의 성장에 많은 관심을 두었다. 프로이트는 인간을 부정적인 관점으로 바라보았으나, 그는 인간이 환경과의 상호작용을 통해 내적에너지를 수정하면서 계속 성장하고 발달함에 따라 인간이 자신을 형성해나간다는 이론을 세웠다. 그는 정신분석과 행동주의를 강하게 비판했다. 매슬로우는 심리학이 인간의 병리적인 측면보다는 건강한 본성에 더 큰 관심을 가져야 한다고 주장했다.

그는 인간의 행동을 활성화시키는 다섯 가지 타고난 욕구를 제안하였다. 인간의 선천적 욕구는 생리적 욕구, 안전욕구, 소속감과 사랑의 욕구, 존중욕구, 그리고 자아실현욕구이다. 욕구는 그 자체로서 본능적이며 인간은 태어나면서부터 이러한 욕구를 지니게 된다. 그러나 이러한 욕구를 충족시키기 위해서 우리가 하는 행동은 선천적인 것이 아니라 학습에 의한 것이다. 하위단계에 속한 욕구는 보다 생존에 필요한 욕구이고 상위에 있는 욕구는 성장에 필요한 것이다. 이러한 욕구가 충족되지 못하면 성격이 충분히 발달하는데 방해를 받게 된다.

매슬로우의 위계 중 처음 4가지 수준이 충분히 만족되어야만 아동들은 정보습득과 이해의 발달등과 같은 인지발달을 준비하게 된다.

〈표 2-1〉 프로이트와 에릭슨의 발달단계의 비교

발달시기	프로이트	에릭슨	중심사회관계
출생~1세	구강기	신뢰감 대 불신	어머니 또는 주보호자
1세~3세	항문기	자율성 대 수치회의	가족
3세~6세	남근기	주도성 대 죄책감	또래집단, 이웃
6세~11세	잠재기	근면성 대 열등감	학교친구, 교사
청소년기	성기기	정체성 대 정체성혼란	또래집단

〈표 2-2〉 피아제의 인지발달 4단계

단계	발달시기	발달특징
감각운동기	출생~2세	· 감각과 신체적 운동
전조작기	2세~7세	· 비언어적 상징적 활동증가 · 직관적 사고(물질 보전개념이 없다) · 자기중심적 사고 · 물활론적 사고
구체적 조작기	7세~11세	· 거시적이고 구체적인 차원에서의 논리적 사고 · 자기중심성의 감소와 보존개념의 획득 · 물체분류, 유목화, 서열화능력이 생김
형식적 조작기	11세 이후	· 논리적 사고가 가능 · 논리적 연역성 획득하여 문제해결력 증가

4. 발달단계에 따른 특성

1) 태내기

태내기는 임산부의 신체적 건강과 정신상태가 태아의 정신, 신체발달에 직접 영향을 미친다. 임신 중 어머니의 태교가 직접 태아에게 영향을 미치는 것은 예부터 잘 알려져 왔다. 음식태교, 태담 태교, 음악태교(임신 6주에 조금씩 귀가 만들어지기 시작해 임신 5개월 즉, 22주가 지나면 내이가 완성되며 이때부터 어른과 거의 다름없는 청각을 가지게 된다), 시각태교 등이 있다. 행복한 임신은 행복한 아이를 낳게 하고 행복하게 태어난 아이는 자라서 행복한 세상을 산다고 믿는다. 그래서 어머니를 행복하게 만들어주는 태교는 대단한 의미를 갖는 일이 된다(임종렬, 1999).

2) 신생아기(0~1개월)

갓 태어난 신생아는 내, 외적으로 미분화되어 있는 상태에서 단지 유기체내부의 자극에 반응할 뿐이다. 배가 고플 때, 잠이 올 때, 기저귀가 축축할 때 등의 자신의 몸이 불편할 때 본능적으로 반사한다. 외계에 대한인지는 자신을 직접 보살펴주는 양육자(대상: object)즉, 어머니와의 관계에서 형성되어 가며 이렇게 되면 자신과 외부세계를 구분할 줄 알게 되어 자아의식이 싹트는 것은 생후 3개월이 되어야 한다.

3) 영아기(생후 1개월~18개월)

영아기는 젖 먹는 시기인 0~1세로 프로이트가 말하는 구강기에 해당된다. 생후 1년 동안의 인간으로서 심리적 탄생과 발달적 변화는 대단한 것이다. 이 시기 동안에 성취해야 할 심리적 발달과업은 일생의 기초과업으로 중요하다. 그것은 바로 특정한 사람과의 애착관계형성이다. 양육자와의 애착관계를 형성해야 하는데 이러한 애착은 유아의 생존에 절대적인 기초가 되는 중요한 과업이며 이는 신체발달에 모두 직접 관계된다. 애착을 통해서 유아는 충분한 심리적 · 신체적 영양공급을 받아 건강한 발육이 가능하며 어머니와의 애정관계에서 정서적 안정과 건강한 생활을 해낼 수 있기 때문이다. 이 시기에 양육자를 대하는 일관적인 방식이 없거나 매우 이상하고 이해하기 힘든 행동을 하는 즉, 체계화되지 않은 적응방식과 반응들을 보이는, 모든 것이 뒤죽박죽인 아이들은 혼란된 유형으로 구분되며 이러한 증상은 특히 학대를 받고 자란 아이들과 정신건강 상담서비스를 찾는 사람들에게서 많이 발견된다.

인간의 뇌는 만 세 살경이면 기초공사가 마무리된다고 한다. 특히 생후 1년은 인간의 뇌 발달에 가장 중요한 시기이다. 기본적인 감정들을 다루는 회로들이 자리를 잡는 시기이기 때문이다. 이 시기에 아이가 필요로 하는 것들을 양육자가 잘 알아내어 아이를 잘 보살펴주면 아이는 기분이 좋고 그렇게 되면 기본적으로 편안한 감정과 관련된 뇌의 회로들이 주도권을 잡은 상태에서 뇌 회로를 설치하는 배선작업이 진행될 것이다. 아이와 양육자와의 관계는 나중에 아이가 크면서 만나는 다른 사람들과의 관계의 기본 틀이 된다. 따라서 이러한 아이는 다른 사람들도 양육자처럼 기본적으로 좋은 사람이고 자신을 좋아해 주고 칭찬해 주리라는 기대를 가지게 될 것이라는 것이다. 그리고 자신도 타인들에게 도움이 되고 타인을 인정해 주고 격려해 줄 수 있는 사람으로 성장할 것이다. 반면 양육자가 아이에게 일관적이고 기분이 내킬 때에만 아이의 요구를 들어주거나 지나치게 간섭을 하여 정서적으로 안정이 되지 못하여 기분변화가 심하고 변덕이 심하다면 아이는 역시 양육자에게 짜증이 나고 화가 날 것이다. 불안정한 애착의 중요원인 중의 하나는 양육자, 즉 어머니 자신의 문제라고 볼 수 있다. 어머니 자신이 정신적으로 불안하고 양육에 일관성이 없고 자신이 없고 긴장과 불안이 전달되는 경우이다. 불안정한 애착을 이룬 유아는 안전한 애착을 이룬 유아들보다 훨씬 정신적·행동적 문제를 가질 확률이 높다는 것이다. 정신적으로 분리불안장애, 우울, 자폐증, 행동장애, 분노발작, 식욕부진, 비만증, 거식증 등의 신경증이나 발달장애, 기타 대인관계에 있어서 장애가 불안전한 애착을 가진 경우가 많다는 것이다(Bowlby, 1966).

4) 걸음마기(18~36개월 미만)

걸음마기인 영유아는 걸음마를 시작하고 대소변을 가리며 언어를 배우기 시작한다. 자신이 남과 틀리다는 것을 느끼기 시작하고 자기주장을 내세우며 개성을 형성하는 동시에 부모의 통제, 감독, 지도를 통해 자기통제의 능력을 획득한다. 이 시기에 옳고그름, 청결과 불결, 사랑과 미움, 협조와 고집, 자기주장과 자기억제, 법과 질서의 조화적 균형을 배워야 한다. 이 시기에 형제와 경쟁도 시작되며 부모와 형제들과 어떻게 감성적으로 관계를 갖는가를 배우기 시작한다.

이 시기는 부모의 확고하고 믿음직한 통제와 지도가 필요하다. 독립성과 자율성을 최대한 길러줌과 동시에 너무 자기주장만을 내세우는 경향을 통제하고 자기충동 특히 공격적 충동을 억제 할 수 있는 능력을 길러줌이 필요하다. 옳고그름, 깨끗함과 불결함을 분명히 가르치고 협조의 정신을 길러줌이 중요하다. 무조건의 허용과 반대로 과잉통제는 둘 다 해가 된다. 아이의 욕구에 따뜻하고 애정 있는 태도가 절대적으로 필요한 시기이다.

5) 유아기(만 3세~6세)

유아는 자기가 원하는 바를 솔선 추구하기 시작한다. 같은 성의 부모와 자기를 동일시함으로써 어떤 것이 남자이고 여자인지를 배우게 된다. 남자아이는 남성다워지고 여자아이는 여성다워진다. 동시에 사회라는 개념 등이 생기고 사회적 풍습과 전통, 가치관을 부모를 통해 흡수하며 동시에 양심, 죄의식 등에 대한 개념도 갖기 시작한다.

남자의 경우, 남성다운 운동과 활동을, 여자인 경우 여성다운 활동을 고무시킴으로써 여성과 남성의 역할을 이해하도록 도와준다. 유아기의 아동은 자연스럽게 남여의 특질에 따른 행동을 나타내게 된다. 가정에서의 바람직한 부부의 역할이 아동에게 중요한 모델이 된다고 보겠다. 이 시기부터 도덕성이 싹트기 시작하고 생활습관이 형성되는 시기이므로 생활습관 지도의 필요성이 요구된다.

단체생활에 있어서의 문제행동의 특징으로서 동작이 늦은 아이, 기본적 생활 습관이 형성되기 어려운 아동, 자신의 마음대로 행동하는 아동, 전제적인 행동을 하는 독점적인 아동, 모자분리가 되지 않는 아동, 자폐적 경향을 나타내는 아동 등이 있다.

6) 아동기 발달(6세~12세)

아동기는 6~7세부터 12세경인 초등학교 시기이며 심리 사회학적으로 학령기라 하고, 정신분석학에서는 성적 잠복기라 고한다. 아동기는 신체와 신경계의 급속한 성장과 더불어 심리적 환경의 변화와 함께 현저한 정신적 발달이 이루어지는 시기이다. 이 시기는 아동의 관심이 부모와 가정 밖으로 나아가 동성의 친구나 단체에서 안전감을 추구한다. 또한 또래집단이나 패거리를 만들어 거기에서 나름대로의 만든 규칙에 절대적으로 따르고 충성하도록 한다. 그리고 학업에 관심을 쏟고 동성의 친구들이나 교사 그밖에 직계가족 이외의 다른 사람들에게 인간적인 관심을 가지기 시작하며 인생에 필요한 기술을 익히고 적응능력을 기른다.

이 시기의 교우관계 실패는 아동의 발달을 저해하는 가장 일차적인 요인이 될 수 있으므로 가정이나 학교에서의 세심한 배려와 지도가 필요하다. 학교생활은 아동의 성격발달에 결정적인 역할을 하게 된다. 학교에서의 계속적인 성공이나 실패경험은 아동의 발달에도 중요한 영향을 미치게 되므로 학업성적을 통한 아동의 바람직한 지도가 요구된다. 학업성적이 불량한 학생은 학급집단에서 소외되고 성격발달에 있어서도 거부. 고립, 열등감등 바람직하지 못한 영향을 받게 된다.

아동기의 발달과제는 근면성이다. 아동기는 학교생활이 시작되며, 물질적, 사회적 체계에 대한 지식과 이해를 넓히는 것이다. 자기인정을 받기 위해서 무엇인가를 생산해야 한다는 것을 깨닫고 일을 완성함으로써 오는 즐거움을 체험하여야 한다. 양심과 도덕, 가치관을 자기 안에 형성하며 자기 자신에 대한 전인적 이해가 시작된다. 학습과 친구와의 관계가 중요하고 단체의식이 생긴다.

배움의 중요성을 강조하고 많은 일에 성공을 경험할 수 있는 기회를 마련해 줌으로써 자신감을 길러주고 열등감에 사로잡히지 않도록 도와주어야 한다. 단순한 지식의 축적이 아니라 지식을 어떻게 습득하는가의 기본자세와 지식의 습득이 주는 기쁨을 맛보아 스스로 공부할 수 있는 동기가 생기도록 도와주어야 한다. 동시에 지적발달 뿐만 아니라 육체적, 감성적, 개성적 발전도 강조함으로써 전인적 인간상을 가지도록 올바른 도덕관과 가치관을 형성하도록 도와주어야 한다. 이 시기에는 자아의식 즉, 자기중심성이 발달되어 있고 구체적인 사고를 할 줄 안다. 그러면서도 저학년의 아동은 의존적이다. 친구관계는 집이 가깝다든지 같은 유치원이라든지 옆 좌석이라든지의 이유로 친구가 된다.

초등학교 시기의 문제행동은 반사회적 행동(결석, 집단 따돌림, 도벽, 난폭, 반항 등), 비사회적 행동(다른 사람과의 교류를 회피하려고 하는 행동으로서 목표에 직면해서도 그것에 대항하려고 하지 않고, 도피하려고 하는 행동)이 있고, 신경성 습벽으로서는 손가락 빨기, 손톱 깨물기, 편식 등 야뇨, 비뇨, 복통을 들 수 있다.

7) 청소년기(12~18세)의 발달

청소년기는 영 · 유아기, 아동기의 종결과 성인기 사이의 변화기로서 한 인간이 생물학적 심리적 사회적 모든 면을 통합하여 인격의 완성을 기하고 사회인으로서의 기능을 취하기 위한 마지막 준비단계이다. 청소년기는 사춘기의 변화와 2차적 성징이 나타나는 것을 계기로 시작된다. 정체감 형성의 과정은 아동기에 그 뿌리를 두고 청소년기를 거쳐 성인기까지 지속되지만 특히 청소년기에 가장 중요한 이슈로 등장하는 것은 심리적 요소이다.

청소년기는 자신의 정체성에 대해 보다 잘 알게 되는 것이다. 자신의 생각이나 느낌에 대해 사랑하는 사람의 반응을 보면서 청소년은 가치와 믿음을 시험해 보고 자신을 보다 명료하게 인식한다. 아울러 청소년기와 청년기는 자신의 본래의 정체성에 많은 가능성이 있는 역할을 실험한다. 에릭슨은 최종의 정체감을 성취하기 이전에 일정기간 자유시험기를 묘사하기 위하여 '심리사회적 유예'라는 용어를 사용하였다. 우리 사회는 청소년들에게 일상적으로 기대하는 역할을 수행하는데 자유로움을 허락한다. 이상적으로 이 유예는 젊은이들에게 가치, 믿음, 역할 등을 시험해볼 자유를 허락하며 각자의 정점을 극대화하여 사회로부터 긍정적인 인정을 획득함으로써 사회에 최상으로 적응할 수 있게 한다. 정체감이란 일련의 질문, 재평가와 시험의 단계를 거쳐야만 성취할 수 있다. 정체감의 문제를 해결하고자 젊은이들은 감정적으로 어려움을 겪거나 과도하게 몰입하거나 반항, 방황의 길을 경험할지도 모른다.

중학생 시기는 도당시대라고도 불리고 친구관계는 남녀 각각 3~4인에서 5~6인으로 집단을 만들어 지내는 경우가 많다. 추상적사고가 싹트며, 이성에의 의식이 싹튼다. 활동범위가 확대되고 교내외의 활동에 강한 흥미와 관심을 가지게 된다. 고학년이 되면 심신의 성장이 현저하고 논리적 사고가 가능하며 자기개념이 싹트고 자립심과 협조성이 나타난다. 교사나 부모에 대한 의존성이 서서히 감소하고 자립적인 태도가 발달해 간다. 그러면서 반항기에 접어든다. 중학생의 문제행동은 우울증과 폭력, 가정의 문제(아직은 부모에게 응석을 부리고 싶은 마음이 있으나 부모는 자녀를 자립시키고자 강하게 대하게 되는 경우가 많다) 등이 있다.

청소년기의 하위단계 : 세 단계로 구분

초기 청소년기 : 신체적 변화와 성적인 충동을 어떻게 다루느냐가 문제가 된다. 신체적인 변화와 호르몬의 증가에 따라 감정상의 불안정과 우울도 빈번하다. 지성화, 이상주의, 금욕주의, 종교로의 귀의, 성적 표출, 극심한 쾌락주의로 빠지기도 한다.

중기 청소년기 : 부모로부터 독립하여 좀더 독립적인 위치를 얻으려 노력하는데 이것이 부모에 대한 이유 없는 반항이나 저항으로 나타난다. 이시기를 제2의 격리 개별화 시기(Bross, 1998)라고 한다. 집안외의 사람과의 교우관계, 이성관계를 실험하고 연습하는 것은 장래 사회생활의 첫 경험이 된다.

후기 청소년기 : '나는 무엇인가', '나의 생의 목적과 의미는 무엇인가'에 대한 질문을 던지게 되고 이로부터 얻어지는 주체성확립은 궁극적인 과제이다.

자신의 대인관계와 사회에서의 입장, 자신의 사회적, 인간적 역할, 생에 대한 사회에 대한 의무 등에 대한 철학적 사고와 가치관과 개체성을 확립하여야 한다. 이성과 교제를 시작하므로 건전한 이성관계에 대한 가치관과 태도, 능력이 필요하다.

청소년기에 일어날 수 있는 문제들로서는 불안과 우울, 청소년 비행 및 반사회적 성격, 신경성 식욕 부진증, 학교 거부증, 약물남용과 중독, 주체성장애, 지연장애 청소년, 충동조절장애, 성인정신장애의 초기증상으로서 청소년 정신장애, 정신분열증, 조울증, 경계선적성격장애 등이 있다.

청소년기에는 자아정체성을 얻으려는 추구와 실험을 허용하고 확고한 지도가 필요하지만 문제에 직면했을 때 그 문제를 청소년 자신이 풀 수 있도록 상담역할을 하는 것이 중요하다. 청소년기의 극렬한 행동은 정상적인 것으로 성숙에 꼭 필요한 것이라고 보는 견해도 있다. 청소년기는 기분의 변화가 심하여 우울, 불안 및 절망감을 보이다가도 의기양양하고 정열적인 상태를 보이기도 하고 어떤 때는 열심히 공부하다가도 주체할 수 없는 외로움, 부모에 대한 압박감, 기성세대에 대한 분노와 적대감정, 자살에 대한 공상, 이성에 대한 관심 등 변화가 극심한 시기로 조명하기도 한다. 청소년기를 폭풍의 시기라 부르는 이유도 여기에 있다.

5. 유아의 발달과 환경

1) 왜 유유아기를 연구하는가

인간행동의 이해라고 하는 것은 본래 인생의 출발점인 유아기부터의 경과를 조사하는 것에서 행해지는 것이라고 하겠다. 그럼에도 불구하고 그것이 오랜 기간 동안 행해지지 않았던 이유는 아동을 작은 성인으로 보는 오래된 아동관 · 발달관의 영향이 컸기 때문일 것이다. 따라서 발달적 관점에서 아동의 연구는 거의 행해지지 않았고 서로 다른 연령수준의 아동의 제 능력을 조사하는 정도에 멈추었던 것이었다.

비로소 이러한 상황은 서서히 변화하게 되었다. 통제된 실험실 연구에서 추출된 심리학적 법칙을 현실의 인간행동의 이해를 위해서 가치 있는 것으로 일반화할 수 있는 것으로 하려면 그것들을 가정이나 사회 속에서 생활하고 있는 인간에게 적용시켜 검토하는 것이 필요하다는 인식이 나타나게 되었다. 그러한 경우 변화의 가능성이 풍부한 아동이라는 존재가 선발되게 되지만, 성인 행동의 대부분은 아동 시기에 있어서 행동에 관해서 검토를 하지 않고서는 설명할 수 없다고 하는 것이 서서히 인식되게 되었다.

성인에게 보이는 문제행동뿐만 아니라 정상적인 행동의 대부분도 유아기부터의 개인과 환경과의 관계를 통해서 얻어지는 경험의 중복이라고 하는 것에 눈을 돌리지 않고서는 충분하게 이해할 수 없는 일이다. 개인의 현재에 있어서의 행동의 기초가 되어 있는 여러 가지 요인을 밝히기 위해서는 과거의 경험에 관해서 검토하는 일, 또한 현재의 행동이 어떻게 장래의 행동에 영향을 주는가 하는 문제를 둘러싼 것은 인간이해에 있어서 필요불가결한 것이다. 인격의 출발점의 시기라고도 할 수 있는 유유아기에 있어서의 경험에 관하여 검토하는 일도 중요하다.

2) 가정생활의 중요성

생물로서의 사람으로서 이 세상에 태어난 한명의 아동이 가정에서 자라나는 가운데 서서히 사회적인 기술이나 능력을 익혀 인간으로 되어가는 것을 일반적으로 사회화라고 부른다. 이 경우 어느 정도 수준에서 사람이 사회적 존재가 되어 가는 것은 여러 가지 견해가 있다고 생각되지만 기본적인 생활습관이 확립되고 자기와 타인과의 관한 기초적 인식이 생겨난다는 시점에서 본다면 생후 5~6년이라고 하는 것이 가능할 것이다. 이 동안에 사회화의 담당자로서의 가장 중요한 인물이 부모이며 형제라고 하는 등 다른 가족의 성원이다. 이러한 사람들의 상호교섭이 어떠한 형태로 이루어져 어떠한 영향을 아동에게 미치는가를 명확히 하고 거기서 얻어진 지식을 육아나 보육이나 임상에 도움이 되도록 하는 것이 유유아의 발달연구에 중요한 임무이다.

대부분의 경우, 아동은 부모가 있는 가정에 태어나서 자라난다. 둘째 자녀 이하에서는 최초부터 형제가 있으나, 첫째 자녀라도 형제가 태어나면 형제관계가 생겨난다. 오늘날은 핵가족이 많아졌기에 조부모가 있는 가정이 줄어들었으나 그래도 빈도의 차이는 있으나 조부모와의 교

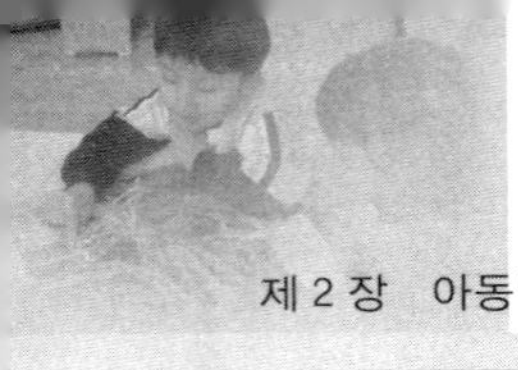

류도 행해지고 있다. J. Belsky는 어머니와 조모와의 관계가 어머니와 자녀관계에 영향을 주어 그것이 더욱더 아버지와 어머니와의 관계에 영향을 준다고 하는 것을 이해할 필요가 있다고 했다. 어느 것이든지 간에 이러한 네트워크 속에 아동의 발달을 생각하는 것이 필요하다. 원래 이러한 네트워크 전체를 전부 취급해서 연구하는 데에 필요한 이론, 개념적인 테두리, 방법은 현재 확립되어 있지는 않다. 거기서 연구의 당면의 초점을 어머니와 자녀 이 두 명의 관계에 두는 것 자체는 어쩔 수가 없지만 그것을 전체의 네트워크로서의 관련을 고려하지 않고 검토하는 것은 바람직하지 않다. 그럼으로써 아동의 발달에 관한 바람직한 이해와 연관이 될 것이다. 예를 들어 아버지의 정신적인 지원이 어머니의 아동에 대한 적극적인 관계를 촉진한다고 하는 것을 생각해 볼 수 있다. 또한 육아나 훈육상담 등에서도 아동에게 문제가 있는 경우, 그것은 어머니의 아동에 대한 행동에 원인이 있다는 것으로서 처리되게 되는 경우도 있었다. 이렇게 예를 들어 가정 속에서 대부분 생활하고 있는 유유아라도 직접적, 간접적으로 여러 가지의 영향을 받아가면서 발달하고 있다고 하는 것을 잊어서는 안 된다.

아동은 태어나서 금방은 그다지 큰 차이점이 보이지 않지만 유아기가 끝나는 시기에는 상당히 큰 차이가 나타나게 된다. 여기에는 가정 내에서의 인간관계와 관계하는 각각의 아동의 경험이 깊이 관여하고 있다. 물론 그러한 가정 내에서 생기는 경험에는 가정을 포함한 사회적 상황이 영향을 미치고 있는 것도 고려할 일이다.

3) 유유아는 문제행동을 가지고 무엇을 표현하려고 하는가

일반적으로 증상이나 문제행동 등이라고 불리는 내용들은 존재하지 않는 편이 좋고 가능한 한 빨리 제거해 버리는 것이 좋다는 의미로 받아들여지는 경우가 많다. 그러나 유유아가 나타내는 다양한 증상에는 각각 중요한 의미가 있고, 증상의 배후에 있는 진정한 문제에 통찰력을 가지고 보는 것이 좋다. 유유아가 나타내는 증상에는 다음과 같은 의미가 있다(三宅, 1993).

① 문제해결의 장소에 등장하기 위한 입장권으로서의 증상

어떠한 종류의 문제행동을 가진 유유아는 경증의 행동상의 문제나 신체증상을 나타내는 것을 통해서 부모나 주변 사람들에게 알리고 문제해결의 장소에 등장하려고 한다. 어떠한 이유에서든지 자녀에게 애정을 가지고 있지 않은 어머니는 최저한도로 필요한 보살핌만은 극히 사무적으로 행하고 때로는 아동을 소홀하게 다루고, 아동의 기분을 알아차리려고 하지 않고 자신의 기분대로 아동을 양육하려고 할지도 모른다. 이러한 잘못된 대응에 대하여 견딜 수 없는 유유아는 손가락 빨기를 하거나 울거나 우유를 마시지 않거나 때로는 토하거나 설사를 하거나 발열을 하는 경우도 있다.

② 잘못된 대응이 계속되거나 방치되고 있는 것에 대한 경고로서의 위험 신호로서의 증상

신체증상이나 문제가 되는 행동만 관심을 두고 심리적인 문제에 대한 배려가 이루어지지 않은 채로 방치되거나 역으로 한층 더 심하게 취급하거나 하면, 유유아는 울거나 깨물거나 발작을 일어기는 등의 심각한 행동을 나타내는 것으로서 주변인들에게 경고를 한다. 이러한 경우 부모가 아동의 심각한 행동에 당혹해 하고 안이하게 달래거나 과자를 주거나 흥분시키지 않도록 하는 경우가 많다. 위험신호를 내는 유유아에게는 아직 충분한 에너지가 남아 있으므로 곤혹해하지 말고 그 의미를 생각하는 태도가 필요하다.

③ 잘못된 양육환경이나 부모의 압제 하에 눌리지 않기 위해서 안전방침으로서의 증상 혹은 보다 적극적인 문제해결의 수단으로서의 증상

아동은 어떤 문제가 발생하면 수동적으로 가만히 있지 않고 나름대로의 해결책을 모색한다.

아동을 거부하는 부모, 강한 완전주의의 부모, 자기 자신의 이루지 못한 욕구, 원망을 대상시키도록 하는 과보호적인 부모에 대해서 탄력

성이 있는 아동은 명백한 반항을 나타내고 부모의 압제 하에 밟히는 것을 저항하고자 한다. 때로는 그 장소에서 피하고저 환상의 세계인 백일몽에 몰입하고자 하는 일도 있다. 예를 들어 아동은 냉정한 심한 폭력성의 부모에게 다가가지 않고 다른 사람에게 친밀감을 나타내거나 한다.

④ 부모의 유유아에 대한 관용이나 인내심이 적기 때문에 문제가 되는 위개물로서의 증상

아동에게 거부적인 태도를 가진 부모는 아동의 행동에 대해서 잔소리를 하고 자신이게 좋은 행동만을 하는 아동과 비교해서 악담을 한다. 이 경우 유유아는 반항적이 되거나 문제가 되는 행동을 취하고 부모에게 복수하려고 한다. 그러나 힘이 없는 유유아는 틱이나 손가락 빨기 등의 증상을 나타내고 내향적이고 소심한 성격으로 변해간다.

J. D. Call(1983)은 유유아에게 있어서 진단적인 고찰을 행할 경우 다음과 같은 특징에 유의해야 한다고 했다.

① 유유아는 자신의 고통이나 고뇌를 말로 나타내거나 명확하게 호소할 수 없다. 부모 및 그 외의 양육자가 대신해서 말을 한다.

② 유유아는 대단히 빠른 속도로 여러 가지 기능이 발달하므로 문제행동의 양상의 변화가 심하고 부적응행동이 줄어들어도 그것은 단순하게 행동의 형태를 변화시킨 것이며 개선되었다고는 말할 수 없다.

③ 유유아를 관찰하거나 진단하는 경우에 비언어적 커뮤니케이션의 중요성을 충분히 인식하지 않으면 안 되며, 미세한 표정이나 일, 자세의 변화 등을 정확하게 취급하고 신체언어로서의 의미를 이해하지 않으면 안 된다.

④ 심리적인 문제에 의한 증상의 표현방법은 연령에 따라 다른 것에도 주의해야 한다. 3세까지는 어떤 행동을 반복하거나 누구라도 다루기 쉬운 비교적 단순한 행동을 나타내지만, 3세를 넘으면 서서히 자신 속

에 있는 불안을 놀이, 그림, 언어 등으로 표현할 수 있다. 중요한 것은 아동은 그 연령단계에서 이미 획득하고 있는 여러 가지의 기능에 의해 증상을 만들 수 있다는 것이다. 1세경에는 무는 행동이 보이고 2세경은 함묵이나 구음장애 등이 보인다.

4) 아동의 발달과 환경

심신발달에 미치는 유전, 환경의 영향에 대해서 과학적 연구의 대상으로서 취급한 것은 19세기 후반의 F. Galton이었다. 원래 그의 관심은 오로지 유전이었다. 그는 멘델과 동시대의 사람이었으나 멘델과 완전히 다른 방법으로 유전의 문제를 취급하려고 했다. 그는 인간의 여러 가지 능력에는 매우 큰 개인차가 있는 것, 그리고 우수한 재능의 지주가 특정가계에서 배출되는 것에 주목했다. 그는 뛰어난 가계의 근친자간의 유사성(우수성)을 통계적으로 분석하여 유전의 중요함을 나타내고자 했다.

또한, 1963년 캘리포니아 대학의 젠센은 '지능을 어디까지 올리는 것이 가능한가.'라는 논문을 발표했다. 여기서 그는 '보상교육은 실패했으며 보상교육은 큰 돈을 들이는 것은 소용이 없다'라고 지능유전론을 전개했다. 그는 이미 설명한 수식모델을 사용해서 지능발달에 있어서 유전규정설을 계산하고 그 값이 크다고 하여, 박탈가설이나 그에 근거한 헤드스타트 계획에 도전했다. 그의 결론의 요점은 다음과 같다.

(1) 지능의 모집단 분포 가운데 80% 정도는 유전분산에 의한 것이다. 지능에 영향을 미치는 유전요인의 영향은 환경요인의 영향보다 확실히 크다.

(2) 사회계층이나 인종에 의해 지능의 평균에 큰 차이가 있는 것은 결정적이다.

(3) 지능에 있어서 환경은 관수 변수로서 작용한다.

(4) 환경요인 중 가장 큰 영향을 주는 것은 출생전의 환경이다.

(5) 인종이나 계층에 의해서 능력 유형에 차이가 있으므로 이러한 차이에 근거하여 인종이나 계층에 의해 다른 교육법을 개발한다.

현재, 아동의 발달에 영향을 주는 요인을 유전과 환경으로 이분하는 것에는 무리가 없다. 그러나 이처럼 타당하다고 생각하는 분류도 서서히 그 성질을 변해가고 있다. 어디까지가 유전이고 어디부터가 환경인가라고 하는 그 영역이 변화하고 있다는 것이다. 유전과 환경의 경계선은 미묘한 것으로서 확실히 나눌 수 없다고 말한 학자가 있다. 과학의 진보에 따라 발생이나 유전의 조직이 밝혀짐에 따라 그 결과로서 발생이나 유전에 우리들이 관여하는 부분, 즉, 환경이 관여할 수 있는 부분이 증가함에 따라 발달에 관해서 유전이 주는 역할을 변화시켜 버리거나 그 비중을 줄이거나 혹은 유전현상의 발현을 줄이거나 하는 것이 가능하게 되었다. 이 경우 유전의 의미는 변화하고 유전은 숙명이라는 견해는 반드시 맞는 것은 아니다. 일반적으로 인간이 인간의 발달을 여러 가지 의미에서 통제할 수 있는 능력을 늘리고 있다는 점에서 말하면 환경의 역할은 커지며 때로는 유전현상에도 영향을 미치는 일이 된다.

5) 유유아의 환경과의 관계와 그 장애

유유아의 정신발달의 과정은 부모를 포함한 환경과 어떻게 상호작용적인 교섭을 가지고 그 상호관계를 어떻게 전개, 변환시켜 가는가 하는 동적인 측면에서 취급해야만 한다.

애착행동을 주축으로 하여 정신발달과정을 정리하고 유유아의 행동과 모자간의 상호교섭과정을 검토해가면 유유아의 자발행동 그것에 문제가 있든지, 모친의 대응방법과 반응의 방법에 문제가 있든지 그 양자에 문제가 있는가에 따라서 문제의 주원인을 정리할 수 있다.

① 유유아의 자발행동과 그것에 문제가 있는 군

유유아의 원시적인 자발행동에 이미 장해가 인정되는 것으로서 자폐증, 정신지체, 기질성 행동이상 등이 있다.

② 주로 환경에서의 작용에 문제가 있는 군

부모의 양육행동에 문제가 있고 유유아에 대한 대응이 부족한 경우, 유아는 다양한 신경증적인 발증을 일으킨다. 부모가 정서적인 반응을 하지 않고 표면적이고 획일적인 양육태도를 가지는 경우나 양육자가 일관되지 않은 경우, 애정탈취 증후군, 시설증 등이 나타난다. 또한 모친이 입원하거나 돌연 부재의 상태가 되고 잘 모르는 환경에 놓이게 되면 의존적인 유아는 우울증이 된다. 또한 부모가 거부적인 양육태도를 가지는 경우, 유유아는 기본적인 신뢰감을 획득하지 못하고 다른 이에 대해서 불신감을 가지게 되고 타자에 대해서 상당히 민감하게 되고 방어적이며 소극적인 성격이 되어 버린다. 한편 과보호적인 양육환경에서는 자아의 확립에 불가결한 갈등의 극복이나 기본적인 습관형성이 되지 않고 자기중심적으로 제멋대로의 아동이 되고 분리불안을 나타내게 된다.

③ 유유아의 자발행동과 환경으로부터의 작용의 양자에 문제가 있는 경우

유유아기의 정신장애의 대부분이 이 군에 들어간다. 발달적 언어장애가 그 예이다. 주로 환경으로부터의 작용에 문제가 있는 군에는 부모에 대한 정신분석적 관여가 기본이 되고 양육행동을 구체적으로 검토하는 것이 필요하다. 그러나 유유아로부터의 자발행동과 환경으로부터의 작용 양자에 문제가 있는 경우는 보다 종합적으로 치료적인 관여가 필요하다.

6) 복잡한 가족 속에서 아동을 연구할 필요성

三宅(1993)의 연구를 참조하여 생각해 보면 다음과 같다. 이전의 심리학 연구는 부모의 행동이나 태도와 아동의 발달 간에 무언가가 확실

한 관계가 보이지 않는가라는 기대를 가지고 행해졌으나 결과는 몇 가지의 상관적인 관계가 보인다고 하는 정도이며 아무래도 인과적 관계를 발견하지 못했다. 이것은 위에서 말한 것에서 생각하면 당연한 것이다.

예를 들어 어머니의 행동이나 태도를 조사하여 그것과 아동의 행동 특징을 연결하고자 하는 연구가 과거에는 많이 행해졌다. 거기서 문제가 되는 것은 아동의 행동이 거의 어머니로부터의 영향의 의한 것이라는 전제이다. 또한 어머니의 행동이나 태도를 아동이 어떻게 받아들일 것인가 하는 견해가 부족했다. 예들 들어 한편으로는 아동을 보살피지 않는 것처럼 보이는 어머니를 아이가 반드시 냉담하다고는 느끼고 있지 않다 것이다. 극히 어릴 적은 별도로 하더라도 아동은 부모, 형제 등으로 이루어진 네트워크 속에서 위의 예에서 말하자면 어머니의 행동이나 태도를 가족의 다른 사람과의 관련에 있어서 평가하고 해석하고 있는 것이다. 구체적으로 말하면 혹시 어머니가 병약하고, 조모의 병간호를 위해서 아동과 충분하게 접촉하는 일이 불가능해도 그것이 반드시 아동이게 바람직하지 않은 영향을 미친다고는 할 수 없다. 또한 종종 부친의 장기부재, 단신취임 등의 악영향이 있으나 그것은 아동이 상황을 어떻게 해석하는가에 따라 다르고, 한꺼번에 어떤 결과가 생긴다고 하는 견해는 바람직하지 않다. 부모 자녀의 3명으로 이루어지는 가족이라고 해도 아동이 받는 영향은 부친, 모친의 각각으로 이루어지는 것이 아니라 부모간의 관계의 방법에서도 오는 것이 상당부분 많다.

어머니의 영향이라고 보이는 부분이라도 그 어머니의 행동에 영향을 미치고 있는 아버지의 영향을 제외해서는 생각할 수 없는 경우가 많다. 부모 어느 한편이 다른 한편에 대한 태도나 행동이 아동의 부모 각각에 대한 인지의 방법에 영향을 준다고 봐야 할 것이다. 반대로 아동의 행동이 어머니에게 영향을 주어서 그것이 부모의 관계에 변화를 불러 일으킬 수도 있다. 따라서 모자관계에 부자관계를 추가하여 아동에의 영향을 검토하는 것이 아니라 부부관계와 부모자녀관계에서 이루어지는 가족시스템이라고 하는 관점이 필요하다.

6. 발달에 따른 문제

1) 유유아기

유유아기는 인격발달의 기초단계에 해당되므로 이 시기의 임상적 문제를 취급하는 방법은 발달 지도가 중심이 되어야 한다. 발달지도의 목표는 ① 탐색 애착 행동의 형성 ② 자기 자극화 행동의 변용 ③ 분리불안의 관리 ④ 조기발견과 조기지도의 4가지 점이다.

① **탐색 애착행동의 형성**: 놀이실에서 유유아평가를 하면 공통적으로 보이는 현상은 탐색, 애착행동의 불완전이다. 여기에서는 탐색행동시스템의 발달을 자극하는 지도계획과 애착행동을 형성하는 지도계획이 세워져야 한다. 탐색행동 시스템의 발달에는 아동의 주의의 환기와 지속, 감각운동기능의 활성화, 보다 복잡한 환경자극과의 접촉과 동화, 과잉자극의 통제 등 아동의 인지구조의 발달수준이나 동화능력의 차이에 의해서 극히 자세하면서 장기간에 걸친 교육과정이 필요하다. 애착의 형성은 특정인물에 의한 일관된 응답성에 의해서 달성되는데 아동의 부모 중 어느 한편이 애착의 대상으로서 선택되도록 배려된다. 여기서 장기간의 지도계획이 애착발달의 병리에 근거하여 세워져야 한다. 이렇게 보면, 유유아기의 발달지도는 가정을 지도의 장소로 하여 부모를 소위 치료자나 훈련자로 보는 방법이 가장 현실적이다. 상담클리닉의 상담자는 부모를 훈련하고 도와주는 역할을 가진다.

② **자기 자극화 행동의 변용**: 유유아기의 자기 자극화 행동은 애착행동의 변환(불안 억제)의 기능을 가지는 경우나 타인의 주의를 요구하는 행동(의존행동)인 경우나 혹은 자폐증에 해당하는 경우이며 그 방법도 예를 들어 탐색행동을 활성화한다, 애착시스템으로 바꾼다(어느 것도 불안억제의 경우)는 것을 생각할 수 있다.

③ **분리불안의 관리**: 과잉애착을 보이는 아동은 애착형성의 도중에 분리불안을 경험한 아동이 많다. 과잉 애착형은 어머니를 같은 방에 두고 분리불안의 공포를 줄여가면서 탐색, 조작의 행동시스템을 활용하여 자립을 성취시키는 지도가 바람직하다. 여기서는 놀이치료가 효과적이다.

④ **조기발견과 조기지도**: 유아기의 임상적 문제는 유유아초기에 이미 어떤 처치가 바람직한 것이 많다. 출산기에 이상이 있는 유아나 미숙아는 출산 당시에 활동적이지 않고 사람에 대한 응답성이 결핍되고 환경에 대한 적응도 미발달된 탓으로 안정된 모자관계의 성립이 늦어지며 거기에서 탐색, 애착행동 시스템형성에 불충분한 조건이 만들어지고 또한 어머니와의 애착도 형성되지 않고 어머니가 자녀양육에 신경을 쏟지 않고 혹은 무관심해지는 경우도 많다.

이러한 유유아기 초기의 모자관계의 불완전함은 모자관계의 결여와 동시에 인격발달에 영향을 주고 유아기의 발달지체나 행동이상의 형성조건이 되는 경우가 예상된다.

2) 아동기

아동기는 매일 성장해 나가고 변화하며 오늘 문제가 되는 행동도 내일은 그렇게 문제가 되지 않는 일도 있다. 따라서 아동의 문제행동의 이해에 있어서는 간단하게 ○○증이라는 병명을 부치는 일은 피해야한다. 예를 들어 어떤 아동의 신경증적인 청결이라고 하면 그것이 손을 씻는 일이거나 의복에 집착하는 일이거나 하는 등의 시간적 경과에 따라 비교적 많은 증상을 보이고 성인의 강박신경증과 같이 특정한 증상에 고정되어 있는 일이 많다. 또한 구음장애, 함묵 등 입학, 진학시의 심리적 긴장에 의해 일어나는 것은 일과성으로서 그 후의 인간관계 등 환경의 압력의 변화에 의해 좋아지는 경우가 종종 있다. 이것은 아동의 인격이 형성되는 도중에 있어서 좋은 것으로도 나쁜 것으로도 고정되어 있지 않기 때문이며 역으로 말하면 성인과 다르게 아동은 심리치료나 환경조정에 따라서 변화하는 가능성이 가장 높다고도 할 수 있다. 적어도 아동의 경우에는 현재 나타내고 있는 증상만에 눈을 돌리지 말고 내일을 내다보는 판단이 필요하며 발달이론과 문제발생의 계기를 종합하여 역동적으로 이해해 나갈 것이 필요하다.

일반적으로 '문제아동을 만드는 것은 문제부모다'라는 말이 있으나 원인적으로 보면 이것은 성인에게도 해당되지만 아동의 경우에 문제의 해명, 치료에는 부모의 참여는 필수적이다. 특히 치료에 있어서 아동의 문제가 무엇이든지간에 아동의 치료에 평행하여 혹은 오히려 우선해서 부모에 대한 조언이나 상담이 필요하다. 사실 아동자신의 치료를 하지 않고서도 부모가 치료에 의해서 정신적으로 안정되거나 아동에게 관여하는 태도를 고치는 것으로서 아동의 문제가 개선되는 것을 종종 볼 수 있다. 한편 아동자신이 치료의욕을 가지는 일은 극히 적고, 단독으로 치료에 임하는 경우는 적으므로 부모의 치료의욕, 협력이 없이는 아동의 치료도 곤란하다. 일반적으로 학교 등에서 아동의 행동이 문제가 되고 교사가 부모에게 상담 받도록 권유를 하는 경우는 부모의 동기화가 낮으므로 치료의욕을 높이는 것부터 시작하지 않으면 안 되는 경우가 많다.

이 연령의 아동은 소수의 사례를 제외하고는 모두가 학교에 다닌다. 고학년에서는 가정과 변함없을 정도의 시간을 학교에서 보내고 있으며 학습뿐만 아니라 교사나 친구들과의 인간관계가 생활의 많은 부분을 차지하고 있다. 특히 소위 갱집단(Gang age, 주로 초등학교 고학년)에서는 지역의 동 연령집단의 영향이 현저하다(요즘은 최근의 도시에서는 갱이 형성되기 어려운 상황에 있다). 따라서 등교거부나 급우에 대한 난폭등과 같이 학교와 직접관계가 있는 문제에 국한하지 않고 아동의 문제이해나 치료에 있어서 정보교환이나 학교에 대한 접촉이 정말 필요하다. 또한 학교와 부모와의 의견이나 감정대립이 있는 것도 종종 보이고 상담기관이 상호이해를 위해서 중개의 노력을 할 필요가 생기는 경우도 있으나 이것을 위해서는 상담가도 어느 정도 학교의 상황이나 현재의 교육상의 문제를 이해하고 있는 것이 필요하다.

또한 정보화 사회에서는 아동문화의 보급과 침투가 신속하며 심리적인 생활권은 확대되고 있다. 예를 들어 특정 가수나 그룹에 대한 열광적인 경향, 동일시 등은 반드시 특수하다, 혹은 병적이라고 말할 수 없고 풍습이나 유행과 병리의 구별하기 힘든 상황이라는 것을 고려할 필요가 있다.

아동의 이해에는 검사법뿐만 아니라 투영법, 가정 · 학교 등의 생활장면이나 놀이실에서의 행동 관찰 등 시간적, 공간적으로 폭넓은 다면적인 방법으로 이해하는 것이 필요하며 또한 성인에 비유하면 그것이 가능하다. 고학년인 경우에는 자신의 기분을 언어로 표현하기 어려운 경우가 많으므로 놀이치료, 그림치료, 모래상자놀이 등의 방법이 이용된다. 이것은 언어화될 수 없는 생생한 감정, 미묘한 마음의 움직임, 갈등 등을 행동이나 상징적인 형태로 표현하는 것이 가능하다는 적극적인 의미를 가지고 있다. 한편 이와 동시에 언어화에의 노력도 필요하다. 사례연구에 있어서는 문제가 어려울 때에는 혼란스러워하고 행동표현밖에 되지 않으나 문제가 해결되어 감에 따라 자신의 기분을 언어로 표현할 수 있게 되어 가는 것이다.

아동의 경우는 그룹치료를 병용하는 것이 효과적인 경우가 많다. 저학년까지는 비교적 많이 보여지는 내성적 소극적, 친구와 놀이행동이 되지 않는다 등의 비사회적인 문제행동은 특히 개인치료를 어느 정도 행한 후에 그룹치료를 덧붙이면 학교 학급 등의 큰 집단에 적응하기 위한 준비단계로서의 의미도 있고 효과가 촉진된다.

3) 청년전기(중 · 고등학생)

아동기는 잠재기(Latency period)라고 하여 정서적으로 비교적 안정된 시기이다. 청년기는 비교적 오랜 인생 가운데 가장 불안정하고 위기적인 시기라고 할 수 있다.

그것은 인간에게 있어서 가장 중요하고 곤란한 자아의 확립이 이시기의 과제가 되기 때문이다. 정신의학상으로 보면 청년전기에 가장 많이 일어나는 대인공포, 강박신경증, 등교거부, 사춘기 거식증 등이 있으나 이것은 어느 것이나 자기의 존재에 대한 불안, 부모에게서의 분리독립에 대한 갈등, 성역할의 획득에 관한 것이다. 이 시기는 청년이 부모에게서 독립하여 자아를 확립해 가는 시기이다. 그들은 안으로는 자아확립의 위기, 밖으로는 진로의 위기에 두 가지에 엮여 있는 어려운 상황에 놓여 있으며 최근 자살이나 자살 미수, 등교거부, 비행 등의 문제에 처해 있다.

(1) 학교의 문제

중학생, 고교생의 경우, 학교의 문제는 아동기보다 심각한 양상을 보인다. 등교거부나 학업태만에 제한되지 않고, 문제나 어려움을 가진 많은 학생이 학교장면에서 어려움을 겪고 문제행동을 보인다. 학업성적이라고 하는 한가지의 가치기준만 가지고 있는 현재의 학교상황이지만 학생이 매일 등교하고 있는 학교라는 상황은 문제의 조기발견의 장소이다. 비사회적인 문제도 반사회적인 문제도 학교출석 상황, 학교에서의 태도나 복장 등에 우선 징후가 보이는 것이 많다. 또한 문제가 일어났다고 해도 비행그룹에서 벗어나기 위한 전학, 등교거부의 학생에의 교사나 친구들의 도움, 학교 측의 받아들이는 방법 등에 따라서 학생을 다시 일으켜 세우게 하는 것이 가능하다. 그러한 의미에서 학교와의 협력체계는 필요하다.

본인에게 있어서 가장 좋은 방법을 부모나 학교와 협력할 필요가 있다.

(2) 부모에의 대응

청년이 자립문제에 직면하는 것에 의해서 부모자녀관계의 문제도 새로운 형태로 확대된다. 등교거부에는 두 가지 형태가 있는데 지배적인 어머니의 기대에 부응하여 부모가 준비한 계획에 따라서 착한 아이로 자라났으나 청년기의 자립의 문제에 부딪히면 좌절하고 부모에게 반항하고 집안에 칩거하는 형태가 있고, 후자는 과보호하고 보호적인 부모이므로 자기 마음대로 자라나서 부모의 권위에 따르거나 사회의 규범 안에서 행동하는 경험을 가지지 못하고 인내성이 약한 유형이며 부모자녀의 힘 관계는 반대이다. 전자로는 본인에게 맡기고 간섭하지 않을 것, 후자는 기본적으로 자발성을 존중하면서도 부모의 권위나 사회적인 테두리를 표시하고 요구에 대해서도 아니라고 할 것은 엄격하게 아니라고 해야만 한다. 최근 증가하고 있는 가정 내 폭력에도 부모의 양육태도의 이러한 두 가지가 보인다.

우선은 그들에게 있어서 함께 있어서 안심할 수 있는 사람, 자신의 기분을 알아주는 사람이 되지 않으면 안 된다. 안심할 수 있는 관계가 형성되면 자신이 문제에 직면하게 되는 자가 많다. 특별히 청년의 관계는 횡적인 관계가 되지 않으면 안 된다. 횡적인 관계로 접근하여 다음으로 필요에 따라 종적으로 바꾸어가지 않으면 안 된다.

제 3 장

아동행동 이해의 방법

1. 인격이해의 필요성

카운슬링에서는 첫 회 면접에 있어서 문제의 주증, 경과나 원인 등에 관하여 가능하면 상세하게 진단하고 카운슬링의 방법을 생각한다. 아동에 대한 이해를 충분하게 행하는 일은 상담의 효과를 높인다. 진단이란 아동이해를 충분하게 행하는 것이다. 아동과 그의 부모가 고민하는 문제는 어떠한 내용인가. 그 문제는 어떻게 하여 일어나서 현재는 어떻게 되어 있는가(경과, 그 문제의 배경이 되어 있는 원인은 어디에 있는가, 때로는 생활력, 친자관계, 본인의 성격 등이 원인인 수가 있다)등을 충분히 청취하고 문제에의 대응법을 생각한다. 이 경우의 청취할 때에는 로저스의 원리에 나오는 것처럼 아동의 기분을 수용하고 공감적 이해를 하고 충분히 귀 기울여 들으면서 이해하는 것이다. 아동의 심리를 충분하게 이해하지 않고 효과적인 카운슬링은 되지 않는다. 카운슬링 마인드가 생기고 편하게 애정을 가지고 아동을 이해하는 것이 여기서 말하는 진단이다. 그 다음에 아동의 문제를 해결하도록 원조, 조언, 지도하는 것이 아동상담의 효과적인 방법이다.

인격이해의 필요성은 임상심리학이라는 학문적, 기술적 체계의 방법론의 발생 이전의 것이다. 즉, 사람과 사람이 서로 모여서 사회를 구성하고 같이 살아가기 위해서는 사람들이 그것을 의식하는지 아닌가에 관계없이 사람은 상호 타자의 인격을 이해하지 않으면 안 된다. 조화로운 인간관계를 유지하고 육성하기 위해서는 원시적인 사회이든지 현대사회이든지간에 사람은 다른 사람의 인격을 이해하려고 하는 노력이 필요하다.

우리가 여기서 특히 인격이해의 노력이라는 표현을 사용하는 것은 사람이 사람의 인격을 이해하는 것이 결코 용이한 것이 아니라는 인식이 있기 때문이다. 타자의 인격을 이해하기 위해서는 사람은 자기 자신의 인격을 이해하지 않으면 안 된다. 거꾸로 자기 자신의 인격이해에 있어서는 타자의 인격을 보다 잘 이해해야만 한다. 더욱이 우리들은 어떠한 노력을 기울여도 타자 혹은 자신의 인격을 완전히 이해할 수 있는 것은 생각할 수도 없다. 그럼에도 불구하고 인격이해의 노력을 포기할 수는 없다. 혹시라도 너무 어렵다고 하여 그러한 노력을 포기한다면 바람직한 인간관계도 뛰어난 심리 임상적인 실천도 성립될 수 없다. 사회가 다양화하고 인간관계의 복잡화의 빈도가 높아짐에 따라서 사람은 타자의 인격이해의 문제에 있어서 보다 한층 노력을 거듭해 나갈 필요가 있다. 우리들은 인격이해의 문제를 어디까지나 인류의 복지를 지향하는 것으로 취급해야 한다. 치료적, 교육적인 목적으로 종속시켜야 한다.

1) 문제행동을 어떻게 이해할까

문제행동은 특정한 장면에 있어서 여러 가지 이유에 따라 일어난다. 문제행동을 이해하기 위해서는 선행하는 요인과 결과의 요인을 알아야 할 필요가 있다.

선행하는 요인의 이해

문제행동은 완전한 빈 장면에서 일어나는 것이 아니라 일정한 장면에서 일어난다.

문제행동을 유발하는 원인은 원인과 근인으로 이분화되어진다.

① 원인

문제행동이 일어난 장면에서 먼 곳에서 일어난 에피소드를 원인이라고 한다. 예를 들어, 수업시간에 난폭한 행동을 하는 아동이 있다. 조사해 보면 전날 밤에 잘못 잠을 잤다든지 전날의 수업에서 대답하지 못하고 부끄러움을 가지고 있었다든지 전날 수업이 체육시간이었기에 피곤해 있었다든지 하는 것을 알 수 있다. 이러한 일은 수업 중에 일어난 일은 아니지만 수업을 담당하는 교사는 알기 어려우므로 주의할 필요가 있다.

② 근인

문제행동이 일어난 장면의 속에 있는 원인을 근인이라고 한다. 예를 들어 수업에서 지나치게 어려운 과제를 주거나 간혹 지나치게 주의를 주거나 읽고 있었던 만화를 빼앗기거나 달리고 싶지 않은데 달리게 한다든지 하면 난폭하게 된다든지 하는 일이 있다.

③ 원인과 근인과의 상호작용

원인과 근인이 섞여지게 되면 문제행동이 한층 더 일어나기 쉽게 된다. 잠을 적게 잔 날 아침(원인) 어려운 과제가 나오면(근인), 다리를 다쳤는데(원인), 달리게 한다든지 하면(근인), 문제가 생기는 일이 있다는 것이다.

2) 아동행동의 이해법(宋原, 1988)

아동을 이해하는 데에는 신체와 정신에 관한 이해가 필요하다. 신체에 관한 이해는 신장과 체중, 혈압 등 측정치에 의해 산출되나 아동의 내면심리에 대한 이해는 그렇게 외적으로 나타는 것이 아니므로 특별한 이해가 필요하다. 아동은 자신이 생각하는 것이나 요구하는 것을 언어나 행동으로 표현하게 된다. 사람은 자신이 생각하는 바를 직접적 언어로 표현하거나 행동으로 나타내게 되는데 아동들의 경우는 언어가 미숙한 경우가 많기 때문에 언어로 표현하지 못하는 부분은 언어 이외의 다양한 방법으로 자신의 내면을 표현하게 된다.

관건은 상담자의 입장에서 이러한 표현한 내용을 정확하게 해석해 낼 수 있는 것이냐 하는 것이고 해석뿐만 아니라 정확하게 측정해 낼 수 있느냐 하는 것이다. 상담자로서의 정확한 이해와 해석을 위해서는 많은 연습과 임상실천경험이 중요하다.

현장의 교사들이 궁금해 하는 질문중의 하나가 아동이해의 방법이다. 자신이 담당하고 있는 아동들에 대하여 안다고 자신하면서도 때때로 아동들이 나타내는 행동이나 그 주변의 사항에 대하여 고민할 때가 많다. 이러한 고민들은 아동의 지도에 도움이 되며 많이 고민할수록 좋은 결과가 나온다고 본다. 아동을 이해하는 데에는 언어로 나타내는 대답이나 질문을 통한 방법이 있을 수도 있고, 아동이 표현하는 행동이 좋을 수도 있으며 아동들이 작성한 여러 가지의 작품들이 관계있을 수도 있다. 작품에는 음악적 표현이나 미술적 표현, 만들기, 혹은 운동놀이, 혹은 음식 만들기 등 다양한 활동들이 있다.

아동이해의 방법

① 작품을 통한 해석
② 직접적인 심리검사를 통한 방법

심리검사법에는 지능검사, 성격검사, 사회성발달검사 등 몇 가지의 종류가 있다. 학자에 따라서는 언어를 통한 것이나 표현물을 통한 이해는, 검사자가 정확을 기해도 사람이므로 경우에 따라 선입견등이 작용하면 잘못 판단될 수도 있다고 한다. 그러나 일반적으로 연구자들은 관찰법이나 언어를 사용한 대화법, 그리고 작품분석을 통한 대화법을 자주 이용하는 편이다.

3) 진단의 종류(宋原, 1988)

진단의 종류에는 첫째, 아동, 학생의 발달심리의 문제인가 어떤가를 생각하는 것이다. 예를 들어 손가락 빨기나 야뇨는 3세 이하의 아동이라면 발달상 당연한 일이 되고, 문제 삼을 이유는 없다. 그러나 초등학교에 입학해서라도 그러한 문제가 있다면 문제행동이라고 생각한다. 또한 12~13세경에는 정신적으로도 발달하고 부모나 교사 등에게 반항하는 제 2반항기가 있다. 그러한 경우 정당한 반항은 문제삼을 것이 아니라 발달과제로서 생각해야만 한다. 이처럼 심신의 발달에서 보아 어떠한 행동을 취하는 것이 보통인지 또한 그 발달시기에는 특히 어떠한 문제행동이 생기기 쉬운가를 이해할 필요가 있다.

둘째, 일상생활행동에서 어떠한 문제행동이 일어나기 쉬운가 또한 발견될 수 있는가를 생각한다. 특히, 일기, 작문, 회화, 학급일지, 낙서 등은 아동이 본심을 나타내기 쉽다. 그러한 재료에서 아동학생을 이해할 수 있다.

셋째로, 행동관찰에 의한 이해가 있다. 일상생활장면에서 어떠한 행동을 하는가를 관찰하는 방법과 특별한 작업이나 과제를 주어서 실험적으로 관찰하는 방법이 있다.

넷째는 면접이다. 아동에게 직접관찰하고 진단하는 경우와 보호자에게 면접하고 진단하는 방법이 있다.

다섯째는 조사법이다. 아동의 가정생활, 생활의식, 고민, 진로 희망 등 여러 가지 문제에 관하여 질문지법으로 조사한다. 단시간에 광범위한 내용에 관해서 조사하고 아동 학생이해가 가능해진다.

여섯째로 심리검사에 의한 방법이다. 발달, 지능, 성격, 학력, 적성, 사회성, 인간관계, 학습, 언어 등 여러 영역에 있어서 표준화된 심리검사를 이용하여 학생이해를 깊이 한다. 이것은 객관적으로 단시간에 되는 장점이 있으나 지나치게 신뢰하게 되는 문제가 있다. 이외에 교사의 기록, 학업성적, 출석상태, 건강진단, 성격행동의 기록, 친구나 가족의 관찰기록 등에서 진단할 수 있다. 필요에 따라서는 생육력, 학교력, 문제력 등 과거의 자료를 활용하는 것도 가능하다.

4) 진단법

학교 상담에서는 아동 학생을 바르게 이해하고 진단하는 것이 중요하다. 이 진단을 틀리게 하면 카운슬링의 전 과정을 틀리게 하는 것이 된다. 여기서 바르게 행하는 조건으로서 아래와 같은 것이 고려된다. 진단의 조건은 다음과 같다.

① 광범위한 제정보원에서 자료를 수집한다. 본인과의 면접, 보호자와의 면접, 표준검사의 결과지, 교사의 기록, 학업성적, 친구나 가족의 관찰기록.

② 생육사적인 과거의 자료를 활용한다.

③ 자료는 그 타당성에 관하여 비판적으로 음미한다.

④ 자료의 활용에 있어서는 왜곡된 중시를 피하고 공평하고 균형잡힌 사용을 한다.

⑤ 개인이 성장한 문화적 사회적 환경을 음미한다.

⑥ 새로운 자료가 첨가되면 그것을 전체에서 적절하게 위치지우고 포함시켜 나간다.

이상의 제 조건을 개괄하면

① 광범위한 자료의 수집 ② 자료의 타당성 ③ 자료의 공평한 이용 ④ 진단의 타당성 등이 상담에 있어서의 진단의 중요한 조건으로 생각된다.

5) 진단과정

① 문제를 정리한다

여러 가지의 자료를 수집하고 문제의 소재를 정리한다. 그러나 문제의 원인이나 지도법을 완벽히 추구하기란 어렵다. 상세한 사례연구를 하기에는 같은 증상을 아무리 모아도 의미가 없다. 필요한 것을 선별하여 수집하면 적당한 곳에서 수집하는 것을 멈추고 가상의 요약이나 방침을 결정한다. 그러나 이런 요약도 불완전하고 타당성이 없고 적절하지 않다고 판단되면 새로이 하지 않으면 안 된다. 또한 일반적인 공통의 문제에 관해서는 조사를 하여 누가기록에 기입해 두든지 혹은 제 1회의 면접 때에 그러한 자료를 수집하는 편이 좋다.

② 원인을 탐색 한다

다음으로 카운슬러는 내담자의 징후를 불러일으킨 원인을 추구하려고 한다. 그 때문에 내담자가 현재상태가 어떻게 하여 생겨났는지를 설명할 때에 여기에 신중하게 귀 기울이지 않으면 안 된다. 상담자가 실험이나 임상에 관한 문헌을 읽고 있다면 일정한 조건은 일정한 징후와 연결되기 쉽다는 것을 알 수 있다. 따라서 같은 징후가 존재하고 있을 때에는 같은 원인에서가 아닐까라고 추정해본다. 더욱 분석하면 그 진단을 뒷받침하거나 아니면 이것을 부정한다. 어떤 문제가 결과이기도 하고 원인인 경우도 있다. 두 가지의 문제가 원인결과의 관계에 있는지 단지 우연하게 결합하고 있는가를 구분하는 것은 극히 곤란하다. 완전히 다른 상호 관련이 없는 여러 종류의 문제가 나타나는 경우에는 한 가지 문제를 서로 다른 명칭으로 부르고 있을지도 모르고, 또한 한가지의 원인이 상당히 서로 다른 영역에 그 결과를 동시에 중첩하고 있을지도 모른다. 그러나 한명이 두 가지 이상의 문제를 동시에 가지는 일은 보통이다.

생육력, 병력, 학업성적, 건강 등의 문제는 비교적 쉽게 진단되지만 정서적인 문제는 진단하게 어렵다. 이것은 적당한 평가법과 면접기술이 충분히 발달하고 있지 않기 때문이다. 그러므로 진단결과도 카운슬링의 과정이며 변경될 수도 있다.

③ 위의 원인의 탐구는 원인의 제거법과 유기적인 관계를 맺을 것이 필요하다.

이를 위해서는 단순하게 원인을 추구하는 것뿐만이 아니라 원인제거에 도움이 되는 여러 가지의 방법의 적용가능성이나 구체적인 적용법을 결정하기 위하여 내담자의 제 조건을 진단하지 않으면 안된다. 진단결과를 상대에게 알리고 특히 납득 받는 단계이다. 신체의 치료에 있어서는 의사와 환자의 협력관계가 중요하지만 심리적인 문제에는 본인이 자발적으로 카운슬링에 참여하고 협력하는 것이 중요하므로 진단의 결과를 상담원과 내담자가 나누는 것이 극히 중요하다.

6) 진단의 한계

아동의 문제행동의 원인을 정확하게 진단하고 카운슬링의 방침을 정확하게 입안하는 일은 어렵다. 진단에는 한계가 있다.

불안, 공포, 분개, 비참, 열등감 등 정서적 문제의 원인을 정확하게 진단하는 일은 어렵다. 또한 일반적인 원인을 추측하고 일반적해결책을 내어도 개개의 문제아동의 독자성이 있어서 도움이 되지 않는 일이 많다. 특히 정서적 문제에는 제삼자에 의한 관찰, 판단, 추측보다도 문제를 가진 아동자신이 자신이나 주변세계를 어떻게 지각하고 있는가가 중요하며 진단은 한정되어 있다.

2. 아동행동이해방법의 실제

아동행동의 이해 방법에는 언어를 사용한 대화법, 일상생활에서의 이해법, 관찰법, 조사법, 심리검사법을 통한 이해방법이 있다. 각각에 대해 설명하면 다음과 같다(松原, 1988).

1) 언어를 사용한 대화법: 면접법(Interview)

(1) 면접법의 의의

면접법에는 다음과 같은 의의가 있다.

- 일방적이지 않고 상호질문이나 확인 등의 커뮤니케이션에 의해 이해를 보다 깊게 하고 수정하거나 하여 종합적인 이해를 할 수 있다.
- 표현된 언어의 구석에 있는 의미 감정, 욕구, 원망, 갈등 등 내면의 심리상태의 움직임이나 변화를 동적으로 취급할 수가 있다.
- 언어적인 수단만이 아니라 표정이나 동작, 행동 등의 비언어적인 수단에 의해 폭넓게 이해가 가능하다.
- 횡단적인 이해뿐만 아니라 생육력이나 문제 경과 등 종단적인 이해를 깊게 할 수 있다. 경우에 따라서는 금후의 예측까지도 세울 수 있다.
- 그때뿐만 아니라 몇 회 계속하여 장면이나 시기의 다름이나 변화 등도 취급할 수 있다.
- 개인과 집단 부모 자녀 등의 여러 가지 인적구성에 의한 면접에서 인간관계의 방법이나 대인 태도의 특징을 보다 더 이해할 수 있다.
- 상황의 이해에 도움이 될 뿐만 아니라 고민이나 문제해결에의 원조 및 치료적인 의미를 가진다. 즉, 면접을 조사적 면접과 상담적

면접으로 대별하면 전자는 객관적 이해가 중심이 되고 후자는 공감적 이해를 기초로 하여 치료, 원조적 색채가 짙은 것이라 할 수 있다.

면접자의 조건은 다음의 몇 가지를 들 수 있다.

- 면접자는 상대가 마음을 열고 솔직하게 이야기하도록 허용적인 분위기를 만든다.
- 면접자의 범위나 선입관 및 편견에 치우치지 않고 상대의 상황이나 견해는 물론, 감정이나 욕구 등의 내면의 상태를 정확하게 취급하도록 한다.
- 상대가 이야기하는 것을 신중하게 들으며 표정, 태도 등 전신으로 표현하는 것을 민감하게 취급하고 이해하도록 한다.
- 상대의 자발성, 주체성을 존중하고 자기이해나 자기지도의 능력을 키워가도록 접근한다.
- 비밀의 유지나 시간약속을 지키도록 하는 것으로 신뢰관계의 형성에 주력한다.
- 면접 후는 기록을 정확하게 종합적으로 행하고 면접의 진행방법에 관해서도 검토하고 금후의 개선에 노력하도록 한다.

면접이란 면접자(Interview)와 피면접자(Interviewee)가 面 대 面(Face to face)으로 상대하고 서로 커뮤니케이션하는 것이며, 일 대 일의 원칙으로 하는 것이다. 집단으로 행하는 일도 있다. 면접은 항상 치료를 지향해야 한다. 면접은 사전 정보를 가지지만 어떠한 의미에서든지 대상자에게 편견을 가지게 되어서는 안 된다. 면접법은 목적별로서는 1) 심리학적 연구의 수단으로서의 면접법(예를 들면 면접 검사나 사회조사의 면접)과, 2) 심리학을 응용한 각종의 면접법(채용면접이나 지도, 진단, 영업장면의 면접)으로 나눌 수 있다.

방법으로는 첫째, 완전하게 준비되고 통제된 조직적 면접(Structured

interview: 질문지 면접법), 둘째, 반조직적 면접(Semi-structured interview), 셋째, 완전히 통제되지 않은 비조직적 면접(Non structured interview: 자유면접)의 3가지로 나누어진다. 면접자가 어느 정도 주도적으로 면접을 통제하는가 하지 않는가에 따라서 지시적 면접과 비지시적 면접으로 나누어진다. 인원수로 구별하면 개인면접과 집단면접으로 나누어진다.

면접은 상담하는 내용이 피면접자 자신에게 관련되는 일일 때에는 내담자 중심면접(Client-centered), 문제사건 그것이 중심인 때에는 문제 본위 면접(Problem-centered interview)이라고 한다.

면접은 면접자와 피면접자가 없으면 성립하지 않고, 면접자는 면접법의 전문적 지식과 기술이 없으면 올바른 면접검사나 사회조사, 효과적인 채용면접 등을 할 수 없다. 그러기 위해선 특별한 연구나 훈련이 필요하다. 그러나 피면접자는 불특정자이므로 면접자처럼 훈련을 실시할 수가 없다. 면접자가 피면접자의 특성이나 습관 등에 관하여 사전에 연구하여 준비해 둘 필요가 있다. 어느 쪽이든지 면접자와 피면접자와의 사이에 하나의 사회적 관계가 성립하고 양자사이에 레포(Rapport: 친밀감)가 형성되어야 한다. 그러기 위해서는 면접장면을 정비해야 하며 미리 예비면접을 하는 일도 있다. 이것을 사전면접(Intake interview)이라고 한다. 또한 면접에는 경우에 따라서 사전면접, 본 면접, 재면접, 반복면접이 행해질 수도 있다.

면접법에는 면접 검사법과 면접 조사법, 초점면접의 세 가지 방법이 있다. 첫째, 면접 검사법은 심리학적 연구를 진행하는 수단으로서 면접하면서 피면접자를 관찰하는 방법으로서, 심리학적 테스트, 실험, 측정, 진단 등을 한다. 둘째, 면접 조사법은 다수를 대상으로 개별로 면접하고 사회 심리학적 조사나 여론 조사, 태도 조사 등을 행한다. 셋째, 이 이외에도 특정의 명제에 초점을 맞추고 집중적으로 상세한 조사를 하는 초점 면접은 일반적인 조사정리를 한 후에 특히 문제가 된 점에 관하여 사후면접으로서 이용되는 일이 많다.

(2) 면접 실시의 유의점

- 피면접자를 편안하게 할 것(면접자도 같은 자세로)
- 래포를 설정할 것
- 피면접자에게 사회적인 압력을 느끼게 하지 말 것
- 자세한 통찰력을 가질 것
- 인내력과 책임감을 가질 것
- 올바른 예비지식을 가질 것
- 피면접자를 몰아세우지 말 것
- 같은 사항을 다른 각도에서 들어볼 것
- 피면접자의 마음에는 모순이 혼재하고 있으므로 무리하게 일치를 기대하지 않을 것
- 면접자의 기대에 따라서 대답을 왜곡되게 이해하지 말 것

면접 시에는 먼저 내담 이유를 청취한다. 사전에 전화로 문의가 있을 시에 간단하게 내담자의 인적사항을 청취하여도 좋다. 면접시 질문하고 관찰할 사항은 아래와 같다.

- **사무적인 사항**-성명, 연령, 성, 가족, 주소, 직업, 교육력, 병원력, 면접에 온 이유
- **외관 모양**-성격, 복장, 표정, 최초의 접촉방법, 제일 인상적인 경향, 습관 등
- **놀이나 공상**-놀이의 대상, 내용, 전개의 방법
- **태도나 사고**-면접에 관한 이해, 견해, 면접에 대한 접근법, 문제의식의 정도, 내용, 자신에 대한 견해, 타인이나 물건에 대한 견해, 취미, 성
- **대인관계**-부모와의 상호작용, 면접자와의 접근방법, 일반적 경향, 태도 양식 등

면접내용의 기술에는 면접자에 의한 개념화나 인상을 배제하고 가능하면 피면접자의 언어를 중요시하고 그가 말한 내용을 그대로 기록한다. 면접기록은 그때에 그가 표현하는 주관적인 여러 가지의 잘못이나 왜곡보다도 심리적인 임상에 의미가 있는 자료인 것을 잊어서는 안된다.

2) 일상생활행동에서의 이해

(1) 일기법

일기에는 크게 나누어 개인일기와 단체일기가 있다. 전자에는 생활일기, 독서일기, 관찰일기 등이 있고 후자에는 학급일기, 당번일기, 담당일기 등이 있다.

일기지도에서 기본적으로 생각하는 점은 다음과 같다.

월일, 요일, 날씨, 온도, 시간, 사람, 장소, 사건은 가능한 한 정확하게 사실을 기록한다. 생활일기에는 하루의 생활을 돌아보아 가장 깊이 마음에 남아있는 것을 중심으로 쓰고 자신은 어떻게 느끼고 어떻게 생각했는지를 쓴다. 매일 계속해서 쓰는 지도도 필요하다. 단체일기에는 타인이 읽어도 알 수 있도록 모두에게 관심 있는 일을 요점을 골라서 쓴다. 테마, 표현의 방법에 충분하게 배려하고 개인적인 문제는 쓰지 않도록 한다.

생활일기에 포함되는 것은 아래와 같다.

① 개인에게 관계되는 일: 현재 아동이 열중해서 집착하고 있는 일, 학습에의 흥미, 관심, 이해도, 독서경향, 독서태도, 현재 고민하고 있는 일들

② 가족관계에서 관계되는 일: 부모사이의 대화, 가족에 대한 직접적 간접적인 부탁

③ 학급집단 등 집단에 관계되는 일: 친구관계의 확장과 변화, 놀이나 문제점의 실태

(2) 작문

① 작문의 유효성은 첫째, 심정과 언어와의 관계이다. 마음으로 생각하거나 느끼거나 고민하는 일들은 언어와 밀접한 관계가 있고, 특히 문장화함으로써 그 사고, 심정의 상태는 보다 명확하게 되고 확실하게 된다. 문제행동의 원인이나 욕구의 상태가 이해하기 쉽게 된다.

② 작문에 의한 아동, 학생의 카운슬러와의 대화는 마음과 마음을 깊이 연결 짓는 것이므로 문장에 의한 1 대 1의 교류는 교육상담에 있어서도 가장 필요한 사람과 사람과의 신뢰와 애정을 확보하는 것이다.

③ 교육상담은 아동, 학생의 생활실태에 따라서 행해지지 않으면 안 된다.

작문에서는 아동들의 생각이나 느낌과 생활 상태 등을 구체적으로 느낄 수가 있고, 특히 고민이나 마음의 왜곡을 파악하여 적절한 원조나 지도를 할 수 있다.

(3) 그림

아동의 가장 일반적인 문제를 들어보면 다음과 같다.

조형 활동을 좋아한다고 대답하는 아동은, 왜 좋아하는지 이유를 물어보면, 좋아하는 일을 할 수 있어서, 여러 가지 재미있는 재료나 도구를 사용할 수 있으므로, 자신의 아이디어를 살릴 수 있으므로, 등의 대답을 하는 경우가 많다. 싫어하는 아동은, 무엇인가 주제가 주어지면 할 수 없어서, 언제나 잘하지 못하므로, 작업이 느리므로, 재료의 사용방법이 어려우므로, 생각대로 잘 그려지지 않으므로, 좋아하는 만화를 그리면 혼나므로, 등등 많다.

(4) 학급통신

학급통신도 부모와 교사가 손을 맞잡고 아동, 학생의 건전한 성장 발달에 기여하는 점에서 교육상담과 공통의 기능을 가진다. 학급통신은 부모가 알고 싶어 하는 아동들의 학교에서의 상태를 생생하게 전달할 수 있고 학교와 가정과의 연결통로가 된다.

아동들의 일상의 언어나 태도의 이면에는 한명 다른 고뇌나 어려움이 숨어있다. 그리고 한명의 아동에게 보이는 문제나 고민은 많은 아동에게도 공통적으로 보이는 문제이다. 학급통신은 그러한 아동의 어려움을 발견하거나 부모와 교사가 손을 잡고 실태나 원인을 찾고 해결책을 찾아내는 유효한 수단이 된다. 학급통신을 통해서 학교와 가정, 특히 부모와 교사가 정보교환을 하거나 상호이해하거나 일관된 지도를 함으로써 교육상담으로서의 기능을 크게 달성하는 것에 공헌한다고 생각한다. 학급통신의 주의점은 다음과 같다.

① 가정으로부터의 요망이나 아동의 고민이나 문제점, 아동의 상황들을 가능한 한 구체적으로 알리도록 노력한다.

② 개인적인 문제라도 전체에게 알리도록 조급하게 해결을 요하는 것에는 정확하게 교정을 하지만 특정한 개인에게 상처 주는 표현이 없도록 신중하게 배려한다.

③ 교사의 일방적인 견해를 밀어붙이는 일이 없도록 신경을 쓰고 넓게 공적인 입장에 서서 생각하고 학년의 타 교사나 학교장 등 선배교사에게도 상담하고 내용을 충분히 음미한다.

④ 문제의 지적이나 해결에의 요청만이 아니라 해결로 향하는 경과나 조금이라도 향상된 점을 수시로 알리도록 배려한다.

⑤ 아동들을 칭찬하는 경우도 한명 한명의 영향을 충분히 배려하며 특정의 아동에게 한정하지 않고 학급전체의 변화나 향상을 알리도록 한다.

(5) 낙서

낙서의 정의는 본래 있어서는 안 될 곳에 나와 있는 필기활동의 흔적이다.

3) 관찰법

관찰법은 아동의 발달이나 학습상태 및 행동 등을 이해하려고 하는 때에 넓게 이용되는 가장 기본적인 방법이다. 이러한 방법에 의해 아동을 이해하고 카운슬링에도 넓게 활용된다. 관찰법에는 아동의 외면에 나타나는 행동을 직접적, 객관적으로 파악하는 것이 중요하고 그러기위해서는 아래의 요건을 갖출 것이 필요하다.

① 무엇을 관찰하고 싶어 하는가라는 명확한 관찰목적을 가지고 있는가
② 관찰이나 기록의 방법이 관찰 목적에 합치하고 있는가
③ 관찰이나 기록의 방법이 정확한가
④ 관찰자의 주관이 들어가지 않도록 유의하고 있는가
⑤ 관찰결과를 효과적으로 처리하고 아동, 학생이해에 살릴 수 있는가

관찰법에는 사실을 있는 그대로 어떠한 조작도 가하지 않고 관찰하는 자연적 관찰법과, 관찰하고자 하는 행동을 인위적으로 일으키는 등, 특정한 조작을 가하여 관찰하는 실험적 관찰법이 있다.

(1) 자연적 관찰법

① 자연적 관찰법의 특징

자연적 관찰법이란 일상생활 속에서 일어나는 자연스러운 행동을 관찰함으로써 아동을 이해하고자 하는 방법이다. 따라서 목적에 합치한 장면이 포착되면 언제라도 쉽게 실시할 수 있고 더욱이 긴장이나 수식이 없는 자연그대로의 상태를 직접적으로 포착할 수 있는 장점을 가지고 있다. 한편 자발적인 행동을 대상으로 하므로 관찰하고자 하는 행동이 일어나기까지 기다려야 하는 점이 있다. 조건이 통제되지 않고, 같

은 행동이 일어나고 있으므로 같은 조건하에 행동이라고는 단정할 수 없는 일이 있다. 또한 필요한 자료의 누락을 막기 위하여 필요한 것 이외의 것도 기록해 두지 않으면 안 되는 단점도 있다.

② 관찰방법

ⓐ 일지법

이것은 우연한 기회를 포착해서 관찰하는 방법으로서 언제나 느낀 순간에 쉽게 실시할 수 있으므로 일상접촉이 많은 경우에는 이용하기 쉬운 방법이다. 이 방법은 관찰자가 느낀 순간만 관찰할 수 있으므로 중요한 행동을 놓치는 일도 있다. 또한 관찰자의 판단이나 해석이 들어가는 등 자료에 왜곡이 생기기 쉽다. 또한 관찰한 것을 금방 기록할 수 없는 일이 많으므로 기억이 왜곡되어 애매한 기록이 되기 쉽다. 그러나 장시간에 걸쳐 관찰을 계속함으로 인해 얻어지는 자료는 아동. 학생을 전체적으로 이해하기에는 유효하다.

ⓑ 장면 견본법

관찰하고자 하는 행동이 나타나는 대표적인 장면을 선택하여 조직적으로 관찰하고 기록하는 방법이다. 예를 들어, 사회적 행동을 관찰하기에는 집단으로 활동하는 장면을 선택할 필요가 있다.

ⓒ 위상관찰법

어떤 시간 내에 일어나는 행동을 계속적으로 관찰하고 행동의 각 부분의 의미를 전체적인 흐름 속에서 알아내려고 하는 방법이다.

ⓓ 구성원 견본법

어떤 집단을 관찰할 경우에 그 성원 속에서 소수를 추출하여 관찰하고 그 결과에서 집단의 모양을 추정하려고 하는 방법이다. 큰 집단을 취하려고 하는 경우에 이용되는 효율적인 방법이지만 성원의 추출에는 관찰목적을 고려하여 임의 추출법이나 층화 임의추출법의 어느 것을 이용할 필요가 있다.

③ 기록의 방법

ⓐ 일화기록법

아동의 행동을 관찰자의 해석을 추가함으로써 사실을 구체적으로 기술하는 방법이다. 이 방법은 행동의 흐름을 파악하기 쉽고, 후에 분석에 필요한 많은 자료를 제공할 수 있다는 장점을 가진다. 그러나 나중에 정리, 분석하기 어려운 단점도 있다. 일화기록법에 필요한 조건은 아래와 같다.

- 기록의 각 사항별로 아동・학생이름, 일시, 장소, 관찰자이름을 기입해 둘 것. 단, 기입용지가 개인별인 경우에는 일일이 이름을 적는 것은 하지 않아도 좋다.
- 사태는 정확하게 상세하게 기술할 것.
- 행동은 적극적 부분뿐만 아니라 소극적 부분도 포함할 것.
- 관찰의 대상인 아동, 학생의 행동만이 아니라 그 아동에 대한 다른 사람들의 반응에도 주목할 것.

ⓑ 체크리스트법

관찰하고자 하는 행동이나 일어날만한 행동을 예상하여 표로 만들어 두고, 해당하는 행동이 일어나면 표기하는 방법으로서 행동의 빈도나 정도를 알고 싶을 때에 사용하는 일이 많다. 기록에 많은 시간을 투자하는 것이 아니라 결과의 처리가 간단하고 양적 처리가 되는 등의 장점이 있다. 그러나 미리 결정해 둔 항목에 관해서만 체크하기 때문에 그 외의 중요한 사항을 누락할 만한 위험이 있는 등, 행동전체의 흐름을 취급할 수 없는 단점이 있다.

ⓒ 시간 견본법

적절한 관찰시간을 정하여 그 시간 내에 일어나는 관찰사항을 기록해가는 방법이다.

ⓓ 평정척도법

관찰하고자 하는 행동에 관하여 일정한 기준에 따라서 단계를 정하고, 그 단계에 해당하여 평정하는 방법이다. 기술척도와 도식척도가 있다.

ⓔ 도시법

도시법은 놀이장면에 있어서 아동의 위치나 아동상호간의 관련의 변화를 취급하는 경우에 많이 이용된다.

④ 아동을 관찰할 때의 주의점

아동을 관찰할 때에는 보는 눈에 왜곡이 생기기 쉬운 것에 유의할 것. 왜곡을 생기게 하기 쉬운 경향에는 스테레오 타이프적 인지, 초두효과(처음에 가진 인상의 효과), 배광효과(Harrow effect), 관용효과(호의를 가진 상대에게는 모든 점에 있어서 호의적으로 생각하기 쉬운 것과, 싫은 상대에 대해서는 모든 점에 있어서 비호의적으로 생각하기 쉬운, 부의 관용효과)경향이 있다.

(2) 실험적 관찰법

이미 논한 자연적 관찰법은 자발적인 행동을 대상으로 하므로 관찰하고자 하는 행동이 일어나기까지 기다리지 않으면 안 된다. 조건이 통제되어 있지 않으므로 같은 행동이 일어났다고 해도 같은 조건하에서의 행동이라도 판정할 수 없는 경우가 있다.

실험적 관찰법에서는 연구목적이나 이론적 근거에 따라서 이미 무엇을 관찰할까를 명확히 하고 객관적인 결과를 얻을 수 있도록 장면 등의 조건을 통제하여 관찰을 행하고 행동특성과 인격특성의 인과관계를 명확히 하는 것을 지향한다. 실험적 관찰법은 비사회적 상황하에서의 관찰(예를 들어 밀실에 피험자를 넣고 외부로부터의 감각을 차단하여 관찰한다), 사회적 상황하에서의 개인의 행동관찰, 사회적 상호작용의 관찰 등에 사용된다.

4) 조사법

질문지 작성의 요점과 유의점을 생각해 보면 다음과 같다(松原, 1988).

(1) 조사목표의 설정

질문지를 작성하는 경우 초기에 조사목표를 명확히 설정하는 것이 중요하다. 조사의 궁극적인 목표는 아동의 이해이며, 어떤 특정한 조사를 실시하는 경우의 목표는 그 조사가 목적으로 하는 해당된 표적이라고 하는 의미다. 표적이 존재하지 않아도 어떤 질문지를 작성하는 것은 가능하며 질문 항목을 설정하면 어떤 회답을 반드시 얻을 수 있다. 그 회답을 정리하는 것으로서 어떤 결과가 얻어지는 것이지만 목표가 확실히 정해져 있지 않고서는 정확한 해석을 하기는 어렵다. 무리하게 결론을 이끌어내려고 하면 아동의 본모습을 잃어버리기 쉽다. 목표설정이 중요한 것이다.

조사 목표의 설정에는 첫째, 우선 목표범위를 한정하는 것이다. 두 번째로 왜 조사목표를 세웠는가 왜 이 조사를 행할 필요가 있는가 하는 것이다. 문제의식을 가지지 않으면 안된다. 조사의 의의를 검토하는 것이 중요하다. 세 번째로 목표에 관한 종래의 견해를 처음 충분하게 알아두는 것이 필요하다. 설정한 목표에 관련된 종래의 제 조사결과나 견해를 가능한 한 수집하여 어떠한 곳에 문제가 있는가를 어떠한 측성이 보편적이며 어떠한 점이 특수한 것인가를 잘 검토한다.

(2) 조사계획의 입안

적절한 조사목표를 세웠다고 해도 그것이 아동의 이해에 시기적으로 맞지 않는 내용이라면 조사의 의미는 잃어버리게 된다. 가정환경이나 부모의 교육관 등은 학년 초에 알아두면 좋으며 여름방학 전에는 생활지도를 위한 정보를 수집하는 것이 바람직하다. 친구관계의 조사는 학년 초에 행해도 명확한 결과를 알 수 없다. 이처럼 조사는 연간계획을 세워서 실시하는 것이 바람직하다.

(3) 조사방법의 검토

일반으로는 질문지 조사를 생각하는 경우가 많다. 그러나 조사의 방법은 반드시 질문지에 의한 조사만이 아니다. 조사법에는 관찰조사법이나 면접조사법 등도 있다.

(4) 질문지 작성상의 유의점

① 조사의 목적이나 취지를 설명한다.

② 질문형식이나 항목수에 유의한다.

③ 질문내용의 검토가 중요하다. 질문내용은 간결하고 구체적인 것으로 한다.

④ 회답자의 기분을 고려하여 작성하고 질문내용은 물론 인쇄나 용지의 질에도 신경을 쓴다.

5) 심리검사법

심리검사는 상담활동에 있어서 어떠한 역할을 하는가. 상담자도 인간이므로 감정을 가지고 있고 자신의 기호도 있으므로 용모, 성별, 복장, 동작, 언어사용법, 사회 지위 등의 첫 번째 인상이라든지 선입견, 즉 주관에 좌우되지 않는다고는 할 수 없다. 그러한 왜곡이나 실수를 체크하고 보정하는 것이 심리검사이다. 특히 눈에 보이지 않는 내면적 정신세계를 진단하는 것이 어렵다. 또한 대상자에게 생각되어지는 모든 문제를 모색하고 진단하는 것이 바람직한 것은 말할 나위도 없으나 아무래도 상담자의 경험, 지식의 기술의 범위에서 진단 처리하는 일이 된다. 그것을 보충하여 비교적 광범위한 견해를 가지게 하는 것이 심리검사이다.

(1) 심리검사법의 내용

① 심리테스트의 종류

심리검사의 종류에는 발달검사, 지능검사, 성격검사, 학력검사, 적성검사, 사회성검사, 인간관계검사, 학습검사, 언어능력검사 등이 있다.

② 심리검사의 효능(松原, 1988)

- 객관적, 과학적으로 진단할 수 있다.
- 단기간에 다방면에 걸쳐서 진단할 수 있다.
- 관찰이나 면접에서 알 수 없는 것을 진단할 수 있다.
- 심층심리가 진단된다.
- 검사만으로 치료, 상담효과가 있다.
- 교육상담의 지침을 얻는다.

③ 심리검사의 한계

- 어디까지나 보조적도구이다.
- 검사의 따라서는 신뢰성이 결핍된다.
- 투영법은 진단이 어렵다.
- 피험자의 기분에 좌우되기 쉽다.
- 학령이나 능력에 따라서 실시할 수 없는 것도 있다.

(2) 심리검사의 소개

① 발달검사

한국 베일리(Bayley)영유아 발달검사 Ⅱ(K-BSID-Ⅱ)는 Bayley Scales of Infant Development-Second Edition(BSID-Ⅱ)을 한국상황에 맞게 표준화한 검사도구로서 3가지 척도(인지척도, 동작척도, 행동평정척도)를 사용하여 영유아의 발달특성을 평가하고 진단하는 검사이다.

개발자: 조복희, 박혜원(2006년 출판)

K-BSID-Ⅱ는 아동의 언어, 인지, 대근육, 소근육의 발달의 강점과

약점을 측정할 뿐만 아니라 아동의 상호작용방식과 사회성도 함께 측정해 주는 포괄적인 종합검사이다. 특히 부모가 검사장면에 참여하여 진행하므로 아동은 능력을 정확히 평가할 수 있으며 동시에 부모는 아동의 발달을 객관적으로 이해하게 된다.

② 지능검사

가. 일반 지능검사

나. 인물화 지능검사

다. K-WISC(Korean wechsler intelligence scale for children)

이것은 이창우와 서봉연이 1974년 wechsler가 1949년에 wisc를 바탕으로 한국에 맞게 표준화시켜 제작된 아동용 개인지능검사이다. 이 지능검사는 5세에서 16세의 아동에게 실시할 수 있는데 크게 언어성검사와 동작성검사로 나뉘어져 있다. k-wisc는 다음과 같이 검사가 구성되어 있다.

- 언어성 검사: 상식문제(30문항), 이해문제(14문항), 산수문제(16문항), 공통성문제(16문항), 어휘문제(40문항), 숫자문제(언어성 검사의 보충검사로 사용).
- 동작성 검사: 빠진 곳 찾기(20개 문항), 차례 맞추기(11개 문항), 토막 맞추기(10개 문항), 모양 맞추기(4개 문항), 기호쓰기(기호쓰기 A, B로 구성), 미로문제(동작성 검사의 보충검사로 사용, 8개의 미로로 구성)

라. 한국웩슬러 유아지능검사(K-wechseler Preschool and primary scale of intelligence: K-wppsi)

이 검사는 개인검사로서 3~7세 3개월 아동을 대상으로 실시할 수 있는데 일관된 지능이론에 기초하여 3세에서 성인까지의 지능을 추적할 수 있다는 장점이 있으며 지적, 정의적 특성에 관한 진단에 사용한다.

언어성검사와 동작성검사로 나누어져 있는데 언어성 검사에는 상식, 이해, 산수, 어휘, 공통성, 문장으로 구성되어 있으며 동작성 검사는 모양 맞추기, 도형, 토막짜기, 미로, 빠진 곳 찾기, 동물짝짓기로 구성되어 있다.

마. 가드너 다중지능검사(가드너MIQ검사: Multiple Intelligence Gardner School)

- 개발자: 이경화, 고진영(숭실대학교)
- 실시대상: 3~5세
- 사이트 : www.kise-baat.co.kr

가드너에 의해 제안된 다중지능, 즉 8가지의 지능영역(언어, 논리-수학, 공간, 음악, 신체-운동, 자연탐구, 개인이해)의 지능영역을 골고루 검사하여 강점지능과 약점지능을 정말하게 파악한다.

- 검사의 필요성: 아동들은 8가지 다중지능영역에서 각기 다른 정도의 능력을 가지고 있기 때문에 유아기와 학령기초기의 다양한 능력을 개발시키기 위해서는 이들 특성에 따른 지도가 필요하다. 특히 이 시기는 다양한 지적능력의 계발에 있어서 무한한 가능성을 지니는 시기이므로 다중지능계발의 최적기다. 그러기 위해서는 개별특성에 대한 판별이 조기에 실시되어 적절한 교육을 받도록 해야 한다.
- 검사의 구성: 8개 하위 지능 영역으로 구성된 유아용다중지능검사로서 개별검사이며 만 3세~만5세 유아를 대상으로 검사를 실시한다. 검사형태는 교구를 이용한 형태로 구성되어 있다.

검사의 순서는 다음과 같다. 언어적 지능(15~20분), 공간적 지능(10~15분), 음악적 지능(10~15분), 논리-수학적 지능(10~20분), 자연탐구지능(5~10분), 대인간지능(5~10분), 개인이해지능(5~10분), 신체-운동적 지능(5~10분).

가드너 다중지능검사의 검사도구의 최종신뢰도 Cronbach α계수는 .79~.87로 높게 나타나 있다.

바. K-ABC(Korean Kaufman Assessment Battery for Children)

- 저 자 : A. S. Kaufman
- 한국판 표준화 : 문수백(대구가톨릭대학교), 변창진(경북대학교 교수)
- 목 적 : 영재아동판별 및 좌뇌 IQ, 우뇌 IQ, 인지과정처리 IQ, 습득도IQ 측정
- 대 상 : 2세 6개월~12세 5개월
- 실시형태 : 개별검사
- 소요시간 : 45~75분. 정보처리이론을 바탕으로 개발된 검사로서 기존 내용중심검사와 달리 아동이 왜 그러한 정도의 수행을 하였는지에 대한 설명이 가능하다. 따라서 학습현장이나 교육현장에서 검사 결과의 활용도를 높이고, 지능과 후천적으로 습득한 사실적 지식수준인 습득도를 분리하여 측정함으로써 아동의 문제해결능력과 이를 통해 학습한 정도를 서로 비교할 수 있다. 또한 아동이 선호하는 정보처리 패턴이 좌뇌지향적인지 또는 우뇌지향적인지에 대한 비교도 가능하다. 하위검사명 척도 대상연령은 다음과 같다.
  - 마법의 창 동시처리 2/6~4/11
  - 얼굴기억 동시처리/비언어성 2/6~4/11
  - 손동작 동시처리/비언어성 2/6~12/5
  - 그림통합 동시처리 2/6~12/5
  - 수회생 순차처리 2/6~12/5
  - 삼각형 동시처리/비언어성 4/0~12/5
  - 단어배열 순차처리 4/0~12/5
  - 시각유추 동시처리/비언어성 5/0~12/5
  - 위치기억 동시처리/비언어성 5/0~12/5
  - 사진순서 동시처리/비언어성 6/0~12/5
  - 표현어휘 습득도 2/6~4/11
  - 인물과 장소 습득도 2/6~12/5

- 산수 습득도 3/0~12/5
- 수수께끼 습득도 3/0~12/5
- 문자해독 습득도 5/0~12/5
- 문장이해 습득도 7/0~12/5

③ 성격검사

인간의 정서와 성격상을 측정하는 방법으로는 질문지법과 투사법으로 대별된다. 이들 두 방법은 각기 그대로의 장, 단점을 가지고 있다. 질문지법은 엄밀한 통계적 조작에 의해 선택된 질문 항목으로 구성되어 있는데 대개가 '예, 아니오, 모르겠다'로 답하게 되어 있고 또한 그 질문의 내용이 피험자에게 해당되는 것인지를 자기가 판단하여 보고하게 되어 있다. 따라서 피험자가 질문에 답하기 위해서는 자기 자신을 잘 이해하고 있어야 함은 물론 자기의 결점이나 단점을 직관할 수 있는 용기가 필요하다. 만약에 자기 자신에 대해 올바르게 이해하지 못하거나 자기방어가 심한 사람에게 있어서는 자기보고서 검사인 질문지법으로는 정서적 성격상의 부적응을 측정하기 곤란하다.

이에 비해 TAT, CAT, Rorschach Test 같은 투사법은 검사자가 제시하는 자극에 정신이 팔려 자기 방어적이 아닌 반응을 하게 됨에 따라 피험자가 자기보고식 판단을 하지 않기 때문에 피험자의 무의식 속에 억제되어 있는 성격의 경향을 파악하는데 유효하게 사용될 수가 있다.

질문지법: MMPI

투영법: TAT, CAT, 로샤검사, 회화욕구불만검사, 문장완성, 묘화

• 주제통각검사(TAT)

투사법 중에도 TAT는 개인의 성격내용을 구명하는데 유용한 방법으로 알려져 있다. TAT란 도판에 나타난 그림의 자극에 대해서 개인이 나타내는 공상을 분석하고 해석하는 방법이다. 도판에 나타난 인간

생활의 모호한 그림에 대한 이야기를 피험자가 구성하는 과정에서 그들의 과거경험과 직접적인 자극내용 그리고 현재의 욕망에 일치되게 해석하게 되어 개인이 갖고 있는 요구-압력관계를 비롯하여 여러 가지 심리적 역동관계를 분석, 진단, 해석할 수가 있다.

④ 학업성취검사

이 검사는 개인용 표준화 검사로서 아동의 학습수준이 정상과 어느 정도 떨어지는가를 알아보거나 학습 진단배치에서 어느 정도 수준의 아동집단에 들어가야 하는가를 결정하기 위한 것이며 구체적인 개별화 교수안을 짜기 위한 도구이다. 언어기능, 수기능, 정보처리기능이 복합된 일종의 배터리 형식을 취하고 있다.

가. 기초학습기능 수행평가 체제 : 읽기 검사(BASA: Reading)

- 개발: 김동일
- 대상 : 초등학교 1~3학년
- 학습부진 및 학습장애 영역에 있어 읽기장애진단.

나. 기초학습기능 수행평가 체제: 수학검사

- 개발자 : 김동일
- 대상 : 초등학교 1~3학년
- 수학학습수준의 발달과 성장을 측정하고 학습부진, 특수교육아동을 위한 진단 및 평가제공.

⑤ 언어검사

우리말 조음·음운 학습/평가도구

- 저 자 : 신문자(이화여자대학교 겸임 교수), 김영태(이화여자대학교)
- 목 적 : 조음 장애 아동의 조음 문제 평가 및 교정/훈련
- 대 상 : 조음문제를 보이는 취학 전 혹은 취학연령 아동 및 성인
- 실시형태 : 개별실시

- 소요시간 : 상황에 따른 활동

특 징

- 조음장애 아동이 조음문제를 보이는 음소를 체계적으로 연습·훈련시키는 데 유용
- 문자보다 아동에게 친숙한 그림으로 단어자극 제시
- 언어학습 자료로 아동의 흥미를 유발하는 동요모음을 비롯한 다양한 놀이활동 자료 제공
- 특정 자모음을 연습할 수 있도록 모음연습, 자음연습, 쉬운말연습, 어중초성나누기, 최소대립어 등 5개장으로 항목별로 분류하여 훈련의 체계성 기함
- 학습편은 수록된 단어들의 가나다순 및 연령별 발음색인 함께 정리
- 조음장애 아동 및 성인의 조음음운 능력을 단어와 문장 수준에서 효과적으로 평가 가능
- 검사 결과를 음운변동에 따라 체계적으로 정리하고 정상아동 자료와 비교 가능
- 쉬운 단어와 그림을 이용하여 최대한 아동의 자발적 발화 유도 가능
- 조음명료도를 측정하고 동일연령군의 자료와 비교 가능
- 조음장애 유무와 그 정도를 파악하기 위한 기본 자료의 제공 및 체계적인 치료계획 마련에 도움

제 4 장

상담의 과정

상담은 일정한 절차에 따라 진행된다.

먼저 상담실의 물리적 환경, 즉 공간이 마련되어야 하며, 상담을 필요로 하는 내담자와 상담에 응하는 상담자의 관계가 성립되어야 하고 그 다음 상담계획이 세워지고 프로그램이 수립되고 상담이 실시된다.

1. 물리적 환경구성

상담에는 내담자인 아동이 편안하게 마음을 열수 있는 물리적 환경 구성이 필요하다. 공간은 공간의 크기, 소음, 습도, 온도, 실내 환경의 색상, 가구 등을 고려해야 한다. 공간의 크기는 두세 사람이 앉아 있을 때 아늑함을 느낄 수 있는 환경이 좋다. 5평 이하의 좁은 공간은 상담자와 내담자에게 밀집감을 주어 오히려 답답한 느낌을 준다. 방 전체를 밝고 넓게 두어서 각 연령층에 대한 자연스런 준비를 돕는 것이 좋다.

상담실 내부에는 상담할 동안에 필요한 집기들을 두고 동선을 고려한 정도로 일반 사무실과 다르지 않은 평범한 모습으로 꾸민다. 전 연령을 포괄하는 심리 상담을 위한 상담실이라면 편안한 조명과 어두운

조명을 적절히 사용할 수 있는 안배가 필요하며 아동을 위한 장난감이나 동반한 보호자를 위한 공간의 배려도 필요하다. 컬러는 베이지, 옐로, 갈색 등 무난한 톤이 좋다.

모든 아동상담 장면이 테이블과 의자가 있는 전형적인 상담실의 형태를 갖추고 있는 것은 아니다. 언어로 자신을 표현할 수 없는 연령의 아동상담은 대부분 놀잇감이 준비된 놀이실에서 진행되며, 언어적으로 충분히 상담을 진행할 수 있는 연령의 아동상담은 전형적인 형태의 상담실에서 이루어질 수 있다. 따라서 아동상담은 연령별로 아동의 발달수준을 고려해서 구성된 상담실에서 이루어져야 한다. 특히 어린 아동과의 상담이 진행되는 놀이실은 아동의 발달수준에 적합하게 구성되어야 한다. 또한 여러 가지 문제와 배경을 가진 아동들의 다양한 행동유형을 촉진시킬 수 있는 놀잇감과 재료들이 구비되어야 한다.

상담의 물리적 환경이 상담과정에 영향을 미칠 수 있기 때문에 상담자는 상담 환경을 구성하는데 세심한 주의를 기울여야 한다. 또한 효과적인 상담을 위한 상담 환경을 마련하는데 우선적으로 고려할 것은 아동이 자신의 문제가 다른 사람에게 노출되는 것에 대한 두려움 없이 자신의 생각과 감정을 표출할 수 있도록 방음장치를 갖추는 일이다. 상담의 환경의 구조화에는 물리적 환경뿐 아니라 상담시간, 상담의 빈도 그리고 상담의 기간을 결정하는 것도 포함된다. 이러한 사항은 아동이 보이는 문제의 특성과 부모가 상담비를 지불할 수 있는 능력, 아동을 상담에 데려올 수 있는 횟수 등의 현실적 문제도 함께 고려되어야 한다. 아동과 함께 상담시간, 빈도, 기간에 따라 상담환경을 구조화하는 일은 아동과 상담자가 상담과정에 함께 참여하고 기여한다는 점에서 아동상담의 기본수칙이 된다.

2. 내담자 모집

모집은 내담자로부터의 의뢰가 있는 경우와 상담자 측에서 필요에 의해 내담자를 모집하는 경우의 두 가지 방법이 있다.

1) 내담자로부터의 의뢰가 있는 경우

내담자가 아동인 경우에 아동을 보호하고 있는 보호자나 학교의 담임교사, 아동의 가까운 친지로부터 상담자에게로 의뢰가 있게 된다. 의뢰는 먼저 전화로 내담문의가 있게 되는 경우와, 소개를 받아서 직접 내원하는 경우가 있다. 전화로 접수를 한 경우에 전화로는 자세한 상황을 아는 것이 어려우므로 상담실에 내원하여 직접 만남을 갖도록 한다. 경증의 문제인 경우는 한두 번의 내원 상담으로 문제가 해결되는 경우도 있으나 문제가 오래되거나 중증의 경우는 몇 회기에 걸친 상담과 심리치료가 이루어진다.

2) 모집에 의한 경우

상담자가 연구자일 때 연구 문제에 따라 필요에 의해 상담이 이루어지는 경우는 모집 공고를 내는 방법이 일반적이다. 필요한 대상을 기관 등에 알림의 문서를 우편으로 발송하거나 요즘 활성화되어 있는 이메일 혹은 학회 홈페이지 등에 상담을 시작함을 게시하게 된다. 요즘 이메일이나 게시판을 통한 학회차원의 상담모집 안내공고가 활발히 이루어지고 있다고 생각된다.

모집에 의한 경우는 상담의 성격을 분명히 밝히고 상담에 참여할 대상자의 성격(문제행동의 종류)을 명확하게 제시하여 상담연구목적에 합치하는 내담자를 확보하는데 주력한다.

3. 상담의 과정

상담은 다음과 같은 일련의 과정으로 상담이 진행된다. 첫째, 첫 회 면접, 둘째, 상담 및 심리치료프로그램의 지도계획 수립, 상담프로그램 작성, 상담 및 심리치료 실시, 평가의 순서로 이루어진다.

1) 첫 회 면접 혹은 접수 면접(인테이크: Intake)

(1) 절차

보통 아동들은 낯선 상담환경에 처음으로 접하게 되면 어색해한다. 상담가는 이 때 아동이 불안해하거나 어려워하지 않도록 자연스럽고 편안한 상담가의 자세를 견지하며 아동의 복장이나 날씨 등에 관한 주제로 말문을 열며 아동을 맞이한다. 첫 회 면접 시에 이루어지는 것들은 다음과 같다

① 주된 증상에 관한 질문을(생육사, 교육력, 병력 등)-보호자로부터 청취한다.

② 놀이상황에서의 아동의 행동관찰 - 관찰실을 이용할 경우도 있다.

③ 필요할 경우에 심리검사를 실시한다.

아래의 서식 〈표 4-1〉과 〈표 4-2〉는 보통 첫 회 면접 시에 필자가 사용하는 것이다.

(2) 첫 회 면접 후 파악해야 할 사항

① 첫 회 면접의 결과에 따라 아동에 대한 문제의 증상을 파악한다.

② 문제의 증상과 아동의 행동특징에 따른 지도계획을 수립한다.

단, 지도계획에는 총 실시회기, 교사의 지도접근법, 시간, 활동의 내용, 심리치료법의 내용, 지도법의 종류(구조적, 반구조적, 비구조적), 아동의 문제증상을 완화시켜 줄 놀이 활동의 종류를 선택한다.

〈표 4-1〉 면접자료

면 접 자 료

년 월 일: ____________
면접장소: ____________
면접시간: 시 분 ~ 시 분
참 가 자: ____________

1. 아동에 관한 사항
 1) 이름
 2) 생년월일
 3) 주소 및 전화번호
 4) 가족구성(연령, 직업)
 5) 본 아동의 주된 증상
 6) 출산시의 상태
 7) 생활의 변화(이사 등)
 8) 언어발달(보어상태, 1어문, 2어문 등, 그 외 특히 기술할 만한 사항)
 9) 운동발달(목가누기, 보행, 그 외 특기할만한 사항)
 10) 치료력(아동상담소, 특히 기술할만한 치료경력 등)
 11) 아동행동특징: 감각기관등의 장애는 없는가, 특히 곤란한 대인관계는 있는가.
 12) 일상의 아동상태(평일 또는 휴일 누구와 어디서 무엇을 하고 노는가, 편식 경향 등)

2. 부모에 관하여
 1) 아버지의 학력, 직업
 2) 어머니의 학력, 직업
 3) 어머니가 지금까지 경험한 직업
 4) 어머니의 취미

3. 아동의 장래 또는 앞으로의 발달에 관하여 기대하고 있는 점

③ 위의 계획에 대한 보호자의 동의를 구한다. 비용과 시간, 약속사항을 명기한 상담계획서를 교환한다.

〈표 4-2〉 아동 선호도 조사

아동의 이름: __________ 생년월일: _____년 __월 __일

남 · 여 학년: _________ 연령: ______

기입자 이름: ___________ 아동과의 관계: ________

기입 연월일: _______년 ___월 ___일

항목	무엇이 좋은가(3개)	무엇이 싫은가(3개)
먹는 것		
보는 것, 듣는 것, 만지는 것, 냄새 맡음, 빠는 것		
몸을 움직이는 것		
타인에게 받는 일		
점수나 ○, ×를 받는 일		
아동 마음대로나 특권으로, 현재에는 허락하고 있으나 점차 그만 두게 하려고 생각하는 행동		
아동이 언제나 하고 있는 일, 아동을 자유로이 두면 장기간 몰두하고 있는 행동		

2) 상담 및 심리치료프로그램의 계획 수립

(1) 상담 및 심리치료프로그램의 계획 원칙

① 목적과 목표수립

먼저 총 회기의 지도목적과 매회기의 구체적인 지도목표를 설정한다.

② 활동계획(지도계획)수립

목적과 목표가 설정되면 목적과 목표를 달성하기 위해서 내담자인 아동이 참여하는 활동을 계획한다. 활동을 구성할 때에는 그것을 진행함으로써 아동이 초기면담 때 가졌던 문제들이 해결될 수 있는 활동이 되어야 한다.

활동시간은 아동의 상태에 따라 보통 1시간 내외로 한다. 연장아를 대상으로 한 집단상담일 경우는 한 시간에서 한시간 30분 정도 진행될 수도 있다.

활동내용을 정할 때에 참고로 아동에게 어떤 심리치료법에 근거하여 진행할 것인지를 결정하여야 한다. 보통 놀이치료를 할 경우에도 아동중심 놀이치료, 인지행동 놀이치료 등으로 구분되는 만큼 아동에게는 어떤 접근 방법이 적합한지 파악을 하고 출발하는 것이 중요하다. 놀이치료 이외에도 미술치료나 문학치료가 있으며 이런 활동들은 대상아동들이 이 활동을 통해 적절한 효과를 볼 수 있는지를 먼저 고려한다.

아동에게 적합한 심리치료방법과 활동의 종류가 선정되었으면 다음 순서로 지도계획을 세운다.

③ 활동계획(지도계획)을 수립할 때의 유의점

- 아동이 개인으로 할 수 있는 것인가, 집단으로 할 수 있는 것인가
- 개인으로 한다면 공간구성은 어떻게 하면 좋을까
- 집단으로 한다면 몇 명 정도가 적합할까
- 총 몇 회기 진행할 것인가

- 내담자에 대한 교사의 접근방법의 확정(지시적, 비지시적, 혹은 절충형)
- 활동의 종류 선택(놀이, 미술, 독서, 게임, 국어 · 수학 등의 학습, 대화법, 음악 등)
- 예상되는 상담회기, 1회기당 상담 소요시간, 상담비용의 결정, 상담의 참가 확인

④ 활동선택시 유의사항

- 이 활동이 아동에게 연령, 성별, 지능, 흥미, 난이도 등에 적합한가 (단, 아동이 지금은 흥미를 나타내지 않지만 그 활동을 함으로써 부족한 기능을 발달시킬 수 있는 과제나 활동인 경우는 재량껏 아동이 좋아하는 활동과 힘들어 하는 활동을 섞어서 구성하는 방법도 궁리한다)
- 활동의 종류나 프로그램의 구성은 아동의 흥미와 적성과, 능력과 연령, 성별에 적합할수록 아동이 활동에 관여하기가 수월해진다.
- 활동의 종류가 정해지면 활동에 소요되는 여러 가지의 물품이나 비품을 정비한다.
- 활동은 아동의 문제행동과 증상을 완화시킬 수 있는 것으로 구성한다.

⑤ 상담자의 태도

- 아동과의 상호작용이 원만하게 이루어져야 한다.
- 교사는 아동개인에게 전면적으로 몰입하고 아동에게 신뢰감을 주는 행동과 활동을 한다.
- 내담자인 아동에 대해 철저하게 연구하고 조사를 하여 아동에 대해 파악한다.
- 활동을 구성할 때에는 필요한 참고가 되는 서적이나 문헌들을 읽고 아동에게 가장 최적의 프로그램, 새로운 기법이면서, 가장 타당하다고 검증된 활동과 접근법을 구성한다.

• 상담자는 평소에도 연구하는 태도를 게을리하지 않는다.
• 아동의 놀잇감과 서적, 문헌에 대한 해박한 지식을 가지고 있다.

지도계획은 진행과정에서 아동의 발달과 흥미 문제행동과의 관련에 의해 매회 적용된 후에 평가를 거쳐 수정될 수 있다. 수정되는 내용은 이 활동이 아동에게 적합한 것인지 즉 연령, 능력, 적성, 수준, 문제 해결에 도움이 되는 활동내용인지, 즉 이 활동을 함으로써 활동 후에 아동이 가진 문제를 해결해 나가는 데에 도움이 되는 내용들인지를 파악하여 다음 회기에는 보다 더 완성된 내용들로 구성된다. 요즘에는 시판되거나 그 효율성이 검증된 프로그램들도 나오는 추세이므로 이것들을 활용하여 응용 수정하여 사용하여도 좋으나 아동의 문제는 개개인의 특성이 다르므로 아동개개인의 특성에 맞게 개발하여 사용하는 것이 좋다. 이럴 경우에는 슈퍼바이저의 도움이 필요하다.

(2) 지도 계획서작성의 예 1

아동상담실 초등반 소그룹지도 목표

작성자 이름: ________

날짜: ________________

1. 아동
   1) 아동 S :
      지도의 목표: 의사표현, 자신감, 친구관계지도
      교사의 대응법: 격려, 칭찬의 방법
      활동의 내용: 학습지도, 게임지도
   2) 아동 J :
      지도의 목표: 적절한 의사표현, 타인의 이야기듣기, 자신의 말하기,
      교사의 대응법:
      활동의 내용: 말을 많이 하는 시간을 설정하고 자신이 질문하는 시간을 설정함.
2. 총 10회 진행 스케줄
   제2 회: 4월 23일
   제3 회: 4월 30일
   제4 회: 5월 7일
   제5 회: 5월 14일
   제6 회: 5월 21일
   제7 회: 5월 28일
   제8 회: 6월 4일
   제9 회: 6월 11일
   제10회: 6월 18일

3. 1~2회기: 적응기간
   3~9회기: 집중훈련
   10회: 종료

(3) 지도계획서 작성의 예 2

〈예 2〉

- 초등반 그룹지도의 목표
- 소집단의 목적: 집단참가, 협력, 규칙준수
- 5회(5/7)부터 토큰적용, 토큰은 적용기준을 설정함
- 적용기준: 6회~9회는 토큰적용, 10회~11회: 토큰적용하지 않음
- 5/14 아동 S의 생일 축하 겸 어린이날 지도
- 초등반 지도의 방법: 허용적인 형태: 격려, 칭찬, 비지시적, 허용, 수용의 방법을 적용
- 과제: 친구관계 만들기 협동작업

지도목표

- 아동 J: 적절한 의사표현, 남의 말 듣기, 자신의 말하기 수준을 높이도록 한다.
- 아동 S: 언어가 부족함. 의사표현지도(5회째 질문을 받았을 때 고개를 숙이고 대답하는데 시간이 걸림)

(4) 지도계획서 작성의 예 3

〈예 3〉

- 4월 9일 심리치료 1회 시작함. 앞으로 10회 상담예정
- 내담 아동 초등학교 2학년 남아(주증: 소극적, 자신감 부족, 학습능력지체, 부정적인 언어사용)
- 다음 주부터 학습지도 시작함(국어지도는 말하기, 읽기 과제사용)
- 다음 주에는 가정에서 할 수 있는 과제를 제출함.
- 아동이 질문하고 발표하는 시간을 가지도록 함.
- 질문(대화)의 유형을 미리 결정함(아동이 소극적이어서 언어표현이 없는 관계로)

- 교사의 언어는 긍정적인 언어를 사용함.
- 아동이 자기의 생각을 단어가 아니라 완전한 문장으로 길게 말하도록 훈련시킴.
- 과제는 정적인 과제보다는 대화가 가능한 과제를 선별해서 작성.
- 아동의 자신감을 일으키기 위해서는 아동의 능력에 맞는 간단하고·쉬운 과제로 성취감을 맛보게 함. 격려와 칭찬을 함.
- 국어 학습은 한주간에 한 일을 적고 발표하기로 함.
- 수학은 기초적인 수 이전의 과제로 시작함.
- 다음 주(4/16) 지능검사를 실시함.
- 또래를 참가시켜 소집단상담으로 운영. 학생을 보조자로 참여시켜 친구역할연기를 시킴.
- 1회 관찰 중 아동의 행동변화: 점차 대답하는 시간이 빨라지고 목소리가 조금씩 커짐.

지도목표

- 자신의 의사를 큰 소리로 말할 수 있다.
- 활동을 통해서 성취감을 맛볼 수 있다.
- 의사를 표시할 때 부정문을 긍정문으로 바꾸도록 지도한다.
- 수학학습 때에 생각하고 계산하여 대답하도록 지도한다.

3) 상담프로그램의 작성

아래는 초기인 2회기의 치료프로그램과 후기인 9회기의 치료프로그램의 예이다. 초기에는 아동 한명을 개별지도를 하였으나 후기에는 아동 한명이 추가되어 그룹의 형태로 사회성지도를 행했다.

<2회 지도안>

일시 : 1999. 4. 16(금) 4:00-5:00
아동이름: 아동 O(초등 2)

1) 목표

1. 교사와의 래포를 형성한다.
2. 지능검사도구를 통해 아동의 지능을 측정한다.

2) 전개

시간	활동	내용 및 반응	유의점	준비물
4:00-4:05	인사하기	'안녕하세요'라고 교사와 반갑게 인사를 나눈다.	크고 바른 모습으로 인사하도록 유도한다.	
4:05-4:15	이야기 나누기	아동이 일주일 동안 있었던 일들을 양식에 맞추어 적은 후에 교사와 이야기를 나눈다.	솔직하게 적도록 한다.	
4:15-4:50	지능검사	기존의 지능검사도구를 이용하여서 아동의 지능을 측정해 본다.	아동이 부담을 느끼지 않도록 한다.	지능검사도구 (WPPSI)
4:50-5:00	간식	음악을 들으며 간식을 먹으면서 활동에 대해서 이야기를 나눈다.	자연스럽게 아이의 마음을 풀어주도록 한다.	
5:00-	인사하기	간식을 정리한 후에 '안녕히 계세요'라고 교사와 인사를 한 후에 마무리 한다.		

<9회 지도안>

일시 : 1999. 6. 4(금) 4:15 - 5:20
장소 : 아동연구소
아동이름 : 아동 O, 아동J

〈지도목표〉

1. 아동 O : ① 자신의 의사를 큰 소리로 정확히 표현할 수 있다.
   ② 활동을 통해서 성취감을 가질 수 있다.
   ③ 긍정적인 의사표현을 할 수 있다.
   ④ 수학 학습할 때 생각하고 말할 수 있다.
2. 아동 J : ① 바른 자세로 상대방의 이야기를 들어 줄 수 있다.
   ② 집중력을 높일 수 있다.

시간	활동	내용	목표	유의점	준비물
4:15-4:20	인사하기	'안녕하세요'라고 교사와 인사를 한다. 출석표를 붙이고 이름표를 단다. 출석표에 아동이 직접 붙인다.	바르게 말하기	아동이 스스로 할 수 있도록 한다.	스티커, 이름표
4:20-4:25	이야기 나누기	교사와 아동이 일주일 동안 있었던 일들을 자유롭게 이야기 한다.	말하고 싶은 것을 마음대로 말한다. 생각한 후에 말하고, 친구의 말을 들어준다	한 아동만 말을 하지 않도록 한다. 모델이 먼저 말한다.	
4:25-4:35	학습지도	1. 아동 O 학습지도 ① 언어지도-미래형 알기 ② 수지도-숫자퍼즐 : 각각의 문제(덧셈, 뺄셈)를 풀어서 주어진 퍼즐을 완성한다. 2. 아동 J : 지능검사 3. 미로 찾기	학습에 성취동기를 부여한다. 수지도할 때 생각하고 말하도록 한다.	교사가 너무 많은 도움을 주지 않는다. 성취 가능한 과제를 부여한다.	학습자료, 고대-비네 검사
4:35-5:10	소그룹지도	1. 그림 보고 말하기 ① 두 개의 그림을 보고 틀린 점을 찾아본다. ② 그림의 각 부분에 대해 함께 이야기 한다. ③ 서로에게 질문함으로 함께 이야기를 만들어 본다. 2. 종이접기	1. 의사표현을 할 수 있다. 사회성을 기른다.(의사 표현하기, 상대방 말 듣기) 2. 소근육을 발달시킨다. 3. 대근육 운동.	1. 한 아동만 편중되어 말하지 않는다. 다양한 이야기를 하도록 유도한다. 2. 아동이 스스로 할 수 있도록 한다.	2. 색종이도안집 3. 신문지

시간	활동	내용	목표	유의점	준비물
		: 색종이로 제시된 도안집을 보고 접는다. 3. 신체활동 - 『신문지 발에 넣어 걷기』, 『고리 던지기』 ① 두 명씩 팀을 나눈다. ② 신문지 구멍에 첫번째 사람이 발을 넣고 출발한다. ③ 다음사람과 교대하여 두 번째 사람이 출발한다. ④ 먼저 돌아온 팀이 승리를 한다. ⑤ 두 사람이 같은 방법으로 게임을 진행한다.	사회성-규칙지키기 자신감 부여로 적극적으로 활동할 수 있도록 한다.	3. 서로서로 도와 가며 활동을 하도록 한다.	
5:10-5:15	간식	간식을 먹으며 활동한 것에 대해서 이야기한다.			음악 간식
5:15-5:20	귀가지도	'안녕히 계세요'하고 인사하고 귀가한다.	바른 모습으로 인사한다.		

4) 상담 및 치료의 실시

(1) 상담초기(1~4, 5회기)

상담초기에는 지도의 목표나 방향이 설정되고 수립된 프로그램에 따라 아동이 활동을 시작한다.

상담초기에는 아동이 자신이 가지고 있는 모든 행동특성이나 발달상황을 잘 표현할 수 있도록 수용적인 환경을 만들어준다. 수용적인 환경에서 아동은 발달하고 자신이 가진 문제를 표출하게 된다. 문제가 적나라하게 잘 드러나야 치료의 방향을 정확하게 잡아나갈 수 있기에 치료자는 아동의 행동특성을 자세히 관찰해 가며 지도해 나가는 단계로 설정해야 할 것이다. 이 단계에서 아동과 치료자와의 교감을 설정한다.

(2) 상담중기(6~10회기)

상담이 본격적으로 실시된다. 상담중기는 일반적으로 단기상담인 경우에는 4~5회경부터 10회 전후로 5회기에서 길어도 10회기 전후가 된다.

대부분 이 시기에는 아동은 첫 회 면담 시에 가졌던 문제행동들이 더욱 구체화되어 나타나거나 아니면 잘 드러나지 않았던 아동의 행동 특징들이 더욱 드러나 치료의 목적을 분명하게 할 수 있는 계기가 된다. 문제가 드러나면 날수록 개입은 정확해진다.

상담자는 활동을 이끌어가는 주도자로서 아동에게 어떻게 접근해야 하며 어떤 방식으로 언어적 접근을 할지 더욱 명확하게 연구한다. 이러한 대응의 방법이 중기에는 분명해진다.

상담자는 상담초기와는 달리 조금 더 확실하게 아동에게 대하는 방법을 결정하고 아동이 잘 표현하고 발달해 나가는 치료의 장으로서의 역할을 할 수 있게 치료실의 분위기를 조성해 나간다.

상담과 치료의 효과는 상담자와 내담자인 아동간의 의사소통이 원만할 때 효과적으로 이루어진다. 중기에 어느 정도 초기에 가지고 있던 문제행동이 확실히 드러나고 명백해지면서 상담초기에 가지고 있던 문제 상황들이 어느 정도 해소되어 감을 볼 수 있다.

지도계획을 세워서 상담 프로그램을 작성하고 아동에게 적용하여 심리치료를 실시했다고 하더라도 그것으로 일관되게 진행되지 못하는 경우가 있다. 프로그램은 때와 경우에 따라 수정, 변경가능하다. 프로그램을 실시하고 난 이후에 매회 평가회를 가지도록 한다.

(3) 상담말기(11~15회기)

문제행동의 감소와 상담의 목적이 달성되어 가므로 서서히 상담을 종료하도록 한다.

필요에 따라 아동의 변화를 과학적으로 비교해 보기 위해서 초기에 실시했던 여러 가지 평가도구를 재실시해 볼 수도 있다.

(4) 상담의 종료와 후속조치

상담의 종료는 보호자와의 합의하에 종료한다. 만약 보호자가 계속적으로 상담받기를 희망하는 경우에는 시간을 별도로 구성하여 다시 진전된 상담목표를 설정하여 시작한다. 그렇지 않고 상담을 종료한 후에도 아동의 상태에 대한 추후관찰은 필요하다. 발달 도상에 있는 아동의 경우는 그 당시 문제가 해결되었다고 하는 경우에는 재발하지 않는 경우도 있지만, 환경적인 문제가 겹쳐 있는 경우라든지 근본적인 원인이 제거되지 않은 경우에는 그 문제가 되풀이되는 경우도 있다. 상담자는 상담이 종료된 추후에라도 계속적으로 아동과의 연락을 할 수 있다는 여지를 남겨 언제라도 아동의 추후상담이 가능하다는 것을 알려준다. 경우에 따라서는 부모에게 대응의 방법을 교수하고 전화로든 이메일로든 연락의 방법을 열어둔다.

상담의 적절한 종료 시기는 다음과 같은 상황을 고려했을 때 일치하는 부분이 보이면 종료를 하는 것이 좋을 것이다. 내담자가 계획했던 행동적, 인지적, 정서적 목표를 달성했을 때, 내담자가 어디에서 진전을 했으며, 그들이 성취를 위해서 원했던 것은 무엇이었는가를 확실하게 보여줄 수 있을 때, 상담 관계는 도움이 되었을 때, 그리고 간혹 처음의 상담 조건 내용이 변경된 경우(이사를 하거나, 질병의 경우)에는 종료하는 것이 바람직하다(Hackney & Cormier, 1996; Young, 2001).

〈표 4-6〉은 총 12회기의 프로그램을 나타낸 일례이다.

〈표 4-6〉 놀이 활동 프로그램의 개발과 적용에 따른 유아의 어휘력 증가 놀이 치료

대상아동 : 아동 A(남아, 34개월), 아동 B(여아, 만 5세)

횟수	단기목표	활동 1과 지도방법(10분)	활동 2와 지도방법(15분)	활동 3
1 (10/6)		자유 선택 놀이 활동	자유놀이	
2 (10/13)	대소근육운동을 자유롭게 표현할 수 있다. 들어갈 때 신발을 벗는다.	전화놀이 (전화기를 손에 쥐어 주고 전화기라 알려 주고 여보세요라고 한다.)	칼라 찰흙 (밀고 길게 뽑아내고 치고 찌르고 당겨서 분리시키는 모습을 보여준다.)	텔레토비 음악에 맞추어서 손뼉을 치고 웃는 표정을 짓는다.
3 (10/20)	대소근육운동을 자유롭게 표현한다. 그림물감으로 미술활동을 한다.	공놀이 (돌아가는 공 : 원으로 둘러 앉아 적당한 간격으로 공을 돌려 준다.)	손수건 먼저 집기 (둘씩 짝지어 앉아서 손수건 둘 사이에 두고 손뼉을 치다가 신호 소리에 손수건을 집는다.)	재미있는 물들이기
4 (10/27)	대소근육을 자유롭게 표현하기, 미술활동	크레파스그림	피아노 놀이	
5 (11/3)	배, 강아지라고 말한다.	자석놀이 (바구니 속에 붙는 물건과 붙지 않는 물건을 섞어두고 바구니 속의 물건을 꺼내어 자석으로 붙여보게 한다.)	색종이 접기 (배접기와 강아지 접기를 한다. 보여주고 따라 말하게 한다.)	둥글게 둥글게 (손동작)
6 (11/10)	찰흙으로 다양한 모양을 만든다.	뜨는 것과 가라앉는 것 (그릇에 물을 담아두고 물에 뜨는 물건과 가라앉는 물건을 구별한다.)	찰흙 만들기 (동물 사람을 만든다.)	눈은 어디 있나? 여기 (손동작)
7 (11/17)	동물의 소리를 듣고 변별하기	종이 떼어내기 (얼굴에다 종이를 붙인 후 이마에 붙이고 손을 뒤로하고 종이로 떼낸다.)	동물 소리듣고 알아맞추기 (녹음테이프에서 동물소리를 듣고 그림카드에서 동물을 찾아낸다.)	둥글게 둥글게 손뼉

횟수	단기목표	활동 1과 지도방법(10분)	활동 2와 지도방법(15분)	활동 3
8 (11/24)	손가락 협응 능력 기르기	방안의 물건찾아내기 (방안에 그릇을 두고 이야기하게 한다.)	핑거페인트 (두 손을 사용하여 무늬를 만든다.)	사과 같은 내얼굴 (손동작)
9 (12/1)	동물의 이름과 특징 알기	동물이름 알아맞히기 (그림카드나 사진을 보여주고 이름을 맞추기)	공놀이 후 (루프를 잡고 공을 차면서 반환점으로 돌아온다.)	
10 (12/17)	단추의 크기와 모양변별	단추를 이용한 그림 본뜨기	탁구공던지기 (경계선에서 탁구공을 던져 타이어 안에 넣는다.	통통통 (노래 부르기)
11 (2000/2)	사후검사 (아동의 집)	숫자 맞추기, 동물 그림카드		
12 (2000/2)	사후검사 (아동의 집)	숫자 맞추기, 촛불 끄기		

5) 상담의 평가

매회 상담을 마친 후에 그날의 아동의 행동특성, 프로그램의 적합성 등이 논의되고 필요한 경우에는 프로그램의 수정이 이루어진다.

4. 상담의 구조

상담에 있어서의 구조(Structure)란 조건, 절차, 그리고 상담의 성격에 관한, 상담자와 내담자간의 이해를 말한다. 구조를 미리 설정하는 일은 상담 과정에 있어서 상담자와 내담자와의 서로간의 기대를 명백히 하는 데에 도움을 주고 오해를 예방할 수 있는 일이다. 왜냐하면 이것은 상호간 권리를 보호하고 역할을 정의하며 방향을 지시하고 양쪽의 권리를 증명하는 데에 도움이 되기 때문이다. 어떻게 구조를 세울 것인지에 대하여 상담자가 의사결정을 할 때는, 상담자의 이론적 방향이나 전문적 판단, 또는 내담자의 성격에도 근거한다. 구조는 상담의 전 과정에서 제공되지만 특히 시작단계에 중요하다(Gladding & Newsome, 2004).

구조는 다른 용어로 가이드라인을 세우는 일이다. 가이드라인에는 시간 범위(50분간 등), 행동 범위(파괴적인 행동의 금지), 역할 범위(참가자들에게 기대될 수 있는 것), 그리고 절차상의 범위(특별한 목표나 요구를 해결하기 위하여 내담자에게 책임감이 주어지는 것)의 네 가지가 있다(Brammer, 1993; Goodyear & Bradley, 1980; Kelly & Stone, 1982).

구조에는 상담자와 내담자와의 동의서가 있다. 동의서는 윤리적이며 법적인 역할을 하는데, Glosoff(2001)는 상담 초기에 다음과 같은 동의서(Informed consent) 내용의 체크 리스트를 사용할 것을 제안했다. 그에 의하면 동의서는 상담 과정을 주도하는 역할을 하며, 동의서에 포함되어야 할 항목들로서 다음의 내용들을 말했다. 즉, ① 상담자의 백그라운드와 전문적 가입 상황: 교육, 전문 분야, 면허와 자격증, 전문가 가입, 학회 가입 현황 ② 치료 과정상의 문제: 상담 과정과 상담 관계의 본질에 대한 설명, 전문적 관계의 한계에 대한 설명, 이론적 통합, 및 상담 과정에 미치는 영향에 대한 설명, 상담 계획에 참여할 내담자의 권리에 대한 설명 ③ 위험, 유익 및 양자택일에 대한 내용: 내담자에게 반드시 상담 결과를 보장할 수 없다는 것을 이해시킬 것, 상담의 한계, 잠재적인 위험, 상담의 이익에 대해 논의할 것, 제공된 서비스를 거절할 내담자의 권리를 설명한다. ④ 보수: 요금에 대한 것을 알린다. ⑤ 기밀성과 사적인 대화: 기밀성과 그 한계를 설명한다, 보험회사와 공유될 수 있는 정보, 일어날 수 있는 기밀성의 예외 조항에 대해서 설명한다, 내담자가 자신의 기록을 가져갈 수 있는 권리를 가진다. ⑥ 상담 관계의 구조: 상담의 빈도와 사례 시간, 예상되는 상담 횟수, 종료 절차 ⑦ 진단의 레벨: 진단명이 어떻게 사용될 것인지, 진단명에 대해서 보험회사는 어떻게 상환을 할 것인지에 대해 알림 ⑧ 긴급 상황과 상담의 중단: 정상적인 운영 시간은 어떠한지, 긴급 상황은 무엇인지, 만약 상담자가 상담을 할 수 없을 때에는 내담자는 무엇을 해야 하는가에 대한 것 ⑨ 마음 내키어 하지 않는 비자발적인 내담자: 비자발적인 내담자에게는 어떤 정보를 누구와 무슨 목적으로 공유해야 하는지, 상담에 참여하는 것이 법적 문제에 어떻게 영향을 주는지에 관한 관련 문제 등을 취급하는 일 등이다.

5. 내담자 기록

내담자 기록이란 치료에 필요한 내담자에 관한 모든 기록이라고 할 수 있다. 내담자 기록은 서류나, 비디오 녹화자료, 오디오 테이프 등을 비롯하여, 첫 회 면접 정보, 사정(혹은 평가) 정보, 치료 계획, 케이스 노트, 치료 종료 보고서, 그 외의 자료(치료 동의 싸인, 서신 왕래 복사지, 정보 양식의 공개 동의서)가 해당된다(Piazza & Baruth, 1990). 이 항목은 상담현장에서 상당히 중요한 부분이지만 정확하게 기록 되거나 보관되지 못한 경우가 있을 것이다.

Mitchell(2001)은 다음과 같은 여섯 가지의 이유에서 주의깊게 기록을 보존하는 일은 중요하다고 했다. 첫째, 상담자가 기록을 보존하는 일은 그들의 내담자에게 전문적인 서비스를 제공하는 데에 남기는 기록으로서 필요하며 법이나, 규정, 그리고 대행기관이나 관례절차상으로도 요구된다. 둘째, 적절한 문서기록은 상담자를 잘못된 진술로부터 보호하는데 도움을 준다. 셋째, 부적절하고 불완전한 문서는 상담자에게만 아니라 내담자에게도 유해할 수 있다. 넷째, 처음만난 상담자가 서비스를 제공하기 어려울 때 내담자 기록을 보관하는 일은 내담자에게 적절한 보호를 지속시켜 줄 수 있는 보증자료가 된다. 다섯째, 재정 지불단체는 그 근거로서 문서를 요구한다. 이것은 제공된 서비스의 성격과 서비스의 요구(Need)를 증명하기 때문이다. 그리고 여섯째, 내담자의 기록에 의거해서 이용실태나 동료와의 상담관계나 질적인 보증에 대해서 고찰하는 것은 많은 대행기관이 작업 하는 데에 필수적인 요소라는 점을 들었다.

첫 회 면접기록법의 기록법, 치료계획, 그리고 사례 노트에 대하서 보다 더 구체적인 내용은 다음과 같다. 즉, 노트는 문법적으로 정확하고 분명할 것, 정밀한 언어를 쓸 것, 내담자의 상황에 적절한 정보만을 한정할 것, 읽기 쉬우면서 조직적인 방법으로 쓸 것, 근거 없는 의견이나 가정은 제외할 것, 치료계획에 대해서 기록된 개입에 논리적으로 관여할 것. 내담자 기록에는 개인적인 느낌은 기록하지 않을 것, 내담자의 행동을 설명하거나 회기 중에 무엇을 말했는가를 인용할 것, 문장을 수정할 일이 있을 때에는, 지우지 말고 오로지 펜을 사용해서 줄을 긋고, 그 선 위에 에러라고 쓰고 수정한 기재사항이라고 쓴 다음에 정확한 정보를 추가해서 기록할 것, 노트는 회기가 끝난 후 24시간에서 48시간 이내에 기록할 것, 문서는 치료회기의 산물이므로 각 각의 기록에 사인을 하고 이름과 보증을 할 것, 그리고 끝으로 어떤 경우에는 슈퍼바이저나 의학 디렉터의 동반 서명이 필요하다고 했다(Mitchell, 2001).

그러면 일반적으로 통용되는 상담기록 서식(케이스 노트)으로는 어떠한 내용들이 사용되고 있는가를 알아보면 다음과 같다. 상담기록은 정확하게 보관되는 경우도 있지만, 간혹 결과에 치중한 나머지 소홀히 여겨지는 부분일 수도 있기 때문이다.

Prieto & Scheel(2002)는 STIPS라고 하는 일정한 상담 기록 형식을 제시했으며 Cameron & Tutle-song(2002)는 SOAP 구성형태를 제시했는데 필자의 견해로는 미국 상담자들 가운데에는 SOAP 형식을 자주 언급하는 것 같다. 두 가지는 형식면에서 일치하는 부분이 많다고 본다.

STIPS는 다음사항을 의미한다. 즉, ① 사인과 증상(Signs and symptoms): 외모, 정서, 언어 등 관찰 가능한 내담자의 행동을 기록한다. 특별히 현재의 행동과 관련된 임상적 사인과 증세에 관해서 내담자의 현재 수준을 기록한다. ② 토의의 주제(Topic of discussion): 회기 중에 논의된 가장 중요한 문제를 설명한다. 앞서의 회기 이후로 일어난 어떠한 발달적 변화라도 노트한다. ③ 개입(Intervention): 회기 중에 사용된 특별한 개입을 기록한다. 왜냐하면 개입은 확인된 문제와 치료 목표와 관련이 있기 때문이다. 내담자의 숙제 달성도를 체크하고, 어떠한 새로운 과제물도 기록한다. ④ 과정과 계획(Progress and plans): 다음 회기를 위한 계획을 기록한다. 특히 토의된 주제를 포함하여 계획된 개입, 예상되는 결과, 전체 치료계획에 대하여 어떠한 변화라도 기록한다. ⑤ 특수한 문제(Special issues): 어떠한 새롭게 발전된 것이거나 현재 진행형인 중요한 문제에 대해서 흔적이 필요한 것은 기록을 한다. 예를 들어 자살생각, 살인위험, 학대위험 등 이다.

SOAP Format(Cameron & Tutle-song, 2002)을 소개하면 다음과 같다. ① 주관적(Subjective): 문제에 관한 정보를 내담자의 견지에서 기록한다(다른 중요한 사람으로부터의 정보라도 좋다). 내담자의 감정, 사고, 목표를 포함하여 문제의 강도를 설명하고, 관계에 미치는 영향을 설명한다. ② 객관(Objective): 상담자에 의해서 사실에 입각한 관찰내용을 기록한다. 관찰은 신체적인 것, 인간관계, 혹은 심리학적인 기록을 포함한다(내담자의 외모, 정서, 힘, 정신적 상태, 상담과정에 대한 반응). ③ 사정(Assessment): 내담자의 문제에 관해 임상적 사고를 요약한다. 이 부분에서는 앞의 주관적이고 객관적인 관찰에서 이루어진 자료를 조합하고 분석한다. 필요한 경우에는 DSM Ⅳ-TR진단을 포함한다. ④ 계획(Plan): 장래개입과 예후(Prognosis)계획을 기록한다. 다음 회기의 날자, 제안된 개입 그리고 치료에서 예상되는 이익까지도 포함한다.

상담 기록에는 이러한 두 가지 형식 중에서 한 가지를 골라 사용하는 것이 바람직하다(Hackney & Cormier, 1996; Young, 2001).

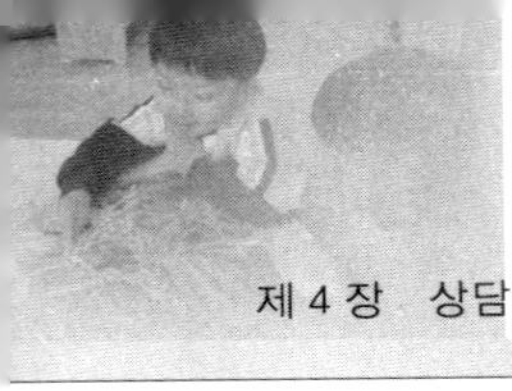

6. 상담과 윤리적 문제

1) ACA 상담 윤리강령과 실천 기준

ACA는 상담 윤리강령과 실천 기준(The Code of Ethics and Standards of Practice)의 내용을 아래의 8가지 항목으로 정리하고 있다.

① **상담 관계**: 상담자와 내담자의 관계에 대한 본질적 초점. 상담자의 기본적 책임으로서 내담자의 복지에 대한 강조.

② **기밀성**: 상담자와 내담자와의 관계에 있어서 프라이버시에 대한 내담자의 권리.

③ **전문적 책임감**: 전문적 지식과 능력, 광고와 권유, 자격증명서의 제시, 공적인 책임, 정신건강 분야에 종사하는 타 전문가에 대한 존경.

④ **다른 전문가와의 관계**: 타 정신 위생 전문가와 상담자와의 상호작용의 창출, 고용 보수, 자문, 비윤리적인 소개비용 문제, 기타 서비스 기관 하청업자와의 협상 문제.

⑤ **평가, 사정, 해석**: 사정도구의 선정, 사용, 해석.

⑥ **교수, 훈련, 슈퍼비전**: 상담 교육가와 훈련자, 상담자교육 프로그램, 학생들과 슈퍼바이저를 위한 가이드라인.

⑦ **연구와 출판**: 동의서 실천, 연구결과의 보고, 연구 참가자의 보호, 출판 가이드라인 등, 연구자의 책임감.

⑧ **윤리적 문제의 해결**: 윤리적 기준에 대해 상담자가 알아야 하는 책임감, 짐작되는 위배사항을 처리하는 것, 윤리위원회에 협조하는 일 등이다.

NBCC(The National Board for Certified Counselors: www://www.nbcc.org)에서도 윤리코드를 두고 있다. 여기서는 여섯 가지의

윤리코드로 구성되어 있는데 거의 대부분 ACA 코드와 비슷하지만, 인터넷 상담의 윤리기준이 설명되어 있다.

Gladding & Newsome(2004)는 윤리적인 문제 중에서 내담자의 복지, 비밀보장, 동의서, 내담자의 문제를 다루는 상담자의 능력 및 내담자에 대한 성실성 항목을 강조했다. 이 내용들은 개인 상담에서도 물론이지만, 기관 차원의 상담기관(Managed care)에서의 윤리적 문제를 다를 때에 더욱 중요하다. 이 가운데에서도 내담자의 복지에 관한 항목을 살펴보면, 전문적 상담자의 최초의 기본적인 책임은 내담자의 가치를 인정하며 복지를 촉진시키는 일이다. 그들은 그 이유로서, ACA (1995)의 윤리코드와 실천 표준을 예로 들어 설명하기를, 치료 계획은 임상적으로 실천 가능한 것이어야 하며, 합당한 효과적인 가능성을 제공하며, 내담자의 능력과 상황에 일치해야 하며, 내담자의 선택의 자유를 보장해주는 것이어야 한다고 되어 있다고 했다.

ACA 윤리 코드에는 상담자는 내담자에게 목적, 목표, 절차, 한계, 위험요소, 그리고 상담의 이익 등에 관해서 알려야 한다는 항목이 있다. 이것을 동의(Informed consent)라고 하는데, 동의란 내담자에게 진단의 필요성이나 검사지 사용에 대해서 알리거나, 또한 검사가 필요한 경우에는 사용하며, 요금 규정에 대해서 내담자에게 알리며, 비밀 보장의 한계에 대해서 확신시키는 절차이다. 왜냐하면 내담자가 상담을 시작할 때에 스트레스, 불안 및 우울증을 겪고 있다면 그들이 내용을 충분히 이해하고 있지 않을 수 있기 때문이다(Gladding & Newsome, 2004).

끝으로, Cooper & Gottlieb(2000)은 윤리적 결정을 할 때에는 상담자가 Haas와 Malouf의 모델을 사용할 것을 제안했다. 즉, ① 문제에 관한 정보를 수집한다. ② 동료의 자문을 얻고 적절한 법적, 윤리적 원칙에 관한 최근의 문헌을 본다. ③ 적절한 대응법의 목록을 만든다. ④ 각각의 가능한 대응에 대한 가격분석을 한다. ⑤ 그 문제를 해결하는 데에 최선의 방안을 선택한다. 그리고 ⑥ 선택치에 따라 행하고 그 유효성을 평가한다.

이러한 항목을 통해 알 수 있듯이 윤리 규정은 현대의 상담과정에 있어서 현실적인 내용으로 여겨진다.

2) 한국상담심리학회 윤리강령 상담심리사 자격 규정(2005. 04. 16개정)

한국 상담심리학회 윤리강령 본문 중의 '전문가로서의 태도' 항과 '인간권리와 존엄성에 대한 존중'의 항목을 소개한다.

(1) 전문가로서의 태도

① 전문적 능력

- 상담심리사는 자기 자신의 교육과 수련, 경험 등에 의해 준비된 범위 안에서 전문적인 서비스와 교육을 제공한다.
- 상담심리사는 자신의 능력의 한계를 인정하고 교육이나 훈련, 경험을 통해 자격이 주어진 상담활동만을 한다.
- 상담심리사는 자신이 가진 능력 이상의 것을 주장하거나 암시해서는 안 되며, 타인에 의해 능력이나 자격이 오도되었을 때에는 수정해야 할 의무가 있다.
- 상담심리사는 자신의 활동분야에 있어서 최신의 과학적이고 전문적인 정보와 지식을 유지하기 위해 지속적인 교육과 연수의 필요성을 인식하고 참여한다.
- 상담심리사는 정기적으로 전문인으로서의 능력과 효율성에 대한 자기반성이나 평가가 있어야 하며, 필요한 경우 자신의 효율성을 증진시키기 위해 지도감독을 받을 책무가 있다.
- 상담심리사는 윤리강령과 시행세칙을 준수할 책임이 있다.
- 상담기관에 상담심리사를 고용할 때는 전문적인 능력을 갖춘 이를 선발해야 한다.

② 성실성

- 상담심리사는 자신의 신념체계, 가치, 제한점 등이 상담에 미칠 영향력을 자각하고, 내담자에게 상담의 목표, 기법, 한계점, 위험성, 상담의 이점, 자신의 강점과 제한점, 심리검사와 보고서의 목적과 용도, 상담료, 상담료 지불방법 등을 명확히 알린다.
- 상담심리사는 개인의 이익을 위해 상담전문직의 가치와 권위를 훼손하는 행동을 해서는 안 된다.
- 상담심리사는 능력의 한계나 개인적인 문제로 내담자를 적절하게 도와줄 수 없을 때에는 상담을 시작해서는 안 되며, 다른 상담심리사나 정신건강 전문가에게 의뢰하는 등 내담자를 도와줄 수 있는 방법을 강구한다.
- 상담심리사는 자신의 질병, 죽음, 이동, 또는 내담자의 이동이나 재정적 한계 등과 같은 요인에 의해 상담이 중단될 경우, 이에 대한 적절한 조치를 취해야 한다.
- 상담을 종결하는 데 있어서 어떤 이유보다도 우선적으로 내담자의 관점과 요구에 대해 논의해야 하며, 내담자가 다른 전문가를 필요로 할 경우에는 적절한 과정을 거쳐서 의뢰한다.
- 상담심리사는 내담자나 학생, 연구 참여자, 동료들이 피해를 입지 않도록 적절한 조치를 취한다.
- 상담심리사는 자신의 기술이나 자료가 다른 사람들에 의해 오용될 가능성이 있거나, 개선의 여지가 없는 활동에 참여해서는 안 되며, 이런 일이 일어난 경우에는 이를 바로잡거나 최소화하는 조치를 취한다.

(2) 인간권리와 존엄성에 대한 존중

① 내담자 복지

- 상담심리사의 일차적 책임은 내담자의 복리를 증진하고 존엄성을 존중하는 것이다.

- 상담심리사는 내담자의 잠재력을 개발하여 건강한 삶을 영위하도록 도움을 주며, 어떤 방식으로도 해를 끼치지 않는다. 상담심리사는 내담자로 하여금 의존적인 상담관계를 형성하지 않도록 노력하여야 한다.
- 상담심리사는 상담관계에서 오는 친밀성과 책임감을 인식하고, 상담심리사의 개인적 욕구충족을 위해서 내담자를 희생시켜서는 안 된다.
- 상담심리사는 내담자의 가족이 내담자의 삶에 중요하다는 것을 인식하고, 필요하다면 가족의 이해와 참여를 얻기 위해 노력한다.
- 상담심리사는 직업 문제와 관련하여 내담자의 능력, 일반적인 기질, 흥미, 적성, 욕구, 환경 등을 고려하면서 내담자와 함께 노력하지만, 내담자의 일자리를 찾아주거나 근무처를 정해줄 의무가 있는 것은 아니다.

② 다양성 존중

- 상담심리사는 모든 인간의 기본적인 권리, 존엄성, 가치를 존중하며 연령이나 성별, 인종, 종교, 성적인 선호, 장애 등을 이유로 내담자를 차별하지 않는다.
- 상담심리사는 내담자의 다양한 문화적 배경을 이해하려고 적극적으로 시도해야 하며, 상담심리사 자신의 고유한 문화적 정체성이 상담과정에 어떤 영향을 주는지를 인식해야 한다.
- 상담심리사는 자신의 고유한 가치, 태도, 신념, 행위를 인식하여 그것이 어떻게 다양한 사회에서 적용되는지를 깨닫고 있어야 하고, 내담자에게 자신의 가치를 강요하지 않는다.

③ 내담자의 권리

- 내담자는 비밀유지를 기대할 권리가 있고 자신의 사례기록에 대한 정보를 가질 권리가 있으며, 상담 계획에 참여할 권리, 어떤 서비스에 대해서는 거절할 권리, 그런 거절에 따른 결과에 대해 조언을

받을 권리 등이 있다.

- 상담심리사는 내담자에게 상담에 참여 여부를 선택할 자유와 어떤 전문가와 상담할 것인가를 결정할 자유를 주어야 한다. 내담자의 선택을 제한하는 제한점은 내담자에게 모두 설명해야 한다.
- 미성년자 혹은 자발적인 동의를 할 수 없는 사람이 내담자일 경우, 상담심리사는 이런 내담자의 최상의 복지를 염두에 두고 행동한다.

제 5 장

상담의 방법

상담은 어떠한 어려움을 가진 인간을 대상으로 언어적, 비언어적 커뮤니케이션을 통해 행동의 변용을 시도하는 인간관계이다. 즉 음성언어의 교환이나 신체언어의 교환을 통해 행동 변용을 촉진하고자 하는 것이다. 면접을 통하여 관계를 수립하고 문제의 핵심을 파악했으면 적절한 처치를 한다. 첫회 상담의 결과 문제의 핵심을 파악하면 어떻게 하면 좋을까. 계속적으로 면접하는 경우도 있으며 조언만 하고 당분간 상태를 관찰할 수도 있다.

1. 일반적인 상담의 방법

참고로 國分(1979)은 일반적인 상담의 방법으로서 아래의 6가지 처치 방법을 말한다.

1) 타인에게 의뢰(Refer)하는 방법

이것은 문제가 카운슬러 본인의 능력으로 해결 곤란한 경우 다른 전문가에게 의뢰하는 것을 말한다. 예를 들면 정신적인 질환인 경우, 자살 원망이 강한 경우, 법률이 관계된 문제(이혼 절차, 재산 상속, 집과 토지 문제, 신분 보전의 문제) 등 자신의 전공영역을 넘는 사례의 경우와 시간의 문제로서 출장, 회담, 수업 등으로 여유가 없는 경우를 말한다. 이때는 시간적인 여유가 있는 다른 카운슬러에게 의뢰하는 것이 좋다. 또한 카운슬러와 이해관계가 있는 경우에는 이해관계가 없는 사람에게 의뢰하는 것이 좋다. 신체적인 증상이 있는 사람은 우선 의학적인 진단을 받아 보도록 하는 것이다. 의뢰할 때의 유의사항은 내담자에게 거부감을 주지 않도록 하는 것이다.

2) 사례 연구(Casework)를 하는 방법

환경이 문제가 없으면 개인도 문제를 발생하지 않는다. 환경에 작용하여 개인을 변화시키는 방법이다. 첫 번째 방법은 어떤 환경에서 개인을 다른 환경으로 옮기는 방법이다. 여행이나 부서 이전이 여기에 해당된다. 별거, 하숙, 이혼, 이사, 전학, 전직이 해당된다. 두 번째는 환경 그 자체에 작용하여 환경을 변화시키는 방법이다. 주위 사람의 태도를 변화시켜서 당사자의 심리적인 문제를 해결하는 것이다. 태도뿐만 아니라 물리적인 환경을 바꾸는 일도 이에 합당한 처치이다. 제3의 처치는 구체적인 서비스를 실시하는 일이다. 예를 들면 전학 온 학생을 위하여 친절한 친구를 한 학기 동안 같이 있게 한다든지, 노인에게 자원봉사자를 보낸다든지, 어려운 학생에게 장학금 등을 지불하는 방법을 말한다.

3) 슈퍼비전(Supervision)

이것은 개인에게 부족한 기능을 지도하는 일이다. 즉, 기능의 개별교육을 받는 일이다.

4) 조언이나 정보를 제공하는 일(Consultation)

정보 제공과 조언(Advice)이다. 정보가 없어서 고민하는 경우에 해당된다. 직업 상담이 여기에 해당된다. 직업 흥미 검사, 직업 적성 검사를 하여 본인의 흥미, 적성을 가르쳐 주는 일이다. 정보를 줄 때에는 유의점이 있다. 첫째, 어느 정도 내담자가 정보를 받아들일 준비가 되어 있을 때에 준다. 둘째, 내담자의 장점을 먼저 말하고 개선점을 뒤에 말한다. 예를 들면 "자기 주장하는 점은 매우 좋다, 단 협조성을 높일 것"이다. 셋째, 정보제공 뒤에 일어날 수 있는 심리적 문제의 뒤처리도 함께 생각하는 노파심도 가진다. 넷째, 아이디어가 있으면 그것을 전부 제공하지 말고 한 번에 한 가지씩 제시하는 것이 좋다. 다섯째, 내담자가 거절하고 싶을 때에는 염려하지 않고 거절하도록 말해주는 것이다. 여섯째, 내담자가 그 아이디어를 실행한 후에 일어날 수 있는 문제를 예고하고 그에 대한 준비성을 가지게 한다.

5) 상사나 부모에게 연락을 취하는 일(Advice to management)

문제를 가진 것은 특정 개인일지는 모르나, 문제의 원인이 개인이 속한 조직에 있을 경우, 개인의 내적인 세계의 변용보다는 조직의 변용을 생각하는 것이 좋다. 조직의 장(長)이 저항을 불러일으키지 않을 정도로 조언을 하는 것이 좋다.

6) 협의의 카운슬링(Personality counseling)

문제의 원인이 특정 개인의 정서에 문제가 있는 경우에 실시하는 방법이다. 위의 여러 가지 방법을 실시해도 변화가 없을 경우에는 시간을 들여 본인과 면접하고 정서가 정리될 때까지 상대한다.

2. 상담의 방법

상담은 어떻게 이루어지는가. 상담의 방법에는 아래와 같이 몇 가지 방법이 있다.

1) 개별상담

개별상담이라고 하면 가장 전형적으로 떠올리기 쉬운 방법이다. 개별상담은 아동한명과 치료자가 일 대 일이 되어 상호작용을 해나가는 방법이다. 때로는 원활한 상담의 진행을 위해 상담자 이외에 보조자가 참여하여 상담을 진행해 가는 경우도 있다. 어느 경우이든지 간에 아동이 한명의 개별상담이다.

아동의 문제가 심각하고 장기간 지속된 경우에는 개별상담이 적합하다. 학습지체와 같이 집중을 요하는 문제는 우선 개별상담지도가 적합하다. 어느 정도 문제가 가벼워지고 집단으로 어울려도 집단에 피해를 주거나 방해가 되지 않는다고 판단되었을 시기에는 집단으로 전환하기도 한다.

2) 집단상담

이것은 내담자 여러 명과 상담자 한명이 상담을 진행해 가는 방법이다. 집단상담의 경우에 집단은 보통 소집단을 의미한다. 소집단은 4~5명에서 10명 정도이다. 소집단의 경우에는 상담자 한명 외에 보조 선생님이 한두 명 더 부가적으로 접촉할 수 있다.

소집단을 구성할 때에는 되도록이면 같은 연령층의 같은 문제를 가진 아동들로 구성하는 동질집단이 있고, 다른 연령과 성별구성으로 이루어진 비슷한 문제를 소지한 이질집단 혹은 다른 연령층의 다른 문제를 소지한 이질집단으로 구성한다.

3) 가족상담

간혹 내담자의 문제는 내담자 자신의 문제라고 하기보다는 가족의 도움과 협력이 있어야 해결의 실마리가 보이는 경우가 있다. 개인의 문제가 해결되었다고 하더라도 가족구성원과의 상호작용이 내담자에게 심각한 영향을 주는 경우에는 가족의 도움이 필요하다. 아동의 경우에는 그 부모와의 관계가 문제되는 경우가 많으며 부모가 대응방법을 전환할 때에 아동의 문제행동의 개선이 더 촉진되는 것을 알 수 있다. 가족상담이란 아동을 포함한 전체 가족이 상담에 참여하는 것이 원래의 취지지만 사정에 따라 어머니 혹은 아버지 조부모의 각각의 개입으로도 가족상담의 효과를 거둘 수 있다.

4) 부모상담

아동의 문제이지만 아동과 가장 많은 시간을 보내는 사람은 부모이다. 아동의 보호자는 부모라는 사실을 잊어서는 안 된다. 그러므로 아동이 장시간 교육기관에 재원하고 있다고 해도 집으로 돌아와서는 부모의 보호와 감독하에 생활하게 된다.

부모는 자녀에 대한 지도기법을 습득하면 아동의 문제행동의 발생을 예방할 수도 있고 현재 일어나고 있는 문제행동을 잘 처리할 수도 있다. 보통 상담 장면에서 부모의 참여가 높고 적극적인 태도를 보이면 아동상담의 효과도 높아진다. 상담자는 내담자인 아동을 상담하지만 그 아동의 보호자로부터 아동과 관련된 여러 가지의 정보를 주고받으며 부모가 어려움을 느끼는 문제에 대하여 부모 상담을 해나가는 것이 유익하다.

5) 전화상담

전화상담은 직접 내담하지 않고 전화를 통해 상담을 진행하는 것이다. 전화상담의 장점으로서는 이용의 편리성을 들고 시간과 비용부담의 문제가 적고 노력이 덜 든다는 것을 들 수 있다. 전화상담은 언제 어디서나 가능하다. 따라서 응급상황에 있는 내담자들에게 전화상담은 특히 도움이 된다. 이장호 · 정남운 · 조성호(2005)는 전화상담의 최대 이점은 익명성의 보장이라고 한다.

전화상담의 경우 주의사항이 있다.

* 전화상담은 일회적 상담에 그치는 경우가 대부분이어서 지속적인 상담을 통한 문제해결을 할 수 없다. 또한 상담자의 상담시간에 맞추어 전화를 해야 하며 상담자는 전화를 받기에 충분한 시간을 확보해 둔다.
* 전화는 상담용 전화와 업무용전화를 구분해서 사용하면 좋다.
* 아동상담의 경우에는 전화를 거는 사람이 보호자이거나 아동을 알고 있는 친인척, 혹은 교사이므로 아동에 대한 서술은 그 사람들의 진술에 근거하여 상담자는 아동에 관한 정보를 얻을 수밖에 없다.

· 전화상담에서도 개략적인 정보는 알 수 있으나 객관적인 자료라고 하기에는 어렵다.

· 전화를 하는 상대방이 충분한 언어적 진술능력을 갖추어야 할 것이 요구된다.

· 의뢰인은 아동에 대한 편견 없이 사실 그대로 진술할 것이 필요하다.

· 가능하면 전화상담 이후에 직접 시간약속을 하여 대면하여 아동을 관찰할 것이 좋다.

이장호 · 정남운 · 조성호(2005)에 의하면 전화상담은 지극히 사적인 비밀을 가진 내담자, 상담자가 내담자의 문제와 관련된 정보를 제공하는 것만으로 해결될 수 있는 구체적 문제를 가진 내담자, 정서적 지지를 통해 나아질 수 있는 그다지 심각하지 않은 문제를 가진 내담자, 그리고 응급상황에 있는 내담자들에게 특히 도움이 된다고 한다.

6) 메일에 의한 상담

정보검색은 고민의 해결이나 방향성을 찾기 위한 전문가와 만나기 위한 입구로서 유효하다. 그러나 정보의 신뢰성이나 질을 체크하는 기준을 가지고 있지 않은 사람이 검색하는 경우에는 오히려 혼란을 불러일으키는 경우로서 어디까지나 보조적으로 이용하는 경우가 안전하다. 게시판은 같은 고민을 가진 사람들끼리 상호 지원하는 장소로서 기능하는 경우에는 자조 그룹이나 동료카운슬링과 같은 효과를 가지나 그룹이 커지게 되면 화제가 다양해진다. 그리고 많이 받게 되는 흥미 없는 화제의 메일은 귀찮게 느껴지는 일도 있다.

이러한 정보검색, 게시판, 메일리스트의 방법은 안전한 일 대 일의 커뮤니케이션은 아니다. 메일친구와의 메일 교환에서는 상담자가 도중에 감정적으로 되어 설교를 하거나 자기 이야기를 해버리는 것이 종종 보고되고 있다. 따라서 메일친구의 경우, 상담자가 최초부터 최후까지 안심하고 지원을 받는 환경이 보증되어 있지도 않고 상대에게 그 책임도 없다. 어디까지나 인터넷상의 친구일 뿐이다. 그러나 상담자와 원조자의 역할이 명확하고(시간차가 있다고 해도), 일 대 일의 커뮤니케이션에 의한 상담이라고 하는 두 가지 점에서 메일 카운슬링은 현시점에 있어서 인터넷을 이용한 고민상담의 형식으로서 뛰어나다.

(1) 전문가의 메일상담과 친구의 조언과의 차이점

인터넷을 이용한 고민의 해결방법 가운데에도 안전성이나 신뢰성 효율 등의 면에서 생각하면 메일 상담은 유용하다. 물론 메일상담의 메시지가 문자이며 주고받는 시간차이가 있는 점과 비교하면, 대면상담은 분위기에 의한 지지, 표정, 소리의 톤, 제스추어 등의 비언어 메시지에 의한 커뮤니케이션의 확장은 있다. 그러나 자택에서 좋은 시간대에 상담할 수 있는 편리함이나 상담의 익명성을 완전히 지키는 것이 가능한 이점도 있으므로 앞으로 메일상담은 대면상담과 다른 것으로서 독자적으로 발전해 나갈 것이다.

단, 일 대 일의 관계에서 더욱이 상담자와 원조자의 역할이 확실하게 되어 있는 것으로 원조자로서의 메일 상담의 역량이 카운슬링의 성패의 열쇠를 쥐고 있는 것은 말할 필요가 없다.

(2) 마음을 움직이고 마음을 지키는 문장표현

메일상담에서는 문장 메시지의 뉘앙스를 보충하는 표현을 하는 것은 물론, 상대를 눈앞에 두고 부드럽게 이야기하는 것처럼 상대방의 마음을 움직이는 것 같은 언어사용이나 표현의 강구가 필요하다.

전문가의 조언이라고 하면 딱딱한 표현이 되기 쉬우나, 내용은 확실하고 표현은 부드럽게, 쉽게라는 점에 주의한다.

대면상담에 있어서 그 장소의 분위기를 만드는 비언어적 접근법이 중요한 것처럼, 문장의 언어사용, 행간, 표현법들은 자기 나름대로의 기분과 캐릭터가 반영되어 상대의 마음에 영향을 주기 쉬운 표현을 생각해 가는 연구는 메일 상담에 활력을 주고 생명력이 있는 메시지로서 상담자에게 용기를 준다고 생각한다.

7) 인터넷에 있어서의 상담(武藤, 涉谷, 2006)

(1) 키워드 검색

같은 고민을 가진 사람들이 많이 있고, 자신만이 아니라서 조금 안심했다, 해결의 방법이 여러 가지 있는 것을 알고 안심했다, 등은 정보검색에 의한 장점이다. 그러나 인터넷에 의한 정보공개는 누구나 무조건으로 자유롭게 할 수 있으므로 신뢰성이나 타당성의 보증이 없으며, 네트워크상에서는 모순되는 정보나 대립의견이 병렬되어 있는 것도 많고 혼란을 불러일으키는 일이 많다. 키워드검색은 해결의 입장구로서 유효하지만 본격적인 해결에 이르기까지는 어떠한 형태로도 신뢰할 수 있는 원조자가 관여하는 편이 효율측면에서나 안전성의 면에서도 안심이 된다.

(2) 게시판

특정한 경우나 특정의 증상이나 사람들을 대상으로 한 홈페이지가 개인 혹은 임의단체에 의해 공개된 경우 그 중에 게시판(BBS: bulletin board system)의 페이지가 설정되어 있는 경우가 많다. 고민거리를 공유하고 있는 사람들이 모여 있는 것으로서 게시판에의 쓰기도 구체적이고 직접적인 테마가 많고, 쓰여진 상담이나 고민에 대해서 같은 고민을 가지고 있는 복수의 사람들이 공감적으로 충고를 하거나 격려하거나 하는 상호지원의 장소가 된다. 그 상호지원이 순조롭게 이루어지고 있는 게시판에서는 peer counseling에 가까운 분위기와 효과가 보이고 자택에서 편리한 시간에 익명성을 가지고 참가할 수 있는 점을 생각하면 인터넷을 이용한 고민해결의 수단으로서의 유효성이 높다. 그러나 회원제를 가지고 있지 않은 사이트의 경우에는 게시판낙서에 의해 그 상호원조의 따뜻한 분위기가 흐려지는 일도 있고 인터넷이 가진 기본적인 오픈이라는 특징이 실제로도 일어난다.

그러나 게시판낙서가 일어나 공격적, 비판적인 낙서가 일어난 경우에도 중심이 되는 구성멤버의 규칙이 확실하게 자리 잡혀 있는 경우나 게시판의 관리인의 자세한 배려가 있는 경우에는 혼란이 있어도 잘 수습되는 것이 통상적이다.

(3) 메일 리스트

메일리스트의 메일 주소로 메일송신을 한 경우, 등록한 구성원전원에게 그 메일이 수신되는 시스템이 메일리스트이다. 그 시스템은 같은 메시지를 많은 구성원멤버에게도 전달되고 더욱이 메일 수신이므로 사신의 이미지로 전달되는 것이 특징이다.

작업, 서클, 동창회 등의 연락수단으로 단시간에 문자 자료로서 확실하게 전달되는 이점을 가진다. 이 메일리스트를 이용하여 고민 상담이나 상호원조활동이 일어나는 일이 많다.

게시판과 틀린 점은 고민메일을 송신한 뒤에 많은 회원으로부터의 격려, 조언을 받는 일이 사신으로서 보내져오므로 게시판보다도 사적인 메시지의 성격이 강하다.

자녀양육에 고민하는, 이웃에 친구가 없는 주부, 혼자 지내는 청년, 편견의 눈으로 보기 쉬운 병을 가진 사람 등이 항상 메일 리스트 친구에게 둘러싸여 이해받고 조언을 받는 것으로서 고민해결의 방법으로서 우수하다.

게시판과 다르게 구성멤버가 확정되어 있어서 메일주소도 관리자가 알고 있으므로 게시판을 지저분하게 하는 의도적인 악의를 가진 메시지가 교환되는 것과 같은 가능성이 비교적 적다.

(4) 메일 친구

인터넷으로는 불특정다수의 사람에게 메시지를 발송할 수가 있고 익명성을 가진다. 그 특징을 이용한 것이 만남 사이트라는 인터넷 사이트이다. 소속된 직장이나 가정의 범위를 넘어서 메시지를 교환하는 자유로움이나 만남의 가능성이 가지는 매력에 만남계라고 불리는 사이트가 난립된 것은 주지의 사실이다. 인터넷을 이용한 메일을 주고받는 친구들 소위 메일 친구의 경우는 익명성을 보장하면서 심정의 분출이 되므로 가볍게 고민을 메일 친구에게 상담하는 것이 자주 행해지는 현상이다.

인터넷상의 익명성을 가진 커뮤니케이션이라는 특성에 따라 통상 직정이나 학교에서의 대면의 인간관계처럼 비교적 단기간에 개인적인 심정이나 고민이야기를 시작할 수 있다는 것에서, 인간관계를 만드는 것을 곤란을 느끼고 있는 사람의 고민 상담에 많이 사용되고 있는 방법이다. 실제로 '생명의 전화에 전화를 거는 것도 어려운 일이 있으므로 메일 친구에게 메일을 보낸다.'라는 사람이 많다. 자신의 고민을 이 세상의 누군가가 알아준다는 것, 누군가와 항상 연결되어 있다고 하는 안심감이 마음의 지지가 된다는 것이 큰 이점이다.

그러나 때로는 제한된 커뮤니케이션이므로 자신의 이미지로 상대의 인격을 만들어 연애게임이 되어 버리거나 익명성을 지킨 직접적인 감정의 교환이 화려하게 발전해 가는 일도 있어서 안정된 메일친구와의 관계를 유지하려면 상호간 노력과 신뢰가 필요하다.

또한 메일친구는 개인적인 경험의 범위 내에서 조언하는 일이 많고 전문가와 다르게 상대도 상담하고자 하는 경우도 많고 불안이나 심려를 상호 교류하는 형태가 되어버리면 오히려 안심하고 상담하는 느낌을 가질 수 없는 일이 많다. 학교나 직장에서 대면하는 인간관계가 이미 있고 그 상대방과 메일교환을 하고 있는 경우에 메일 친구가 된 경우에는 익명성에 관계된 문제는 일어나기 어렵다. 게시판이나 메일 리스트에 비교해서 사신 그 자체이므로 메일의 친구와의 접촉방법에 따라 상담에 결실이 있을 수도 있고 그렇지 않을 수도 있다.

제 6 장

집 단 상 담

1. 집단상담의 정의

집단상담의 내용에 관해서는 주로 이형득 · 김성회 · 설기문 · 김창대 · 김정희(2003)의 연구를 참고로 하여 기술한다. 집단상담과 관련된 용어로는 집단지도와 집단치료가 있으며 이들은 상호밀접한 관련이 있으므로 때로 혼용되기도 하지만 학자에 따라서 구별하여 사용하기도 한다. 집단상담의 초기에는 학문분야들이 엄격히 분화되지 않았고 각 분야의 집단적 활동들이 집단상담의 초기역사와 연관된다고 볼 수 있다.

집단지도는 직업지도 운동(Vocational guidance)으로부터 시작되었다. 직업지도운동은 1908년에 Frank Parson가 미국 보스턴에 직업보도국(Bureau of Vocational)을 창설하면서부터이다. 집단치료라는 용어는 심리극의 창시자인 모레노(Moreno)가 1931년에 처음 만들었는데 1932년에는 집단심리치료라는 용어를 만들기도 했다.

Gartwright와 Zander(1986)는 여러 학자들의 정의를 분석하여 아래와 같이 열 가지 즉 ① 집단원들의 빈번한 상호작용, ② 집단원으로서의 자인(自認), ③ 타인들에 의한 집단원으로서의 인정, ④ 공동관심사에 대한 집단 규준, ⑤ 상관성 있는 역할 체제에의 동참, ⑥ 동일 모범대상(지도자) 혹은 초자아적 이상의 정립으로 인한 상호간의 동일시, ⑦ 집단을 통한 욕구충족, ⑧ 공동목표의 추구, ⑨ 일체성에 대한 집단적 지각, 그리고 ⑩ 환경에 대한 통일된 방식의 행동 경향 등을 집단의 속성으로 열거한 후 어떤 집단이든 이와 같은 속성의 수가 많으면 많을수록 그 집단의 응집성이 높아지고 따라서 집단본연의 기능을 효율적으로 발휘할 수 있다고 하였다.

집단상담이란 태도와 행동을 변화시키려는 의도에서 그들 스스로와 그들의 조건들을 탐구, 조사하는 한사람의 상담자와 몇 사람의 집단원들이 관련되는 하나의 대인간의 과정이다(Hansen, Warner & Smith, 1976).

집단상담은 보다 깊은 수준의 자기이해와 자기 수용을 촉진시키기 위해 집단상호 작용을 이용하는 하나의 과정이다. 여기에는 상호존경과 수용의 분위기가 요구된다. 그렇게 되면 개인들은 행동의 의미와 새로운 행동방식을 탐색하기에 충분할 정도로 자신의 방어를 늦출 수 있게 된다. 취급하는 문제들은 병적장애나 현실의 왜곡보다는 오히려 각 집단원의 발달적 과업에 집중된다(Mahler, 1969).

집단상담은 정상 범위 내에 속하는 개인들이 하나의 또래집단내에서 전문적으로 훈련된 한사람의 상담자와 함께 그들의 태도를 수정함으로써 보다 능률적으로 발달적 문제를 취급할 수 있게 되도록 상호간의 문제들과 감정들을 탐구, 조사하는 하나의 역동적인 대인간의 과정이다(Cohn, Combs, Gibian & Sniffen, 1973).

안영진(2006)은 상담집단의 특질을 다음과 같이 설명했다.

상담집단에서는 개인상담과는 달리 동료와의 동일시가 많이 이루어지며, 열등감이나 부족감 때문에 위축되는 경향이 적어진다고 했다. 집단상담의 참여자들은 자기의 말과 행동에 대한 동료들의 반응을 수용하는 경험을 갖게 되며 결과적으로 상담자의 지적과 충고보다는 동료들의 자극과 조언에 의해서 많은 문제가 지각되거나 해결되는 경우가 많다. 바람직한 집단상담의 과정에서는 불안과 위협을 크게 느끼지 않으면서 당사자의 개인적 수용능력과 준비도에 맞추어서 이러한 문제해결의 과정이 효과적으로 이루어지는 것이 특징이다. 이장호, 김정희(1998)의 집단상담의 정의는 다음과 같다. "생활과정상의 문제를 해결하고 보다 바람직한 성장·발달을 위하여 전문적으로 훈련된 상담자의 지도와 동료들과의 역동적인 상호교류를 통해 각자의 감정, 태도, 생각 및 행동 양식 등을 탐색·이해하고 보다 성숙된 수준으로 향상시키는 과정"이다.

안영진(2006)에 의하면 아동집단상담의 목표는 아동의 개인적 성장과 문제해결을 위한 기회를 제공하는 것이다. 아동집단상담은 성장 중심 집단상담과 문제중심 집단상담으로 구분될 수 있다. 성장 중심 집단상담은 아동들이 일상생활에서 부딪히는 문제들에 좀더 효과적으로 대처할 수 있는 능력을 극대화시키는 데에 초점을 두고 있다. 문제 중심 집단상담은 아동의 성장에 방해가 될 수 있는 개인적 갈등을 치료하는 것에 초점을 둔다. 성장 중심 집단상담에서 아동은 우정, 자기관리등과 같은 발달적 과제와 관련지어 자신의 생각, 태도, 느낌 및 행동을 검토할 수 있다.

(1) 성장중심 집단상담

성장중심 집단상담은 정상 아동들로 구성된다. 집단원들은 집단구조와 상호작용을 통해서 개인적인 가치, 신념, 태도 및 결정을 탐색하고 조사하게 되며 궁극적으로는 자신과 타인을 더 잘 이해하며 수용하게 된다.

아동들은 자신과 연령이나 환경이 유사한 다른 아동들과 생각, 감정, 행동을 논의하고 비교하는 기회를 가짐으로서 안전, 자기확신, 소속감을 증진시키며, 수용, 보호, 지지, 격려 등의 느낌을 발전시킨다. 집단은 연령, 성별, 이전의 배경, 성격등과 같은 요인들을 고려하면서 예비면접을 한다.

(2) 문제중심의 집단상담

문제중심의 집단상담의 내담자들은 문제아동들로서 현재 개인적 갈등을 겪거나 지금 해결되지 않으면 안 되는, 앞으로의 건전한 성장과 발달에 장애가 될 수 있는 과거의 개인적 갈등을 극복하려는 아동들이다. 따라서 문제 중심 집단은 성장 중심 집단보다 더 고도로 구조화되고 조직화되며 통제되는 집단이고 상담자는 집단 내에서 좀더 일관성 있는 행동을 취해야 한다.

집단 구성원은 성장 중심 집단보다 이 아동들은 불안과 저항이 심하기 때문에 그 불안과 저항의 극복을 위해 더 많은 시간의 탐색기와 활동기가 소요된다.

2. 집단상담의 목적과 목표

이형득 외(2003)에 의하면 집단 상담에서 purpose가 goal이나 object로 대치될 때도 있지만 왜 집단상담을 하는지에 대한 답은 다음과 같다. 성장된 인간은 있는 그대로의 자신을 이해하고(자기이해), 수용하면(자기수용), 개방하고(자기개방), 나아가 자신이 나타내고자 하는 바를 주장하는(자기주장), 인간이라고 할 수 있다. 이러한 점에서 본다면 자기이해, 자기수용, 자기개방 및 자기주장의 네 가지는 개인성장이라는 목적을 달성할 수 있는 목표라고 할 수 있겠다.

자기이해(Self-understanding)는 자신의 몸과 마음에 관한 모든 것을 사실 그대로 이해하는 것이다. 자기이해는 자신의 긍정적인 측면과 부정적인 측면 모두를 포함한다. 더 나아가 자신의 부정적인 측면 이면에 있는 긍정적인 측면이나 긍정적 측면의 이면에 있는 부정적 부분에 대한 집단원간의 도움을 받아 보다 객관적으로 정확히 자신을 이해하는 것이다. 자신에 대한 이해는 다른 사람에 대한 이해를 촉진시킨다. 인간은 자신을 이해할 수 있는 범위 내에서 다른 사람을 이해할 수 있기 때문이다. 즉, 자신을 정확히 볼 수 있는 능력이 생길 때 다른 사람도 정확히 볼 수 있는 것이다. 어떤 편견에 의해 자신을 보고 있는 사람은 똑같은 편견을 통해 다른 사람을 본다.

자기수용(Self-acceptance)은 이해한 그대로의 자신을 인정하고 받아들이는 것이다. 그러나 이제까지 자신이 스스로를 금이라고 생각하고 행동했었는데 돌이라는 사실을 알게 되면 그것을 받아들이기가 그렇게 쉬운 일이 아니다. 집단역동을 통해 돌과 금이 같은 기준에 의해 비교될 수 없다는 점을 각성하고 돌은 돌로서의 장단점을 포함한 하나의 특징을 가지고 있고 금은 금으로서의 장단점을 포함한 하나의 특징을 가지고 있다는 점을 받아들일 때 자신도 수용할 수 있게 될 것이다.

자기개방(Self-disclosure)은 자신에 대해 이해하고 수용한 자신을 그대로 나타내 보이는 것이다. 이해한 자신의 일면을 완전히 수용하지 못하면 자기개방도 어렵다.

자기주장(Self-assertiveness)은 상대방에게 피해를 주지 않으면서 자신이 나타내고자 하는 바를 그대로 나타내는 학습된 행동이다. 이러한 4가지 집단상담의 목적과 목표는 개인성장의 집단에 해당된다. 집단상담자는 접수면접에서부터 집단원들이 목표를 분명하게 정하도록 도와주어야 한다. 집단상담자는 나중에 평가가 가능하고 그 집단에서 다룰 수 있는 목표를 설정하도록 집단원을 도와주어야 한다.

집단 상담관계는 성인상담자와의 1 대 1의 관계보다 여러 가지 문제를 더욱 용이하게 취급할 수 있게 한다. 즉, 일반적으로 학생들은 성인상담자와의 면대면의 관계에서보다는 동료집단에서 훨씬 편안하게 느낄 수 있다.

3. 상담집단의 구조적 특성(이장호 · 정남운 · 조성호, 2005)

집단지도력: 민주적 토론식 또는 참여적 지도자일수록 좋다.

집단의 크기: 4~8명으로 하되 내담자의 성숙도, 주의력, 타인에게 관심을 가질 수 있는 능력에 따라 크기가 결정된다. 예컨대 아동의 경우에는 보다 적은 인원과 짧은 시간으로 진행한다.

집단과정의 단계: 대체로 ① 탐색-방황 ② 자기중심-경쟁 ③ 타인과의 비교-갈등 ④ 집단중심-순응 ⑤집단과의 개인적 융화의 다섯 단계를 거친다.

특징적 내담자: 도발자, 중화자, 방관자, 등 집단내 역할 면에서 특징적 내담자가 있기 마련이다.

변화를 위한 내담자 행동: 집단 내 내담자의 행동변화에는 타인의 호의적 반응을 위한 순응, 타인과의 관계형성, 유지를 위한 동일시, 자기의 가치체계와 자기 행동 및 신념의 일치(조화)를 유지하기 위해 타인의 영향을 받아들이는 내면화의 세 가지 심리적 과정이 작용한다.

4. 효과적인 집단상담 진행을 위한 사전준비

1) 집단상담에 관한 오리엔테이션

집단상담을 시작하기 전에 사전모임을 갖는 것이 좋다. 사전모임은 상담회기에 속하지는 않는다. 집단 구성원간의 상호얼굴 익히기와 자기소개정도를 하면 좋다. 그리고 이 집단은 어떤 성격의 집단인지 무엇을 위해 모였는지를 미리 알려준다. 학령기 아동들 중에는 무엇 때문에 모이게 되는지 궁금해 하는 경우가 있기 때문에 사전에 모임의 성격을 알려주고 모이는 시간, 횟수 등에 관한 오리엔테이션을 한다.

2) 집단원의 선정

집단원을 상담의 목적에 맞게 선정하는 것이 필요하다. 먼저 접수된 명단 가운데 집단상담의 성격에 맞는 참가자를 선정한다. 내담자를 개인적으로 면담한다. 면담의 목적은 내담자가 집단에 참가를 통하여 도움을 받을 수 있겠는지를 결정하기 위해서이다.

아동의 경우 부모들의 참여의욕이 높은 경우에 보다 적합한 후보가 되기 쉽다.

3) 개인적 행동목표의 선정

집단상담을 하게 되면 집단전체의 목적이 있고, 각 집단에 참여한 대상아동 개개인의 상담목표를 정한다. 집단의 목적에 합치한 활동을 해나가면서 개인이 가지고 있는 어려움들이 해결되면 좋다. 집단상담은 집단상담의 목적을 일치하여 설정하고 그 목적하에 개개인이 가지는 변화되어야 할 부적응행동들이 해결될 수 있도록 개개인의 행동목표를 개별적으로 설정한다. 전체의 집단활동 후에 개개인의 목표도 달성되어 간다.

4) 집단 전체의 목적 설정

집단상담의 경우 집단원 개개인의 설정도 중요하지만 개개인의 집합체인 집단의 목표설정도 중요하다. 집단상담자는 집단원들의 목표나 특성, 집단상담이론, 자신의 특성 등을 고려하여 집단이 나아갈 방향을 미리 설정하여야 한다.

5) 전체 회기에 대한 계획

집단상담자는 건축물의 설계도와 같이 자신이 실시하고자 계획하는 집단상담에 대하여 총체적인 틀을 가지고 있어야 한다.

5. 집단상담의 기술

이형득 외(2003)에 의하면 집단상담의 기술은 다음과 같다.

기술에는 관심기울이기, 공감적 반응하기, 자기노출하기, 피드백 주고받기, 맞닥뜨림 하기, 경청하기, 반영하기, 명료화하기, 요약하기, 해석하기, 질문하기, 연결짓기, 심적인 지지를 해주기, 행동을 제한하기, 촉진하기, 강화해주기, 저항의 처리, 전이의 취급, 역전이 현상의 취급이 있다.

예를 들어, 관심기울이기는 집단원의 발표와 집단에의 참여를 촉진시킬 수 있다. 관심기울이기의 요소는 첫째, 말할 때 서로 간에 시선을 부드럽게 마주칠 것, 둘째, 수용적인 몸짓과 상냥한 얼굴표정을 지을 것, 셋째, 간단한 말이나 동작으로 즉각적인 반응을 보일 것을 꼽을 수 있다.

경청하기는 집단상담자가 집단원의 말을 잘 듣는 것을 의미하지만 구체적으로 집단원의 말 내용뿐만 아니라 자세, 몸짓, 음조를 비롯한 기타 비언어적인 버릇 등에 유의하면서 들을 수 있는 것을 말한다.

반영이란 집단원이 전달하고자 하는 의사의 본질을 스스로 볼 수 있게 반사 혹은 반영해 주는 기술을 말하는 것으로서 다음과 같은 두 가지 목적으로 이루어진다. 첫째는 말하고 있는 집단원으로 하여금 지금 자신이 하고 있는 말을 좀더 인식하게 돕기 위하여 둘째는 집단원이 느끼고 있는 느낌을 집단상담자가 알고 있다는 사실을 그에게 의사소

통해 주기 위해서이다.

명료화는 어떤 중요한 문제의 밑바닥에 깔려있는 혼동되고 갈등적인 느낌을 가려내어 분명히 해주는 기술인데 명료화를 위한 기법으로는 질문, 재진술, 다른 집단원들을 활용하여 명료화하게 하는 방법들이 있다.

요약하기는 집단원들로 하여금 집단의 흐름과 이야기의 핵심을 제대로 파악하도록 돕는 기술에 해당된다. 집단과정에서 요약의 기술이 활용될 수 있는 경우는 다양하다. 먼저, 한집단원이 이야기를 어느 정도 이상으로 길게 할 경우에는 요약을 하는 것이 도움이 된다. 두 번째는 집단과정에서 한 가지 주제의 이야기가 끝이 나고 다른 주제로 넘어가기 전의 앞의 주제에 대해서 요약할 수 있다. 세 번째는 한회기의 집단이 끝날 때 마지막으로 그날 집단의 전체 활동내용이나 과정을 요약할 수 있다. 이 경우는 집단상담자가 직접 요약을 해줄 수도 있지만 집단상담자가 집단원들로 하여금 직접 요약을 해보게 할 수도 있다.

해석은 집단원이 표면적으로 표현하거나 인식한 내용을 뛰어넘어 집단상담자가 그에게 새로운 방식으로 자신의 문제를 바라볼 수 있도록 그의 행동, 사고, 감정에 대하여 새로운 의미를 부여하거나 새롭게 설명하는 것을 말한다. 지시적인 상담자들이 해석의 기술을 비교적 많이 사용하는데 해석은 기본적으로 집단원에게 새로운 참조체제를 제공하는 것이라 할 수 있다.

질문하기는 특정집단원의 문제와 관련하여 구체적인 정보를 필요로 하거나 문제를 보다 깊이 탐색하기 위하여 또는 각 정보들간의 관련성을 알아보기 위하여 또는 다른 이유로 인해 질문을 하는 기술이다. 질문의 종류에는 개방적 질문과 폐쇄적 질문, 간접질문과 직접질문, 이중질문과 질문공세들이 있다.

연결지우기는 집단원과 집단원간의 상호간의 관계를 중시하고 서로 연결지우는 기술이다. 이것은 한 집단원의 말과 행동을 다른 집단원의 관심과 연결시키고 관련짓는 기술로서 이러한 연결지우기가 성공하기 위해서는 집단상담자의 통찰이 요구된다.

맞닥뜨림은 집단원이 말이나 행동에 일치하지 않거나 모순점이 있을 때 그것을 지적해 주는 기술이다. 이것은 자칫 집단원에 대한 공격으로 비춰질 수도 있기에 사용상에 주의가 필요하다. 일반적으로 맞닥뜨림은 다음과 같은 경우에 사용된다. ① 이전에 한 말과 지금 하는 말이 불일치할 때 ② 말과 행동이 불일치할 때 ③ 집단원이 스스로에 대해서 인식하는 것과 다른 사람이 인식하는 것이 불일치할 때이다. 집단상담자가 맞딱드림을 할 때 유의할 점은 ① 평가나 판단을 하지 말고 사실을 있는 그대로 진술하고 보고한다 ② 변화를 강요해서는 안 되며 ③ 적시성(Timing)에 유의해야한다는 것이다.

6. 집단상담의 계획

1) 효과적인 집단상담을 위해 고려할 사항

(1) 집단의 장소와 분위기

대체로 심리적인 안정감을 줄 수 있고 아늑하여 집단과정에 몰입하는데 방해받지 않을 정도로 정돈되어 있고 참여자들이 자유롭게 신체활동도 할 수 있을 정도로 커야 할 것이다.

(2) 집단의 크기

집단의 적절한 크기의 기준은 대체로 그 구성원의 성숙도, 집단상담자의 경험, 집단의 유형, 탐색할 문제나 관심의 범위, 그리고 타인에 대하여 알고자 하는 집단원의 요구 등 여러 요인에 따라 다를 수 있다. 일반적으로 나이가 어릴수록 적은 수로 구성하는 것이 바람직하고 성인이 될수록 다소 많은 수로 이루어질 수도 있다고 본다. 대부분의 전문가들은 5명에서 15명의 범위 안에서 특히 7명 내지 8명이 이상적인 수라고 보는 듯하다. 그러나 두 사람의 집단상담자가 함께 집단을 지도할 때는 15명 정도도 무방할 것이다.

(3) 집단의 구성

집단원을 선정할 때는 성별, 연령, 과거의 배경, 성격차이 등을 고려하여야 한다.

연령과 사회적성숙도에 있어서는 동질적인 편이 좋으나 성별에 있어서는 발달수준에 따라 고려하는 것이 좋다. 아동의 경우에는 남녀를 따로 모집하는 것이 좋으며 청소년기 이상에서는 남녀가 섞인 이질 집단이 더 바람직하다.

상담자는 집단상담이 시작되기 전에 미리 내담자들을 차례대로 면담하여 집단의 목표에 내담자가 잘 적응할 수 있는지 내담자들에게 가장 적합하도록 집단을 어떻게 구성할지를 결정해야 한다. 그리고 예정된 상담집단의 기능과 집단원에게 기대하고 있는 바를 알려준다.

동질집단에서는 출석률이 좋고 보다 쉽게 공감이 이루어지고 상호간에 즉각적인 지지가 가능하고 갈등이 적고 응집성이 빨리 발달하며 집단 소속감의 발달이 쉽게 이루어질 수 있다고 볼 수 있다. 그러나 동질집단에서는 집단원 상호간에 피상적인 관계에 머무르며 영속적인 행동변화의 가능성도 낮다고 한다. 반면에 이질집단에서는 다양한 대인간의 상호작용이 가능하므로 상호간에 의미 있는 자극을 주고받을 수 있으며 서로간의 차이점을 발견하고 이해하고 현실검증의 기회도 더 풍부하게 된다.

(4) 집단의 개방성

집단을 시작하기 전에 미리 계획해야 할 사항은 집단을 시작하고 나서 새로운 구성원을 받아들일 것인가 아니면 일정기간이 끝날 때까지 새로운 집단구성원을 받아들이지 않을까 하는 것이다. 개방적인 집단의 장점은 새 집단원이 들어오게 되면 새로운 상호작용을 할 수 있고 다른 관점에서의 피드백도 받을 수 있다는 것이다. 새 집단원들은 기존의 집단원을 모방하여 집단의 과정과 기술을 배울 수 있다. 개방적인 집단의 문제점으로는 새집단원이 들어옴으로 집단의 분위기가 흐트러지기 쉽고 새 집단원은 이미 토의한 내용과 집단의 기능에 대하여 생소하므로 집단과정에 대한 관여수준과 발달단계의 차이를 일으켜 갈등을 초래하기 쉽다.

7. 집단상담의 과정(이장호 · 정남운 · 조성호, 2005)

참여단계에는 각 구성원에게 왜 이 집단에 들어오게 되었는가를 분명히 이해시켜 주고 서로 친숙하게 해주며 수용과 신뢰의 분위기를 형성하여 집단상담에서 새롭게 의미있는 경험을 갖도록 이끌어 준다. 참여단계는 한번의 모임으로 완료되는 경우도 있고 보다 어려운 집단에서는 5~6회가 소요되기도 한다. 과도적 단계는 참여단계와 엄격히 구분되지는 않는다.

과도적 단계의 주요과제는 집단원으로 하여금 집단에 참여하는 과정에서 일어나는 망설임, 저항, 방어 등을 지각하고 정리하도록 도와주는 것이다.

작업단계는 집단상담의 가장 핵심적인 부분이다. 앞 단계들이 잘 조정되면 작업단계는 매우 조심스럽게 진행되며 지도자는 한발 물러나서 집단원에게 대부분의 작업을 맡길 수 있다. 작업단계에서는 대부분의 집단원이 자기의 구체적인 문제를 집단내에서 활발히 논의하며 바람직한 관점과 행동방안을 모색하는 분위기가 된다.

종결단계에서는 종결해야 할 시간이 가까워지면 집단관계의 종결이 가까워 오는데에 대한 느낌을 토의하는 것이 필요하다. 어떤 시점에든 상담자가 집단을 종결해야 할 필요가 있다고 느껴지면 이를 공개적으로 집단원과 토론한다. 그리고 집단이 더 이상 모이지 않을 때에도 집단원간의 유대관계가 지속되도록 노력하는 것이 필요하다.

1) 집단상담의 초기

참여자들의 자기소개: 집단상담의 목적, 절차, 서로 지켜야 할 기본적인 약속들을 말한 다음 상담자는 집단참여자에게 각각 자기소개를 하도록 요청한다. 가능하면 자기 이름을 밝히고 자기가 어떤 사람이며 무엇을 좋아하고 싫어하며 요즘에 무엇에 관심을 가지고 있는지 말하도록 한다. 즉, 가능한 한 형식적이고 외형적인 소개를 피하면서 자기의 내면세계, 자아개념, 관심사를 나타내도록 한다.

누가 무엇을 이야기할 것인가를 결정한다: 참여자에게 독서카드를 나누어 주고 개선하고픈 행동을 한두 개 적어내도록 한다. 물론 기록하거나 적는 것을 부담스럽게 여기는 집단에서는 구두로 진행할 수 있다.

구두편지: 상담자는 참여자들에게 자기 인생에서 중요한 의미를 갖는 사람에게-생존여부에 관계없이-편지를 쓰도록 지시한다.

2) 집단상담의 중반기

2인조나 3인조로 분임토의: 상담자는 참여자중 두 명을 선정하여 집단가운데서 얼굴을 맞대어 앉도록 한다. 서로 상대방이 생각되는 점과 그에 관한 의견을 교환한다.

환상펼치기: 자기가 바라는 아무거나 말하도록 하는 것이다.

역할연습 및 역할바꾸기: 이 방법은 자기가 다른 사람들에게 어떻게 보이는가를 알려주는 좋은 방법이며 상담자는 참여자가 남의 역할을 해 보일 때에 주인공의 특징적인 생각, 감정표현의 방식을 말이나 비언어적인 행동으로 부연할 것을 강조해 두어야 한다.

3) 종반기

발전된 것과 더 개선되었으면 하는 것 말해 주기: 집단상담이 종결에 가까웠을 때에는 각 참여자들에게 카드에 다른 참여자들의 이름을 적고 그 사람에게서 가장 발전되었다고 생각되는 면과 더 개선되었으면 좋겠다고 생각되는 면을 한두 가지씩 적게 한다. 가능하면 구체적으로 적고 모든 사람이 돌아가며 크게 읽게 하고 각자의 소감을 교환하게 한다.

가상적 재회모임 갖기: 마지막 시간에 그 모임이 1년 후에 다시 회합한 것으로 생각해 보도록 제안한다.

8. 집단평가

1) 평가의 기회

매 모임이 끝날 무렵, 집단기간의 중간과 마지막, 그리고 추후평가의 세 가지로 이루어질 수 있다.

2) 집단 평가의 방법

공개토의 방식, 단어연상법, 관찰자 혹은 기록자를 이용하는 방법, 녹음이나 녹화장치를 이용하는 방법, 측정도구(질문지, 평정척도)를 이용하는 방법이 있다.

3) 집단평가의 내용

(1) 집단자체에 관계되는 평가내용

평가내용은 그 집단의 발달단계, 목적, 채택하는 이론적 배경, 취급되는 현저한 문제와 관심의 초점, 등에 따라서 달라진다. 여기서는 목표지향적인 방향성, 집단토의나 활동의 성취도, 성취 혹은 진전의 속도, 집단차원의 활용도, 집단 활동의 개선책을 평가한다.

(2) 집단원의 성장에 관한 평가내용

개인적인 성취, 집단목표달성의 촉진, 집단 사회성의 증진 등을 평가한다. 평가도구에는 행동서술 질문지, 체크리스트, 활동평가서, 집단 활동 참여태도 척도 등을 사용한다.

9. 상담의 구조화

집단심리치료를 범주화하는 많은 방법이 있으나 어떠한 것도 완전히 만족스럽지 않다. 따라서 학자들은 이론보다는 구조의 수준으로 범주화하여 세 가지의 구조적 범주를 개념화하였다. 첫째, 치료자가 제한된 구조를 제공하고 해석이 거의 없는 집단 접근 둘째, 치료자가 중간정도로 구조화하고 집단과 개인환자행동을 해석하는 집단접근 셋째, 사회학습이론과 행동주의 법칙을 활용하는 고도로 구조화된 행동주의적 집단이다(김태련 · 이경숙 · 이선우 · 강우선, 1999).

1) 비해석적이고 구조제한적인 집단

이 집단들은 비지시적인 치료자로 특징지어진다. 아동행동의 해석은 반영적이거나 단순하게 행해지지 않는다. 이론적으로 정신분석적 모델과 내담자 중심모델을 이 범주에 넣을 수 있다. 예를 들어 슬라브슨과 쉬퍼(1975), 쉬퍼(1969)의 연구는 정신분석학 이론에 근거하고, 액슬린은 내담자중심적이다. 이 범주내 집단에 가장 적합한 아동들은 일반적인 행동문제와 미성숙한 정서를 나타내는 아동들이다.

비해석적이고 구조제한적인 집단치료의 예로서 활동집단치료모델이 있다(AGT). 이모델에 적합한 대상들은 기회가 주어진다면 적응적이고도 의미있는 사회관계를 형성할 수 있는 능력을 가진 아동들이다. 목표는 수용적이고 비통제적인 환경을 제공하여 경한 행동퇴행과 개인적 정서적응문제의 추후의 훈습에 도움을 주는 것이다.

(1) 치료자

치료자는 지시적이고 판단적이기보다는 비통제적이고 감정이입적이고 수동적이고 지지적이어야 한다. 이러한 태도는 아동을 일반적환경의 부정적인 영향으로부터 벗어나 적응적 정서성장과 발달을 위한 타고난 능력이 나타날 수 있게 한다. 치료자는 행동화를 인내할 수 있어야 하는데 이는 이 행동이 집단치료에서 교정적 정서로의 진보의 첫단계를 반영하기 때문이다. 그러나 제한이 있다. 치료자는 아동들이 다른 집단성원, 그 자신, 물리적 환경을 향해 심한 공격행동을 하도록 허용할 수 없다.

치료자는 집단이나 개인의 행동을 해석하지 않는다. 그러나 치료자는 정서적으로 지지적인 태도를 전달함으로써 도움을 요청하는 아동을 돕는다. 이러한 비지시성은 아동이 과제를 완성하는 능력에서 자아확신감을 발전시키고 다른 집단성원들과의 직면을 해결하도록 돕는다.

(2) 집단 구성원과 균형

집단은 4~8명의 아동들로 구성된다. 집단의 각 아동은 생활경험과 스트레스에 적어도 어느 정도 적응을 보여야 한다. 정서적 지원과 사회적 책임감이 거의 없는 아동은 스스로 충동을 통제하고 대인관계를 형성하는데 크게 어려움이 있기 때문에 적합하지 않을 수 있다.

집단은 그 구성원의 상호작용형태에서 균형이 맞아야 한다. 집단이 너무 공격적인 아동들로 구성되어 있으면 행동화단계를 벗어나 진보하는 것이 불가능할 수 있다. 거꾸로 소심하고 위축되어 있으며 과도하게 의존적인 아동들이 너무 많으면 적절한 주장성과 독립성으로의 진보가 거의 없을 수 있다.

(3) 집단과정

치료자의 비지시적입장, 최소한의 구조화, 적절한 집단성원의 선택과 균형의 결과로 결국 집단은 의미있는 적응기능이 향상되는 방향으로 상호작용한다. 처음에 집단은 많은 행동화 경향에 몰두한다. 이러한 행동은 억눌린 좌절과 분노를 금지하는 제한이 거의 없기 때문에 발생한다. 구성원들은 집단내에서 발생하는 긴장과 갈등을 정화하거나 행동화하는 방향으로 반응한다.

2) 해석적이고 중간정도로 구조화된 집단

(1) 특징

이 집단접근법은 치료자가 개인과 집단역동성을 해석하고 집단활동과 토론을 위한 일반화된 기관구조를 제공하는 것으로 특징지어진다. 앞의 AGT활동보다는 더 고도로 구조적이고 해석적이다. 이 모델은 정신분석과 행동주의 이론을 통합한 모델을 개발했다. 여기서는 해석을 사회학습이론의 입장을 따르나 정신역동성이 관련된 것으로 고려한다.

(2) 대상아동

일반적으로 약간 더 장애가 심한 집단의 아동들은 해석적이고 중간정도로 구조화된 범주모델로 다루어야 하는데 치료자가 더 많은 외적

통제와 지도를 제공하기 때문이다. 해석적이고 중간정도로 구조화된 집단이 경도에서 중도에 이르는 정서장애아동들에게 사용된다.

활동면접집단심리치료(Activity-interview group psychotherapy A-IGP)는 적응적인 관계를 형성할 능력을 지녔으나 구조화된 상황을 필요로 할 정도로 적응문제가 심한 아동들을 위해 고안되었는데 AGT의 비지시적인 자아수준의 구조로부터 이득을 얻지 못하는 아동들의 욕구를 충족시키기 위해 개발되었다.

(3) 치료자

치료자는 일관성이 있고 수동적인 그러나 매우 중립적인 역할을 지속하는 반면 집단의 개인들과 전체로서의 집단과의 접촉을 시작한다. 치료자의 역할은 적절한 해석을 통한 구조화와 지도를 제공함으로써 연령에 적합한 통찰력을 발달시키고 계속해서 정서적인 충동을 적응적으로 순화시키는 것을 촉진한다. 치료자는 적절한 질문을 통해 아동이 정교화하고 다른 성원들을 토론으로 끌어들이도록 도울 수 있다. 성원들간의 토론을 격려한다.

아동집단은 AGT에서보다 약간 더 문제가 있는 청소년집단이 다루어진다.

앞의 AGT와의 차이점은 성원들이 치료자의 직접적인 도움을 받는다는 것이다.

3) 행동주의 집단

행동주의 집단은 기법의 강조점과 치료에서 다루어지는 목표행동의 수에 따라 다양하다. 예를 들어 한 행동주의 집단은 체계적 둔감화의 사용을 통하여 매우 불안한 아동들을 다루기 위해 특별히 구성되었을 수 있다.

행동주의 집단심리치료모델의 전제는 성격보다는 행동이 변화의 목표가 된다. 관찰가능한 행동이 이용될 수도 있고 변화를 위한 기술, 평가, 명령의 대상이 된다. 집단에서 보편적으로 관찰되는 그러나 예외적이지 않은 행동에 중점을 둔다. 여기에는 친구를 만드는 것, 타인에게 반응하는 새로운 방식을 학습하는 것, 자신의 행동이 타인에게 미치는 영향을 학습하는 기술 등이 포함된다.

(1) 치료자

행동주의 치료자는 이해심과 관심이 많으며 적응행동을 위한 모델이어야 한다. 제시된 다른 집단모델과는 대조적으로 행동주의 치료자는 집단의 행동을 학습이론 법칙의 용어로 개념화하고 직접적으로 행동주의적 역동성과 유관사건을 전달하려는 시도를 한다.

(2) 집단구성과 균형

집단형태가 고도로 구조적이고 조직적이므로 비해석적인 제한 구조모델보다 더 넓은 범위의 정신병리가 다루어질 수 있다.

치료는 계획된 치료결과에 성공적으로 근접한 것으로 나타나는 일련의 목표들에 의해 진행된다. 보통 치료초기는 높은 수준의 강화와 치료자의 프로그램 통제로 특징지어진다. 치료가 진행됨에 따라 치료자는 프로그램에 대한 책임을 집단성원으로 옮기기 시작한다. 치료의 마지막 단계에서는 집단에서 학습했던 특정집단경험을 일상생활로 일반화하기 위해 특정집단경험의 대안책에 중점을 두기 시작한다.

〈표 6-1〉은 세 가지 집단의 종류를 표로 알기 쉽게 나타낸 것이다.

〈표 6-1〉 집단의 종류

비해석적이고 구조제한적 집단	해석적이고 중간정도로 구조화된 집단(더 고도로 구조적이고 해석적)	고도로 구조적 제한적인 집단
비지시적인 치료자 정신분석모델 내담자중심 모델 일반적인 행동문제 미성숙한 정서, 행동퇴행, 개인적·정서적 적응문제 활동집단치료모델 수용적·비통제적 환경 제공 치료자는 비통제적, 감정 이입적, 수동적,지지적 아동의 심한 공격에는 제한이 있음. 집단이나 개인의 행동을 해석하지 않고 정서적으로 지지적인 태도를 취함. 집단구성: 4~8명 성과연령: 동성	정신분석과 행동주의이론통합 약간 더 장애가 심한 집단의 아동, 경한 장애~중도의 정서장애아동, 적응문제가 있는 아동 활동면접집단심리치료 제한된 환경, 해석을 통한 지도의 구조화(상황해석, 행동해석)	행동주의 집단 더 넓은 범위의 정신병리

10. 소집단 활동프로그램 예시

이성한(2006)의 연구는 단기간의 소집단 놀이 활동이 언어 및 사회적 행동에 문제를 가진 아동의 행동 변화에 미친 영향을 분석, 탐구하는 것이다. 어린이집 6세반 총 20명 중에 4명(아동 ㉮, ㉯, ㉰, ㉱)의 부모들로부터 참가 신청서를 접수하였다. 중간 정도로 구조화(semi structured)된 지도법(이은해 · 이기숙, 1992; Johnson, Rasbury & Siegel, 1994)을 기본으로 하여 놀이 활동을 진행하였다. 놀이 활동 프로그램은 1회기당 정적활동과 동적활동의 두 가지로 9회기 구성되었고, 2004년 11월 23일부터 12월 23일까지, 주 2회(화, 목요일)실시되고, 단일 사례연구법(Single subject designs)에 의해 분석되었다.

본 연구의 결과는 다음과 같았다. 첫째, 총 9회기의 놀이 활동은 아동 ㉮, ㉯, ㉰, ㉱의 긍정적 언어행동의 발생 빈도를 매우 증가시켰으며, 아동㉰를 제외한 아동 ㉮, ㉯, ㉱의 부정적 사회적 행동의 감소를 가져왔다. 둘째, 총 9회기의 놀이 활동은 아동 소집단의 언어와 사회적 행동을 바람직하게 변화시켰는데, 언어행동의 변화가 더욱 컸다. 셋째, 정적, 동적활동 각각에 있어서, 정적활동은 아동 ㉮, ㉰, ㉱의 언어행동의 발생빈도를 향상시켰으며, 아동 ㉮, ㉯, ㉱의 사회적 행동변화를 가져왔다. 동적활동은 아동 ㉮, ㉯, ㉰, ㉱의 언어와 사회적 행동, 모두의 변화를 가져왔다. 넷째, 정적, 동적활동 각각에 있어서 아동 소집단의 언어행동과 사회적 행동은 모두 변화가 있었다. 특히, 동적활동에서의 아동 소집단의 언어와 사회적 행동의 변화가 컸다. 기관의 담임교사는 아동행동 평정 척도의 평가를 통해 아동들의 언어적 사회적 행동이 지도 후에 바람직하게 변화된 것으로 평가했다.

〈표 6-2〉는 소집단 놀이 활동 프로그램이다.

〈표 6-2〉 소집단 놀이 활동의 내용(이성한, 2006)

회기	(정적 활동: 비활동성 소근육놀이)		(동적 활동: 활동성 대근육놀이)		비고
	활동명	소요 시간	활동명	소요 시간	
Intake	볼링 가지고 놀기	자유	블록 가지고 놀기	자유	
1	동화책 따라 듣기	11분47초	무궁화 꽃이 피었습니다.	5분4초	지도전(A)
2	동화책 따라 듣기	12분26초	탁구공 나르기	9분40초	지도전(A)
3	그림보고 이야기하기	15분	캐러멜 찾기	10분59초	지도기(B)
4	수수께끼 그림카드 놀이	8분28초	자기 자리 찾기	8분47초	지도기(B)
5	수수께끼 그림 카드놀이	8분47초	과자로 음식 만들기	15분38초	지도기(B)
6	물고기 그림 색칠하기	9분17초	카펫 끌기	10분19초	지도기(B)
7	어항속물고기 그리기	20분36초	공으로 과녁맞추기	14분32초	지도기(B)
8	친구 얼굴공동 그리기	18분32초	낚시 놀이	11분38초	지도기(B)
9	도미노 쌓기	15분25초	블록 쌓기	11분30초	지도 후(A')

제 7 장

심리학적 상담이론(I)

1. 프로이트의 정신분석학적 이론

정신분석(Psychoanalysis)은 프로이트(Sigmond Freud, 1856~1939)에 의해 시작된 심리치료의 이론과 기법을 중심으로 한 심리학의 일분야이다. 오늘날 정신분석은 심리학과 정신의학의 분야에만 그치지 않고 하나의 인간이해의 방법으로서 문학, 예술, 문화인류학, 역사학, 정치학에도 폭넓게 적용되어 하나의 유력한 현대사상으로서의 광범위한 영향을 미치고 있다.

프로이트의 정신분석은 최초 히스테리환자의 심리학적 방법에 의한 치료법으로서 출발했다. 1895년 L. Breuer와 공저로 출간한 히스테리연구가 그 출발점이었다. 프로이트의 정신분석은 역동심리학으로도 불린다. 즉, 성충동을 중심으로 한 리비도-혹은 에로스-의 에너지에 의해 인간성은 움직이고 그 움직임은 마음의 무의식적 활동에 의한 것이라고 한다. 그의 사상은 유명한 꿈의 정신분석에 의한 해석방법을 설명한 획기적인 저서 '꿈 판단'(1900년), '일상생활의 정신병리'가 있고, 처음으로 리비도의 발달에 의한 유아, 아동기의 성욕을 논하여 충격을 준 '성에 관한 두 가지 논문'(1905)에 의해 기초가 세워졌다.

프로이트는 오스트리아의 빈 대학에서 의학을 전공하고 1881년에 학위를 받았다. 프로이트는 인간의 성격발달에 관해 심리성적(Psycho-sexual)발달 단계의 입장에서 연구했다. 인간은 인생초기가 성격발달에 주요한 열쇠가 된다고 했으며 인간은 의식적인 존재가 아니라 비이성적이고 때로는 무의식적인 동기에 의해 영향을 받는 존재라고 했다.

1) 성격의 구성요소

정신분석이론에서는 인간의 성격이 원초아(Id), 자아(Ego), 초자아(Super ego)의 세 부분으로 구성된다고 본다. 이 세 가지 성격들은 각각 서로 다른 원리에서 작용한다. 원초아(Id)는 인간의 모든 본능적 욕구와 추동이 자리 잡고 있는 곳으로서 사람이 태어나는 순간부터 존재한다. 먹고 마시고 자는 등의 본능들은 모두 원초아에 속한다. 만약 본능적 욕구충족이 완전히 봉쇄된다면 심리학적으로 아주 강한 긴장이나 불쾌감을 경험하게 된다. 원초아는 이러한 긴장이나 불쾌감을 참아내지 못하며 끊임없이 긴장과 불쾌감을 해소하려고 한다. 본능적 욕구들을 지체 없이 직접적으로 그리고 무조건적으로 충족시키려 하는 것이 바로 쾌락의 원리이다(이장호 외, 2005). 자아(Ego)는 현실세계와 접촉하는 성격의 한부분이다. 자아의 주된 임무는 원초아에 담긴 내적인 본능 욕구들과 외적인 현실세계를 중재하는 일이다. 우리는 자아가 있으므로 인해 욕구의 충족을 지연하거나 다른 것으로 대치하는 것이 가능하다. 따라서 원초아 본능에 따라 움직이려는 인간을 이성을 가진 문명화된 인간으로 만드는 것이 바로 자아다.

초자아(Superego)는 자라는 과정에서 부모의 영향을 받은 전통적인 가치관과 사회적인 규칙 그리고 도덕과 양심이 자리잡은 곳이다. 무엇이 옳고 그른지 어떤 일을 해야 하고 어떤 일은 하지 말아야 하는지 등을 판단하는 것은 모두 초자아의 임무다. 사람들이 무언가 잘못된 행동을 했을 때 수치와 죄악감을 느끼는 것도 모두 초자아의 활동결과다.

프로이트의 성격발달에 관한 이론을 심리성적발달이론이라고 부른다. 이 이론은 성적욕구가 우리 신체의 어느 부위에 집중되는지에 초점을 맞춰 성격의 발달과정을 설명하고 있다. 프로이트는 각 연령대에 따라 성적에너지가 집중되는 신체부위가 다르다는 점에 주목하여 성격의 발달을 다섯 단계로 나누어 설명하였다. 이 단계들 중 처음의 세 단계(구강기, 항문기, 생식기)시기에 어떤 경험을 하느냐에 따라 이후의 성격 발달은 큰 영향을 받게 된다. 정신분석이론에서 한 인간의 현재모습을 이해하는데 과거의 삶, 특히 생후 6세 이전의 초기발달과정을 중요시한다.

(1) 구강기(생후 12～18개월까지)

성적에너지가 주로 유아의 구강부위에 집중되는 시기를 구강기라 한다. 이 시기의 유아들은 구강부위를 통한 활동, 즉, 빨거나 핥거나 마시거나 물거나 하는 등의 행위를 통해 쾌감을 경험한다. 구강부위를 통한 성적욕구의 충족이 심하게 좌절되거나 반대로 지나치게 충족되게 되면 구강기에 고착된 성격이 형성되게 되는데 이를 구강적 성격이라 부른다. 구강적 성격은 과도한 의존성, 지나친 낙관주의 혹은 비관주의, 탐욕 등의 특징을 가진다.

(2) 항문기(18개월～3세)

구강기 이후 만 3세 전후의 기간을 항문기라고 하는데 이 시기는 성적욕구가 주로 항문부위에 집중된다. 유아들은 배설하는 등의 행위를 통해 쾌감을 경험한다. 이 시기의 가장 큰 특징은 배변훈련이 행해진다는 것이다. 배변훈련을 통해 유아들은 언제 어떤 상황에서 어떤 행동은 해도 되는지 어떤 행동은 하면 안 되는지에 관해 부모가 제시하는 규칙을 학습한다.

이 시기는 유아가 도덕적 규범을 확립해 나가는 데 있어서 출발점이 된다. 배변훈련이 지나치게 엄격하면 유아는 규칙과 규범에 얽매이게 되어 독립성과 자율성은 크게 상처를 받게 된다. 이 경우 질서제일주의, 지나친 인색함, 옹고집 등, 배변을 참음으로써 주변을 어지럽히지 않으려는 유아의 노력을 반영하는 강박적인 성격 특징을 발달시키게 된다.

(3) 생식기(3~5세)

생식기는 항문기 이후 만 5세 전후의 시기로서 주로 아동의 성적관심이 성기부위에 집중된다. 이시기의 가장 큰 특징으로서 아동이 부모와 형성하게 되는 오이디푸스 삼각관계를 들 수 있다. 아동은 이성의 부모에 대해서는 연애적 감정과 행동을 동성의 부모에 대해서는 적대적 감정과 행동을 나타내게 된다. 이러한 감정과 행동이 지나치게 되면 아동은 부모에게서 이러한 감정과 행동이 지니는 부적절성에 대해 강력한 제재를 받는다. 이러한 제재는 남아의 경우 거세위협을 통해 전달되는데 이러한 위협은 남아에게 인내할 수 없는 공포감, 즉 거세불안을 불러일으키는 것으로 알려져 있다.

거세 위협에 직면한 남아는 자신보다 우월한 위치에 있는 동성부모의 특징을 본받음으로써 한편으로는 부모의 사랑과 승인을 계속 유지하고 다른 한편으로는 열등한 자신을 보상하려고 한다. 이러한 동일시과정을 통해 아동은 부모의 가치, 규범, 도덕 등을 내면화 하게 되는데 이는 아동의 초자아 발달에 결정적으로 중요한 것이다. 생식기에 나타나는 이러한 과정들을 남아의 경우 오이디푸스 콤플렉스(Oedipus complex), 여아의 경우 엘렉트라 콤플렉스(Electra complex)라고 부른다. 이 이론은 프로이트가 제시한 이론으로 융에 의해 명명되었다. 프로이트의 정신분석학에서 생식기 단계(Phallic stage : 3~5세)에 나타나는 현상이다.

(4) 잠복기 혹은 잠재기(6~12세)

6세에서 12세까지의 초등학교 재학 시기로 이 시기에는 리비도(Libido)가 비활성화되어 잠복되며 성적욕구는 사회적으로 용납되는 방식으로 나타난다.

(5) 성기기(12세 이후)

이 시기는 심리성적발달의 마지막 단계로서 남근기와 마찬가지로 성적관심은 성기에 집중되지만 그 의미는 다르다. 성적만족의 욕구는 더 이상 내부에서만 이루어지지 않고 타인 즉, 이성을 통해 이루어지게 된다. 이 시기에는 생식기 때의 성적욕구의 자기만족방식에서 벗어나 타인과의 관계 속에서 성적만족을 추구하는 방향으로 발달해 나간다는 점에서 생식기와 다르다. 이를 통해 타인과 진실한 친밀감과 사랑을 경험할 수 있는 존재로 성장해 나갈 수 있다.

2) 역사

小批木啓吾(1989)에 의하면 금세기 초두 프로이트(S. Freud)는 이미 확립된 성인중심의 정신의학의 준거에 대해 과학으로서의 정신분석의 지위를 어떻게 확립하는가에 대해서 고민했으나 아동정신의학은 당시에는 산발적인 논문은 있었으나 확고한 기반으로 성립되어 있지 않았다. 이러한 의미에서는 정신분석학의 필연적인 아동에의 관심은 아동정신의학의 주류에 앞서 가는 것이 되며 임상적이었다고도 말할 수 있다. 최초로, 아동정신과적으로 관심을 가진 것은 미국의 사회적 요청에 의한 비행소년의 처우였다. 1909년 시카고 소년 심판소에 비행소년을 위한 연구소가 개설되고 심리학적 시점의 사회복지사의 시점이 정신의학의 영역에 자리잡게 되었다.

1921년 보스톤에 최초의 아동상담 클리닉이 세워지고 이것은 미국각지에 점차 설립되었다. 이 이론적 배경으로서 마이야(A. Meyer)의 정신생물학이 강하게 영향을 주었다. 그는 생물학적, 심리학적, 사회학적 등의 다방면의 요소를 종합하여 환자를 이해하는 입장을 강조했다. 1909년 마이야가 초대되어 강연한 프로이트의 정신분석이론도 여기에 큰 영향을 주었다.

1943년 미국에서 마이야의 제자인 카나(L. Kanner)가 자폐증을, 이듬해 빈의 H. Asperger는 자폐성정신병질(아스퍼가스 증후군)을 발표했다. 그 10년 이전에는 클라인은 자폐증이라고 생각되었던 정신분석치료의 틱 증후군을 보고했다.

아동분석의 시초는 1909년 프로이트의 소년 한스의 중례에 그 발단이 된다. 그러나 이것은 프로이트의 직접치료가 아니고 그의 부친이 개입한 치료이며 오이디푸스 콤플렉스의 개념을 실증하는 것이었다.

아동에 대한 직접적인 정신분석적 접근은, 1910년에 후크 헬무드(Hug-Hell-muth)에 의해 빈에서 시작되었다. 그녀의 치료 초점은 교육적 배려에 근거한 지도와 가족에의 지지가 중점이었다. 안나 프로이트는 부친인 프로이트의 지도와 후크 헬무드의 영향을 받아서 교육적 기반에서 아동분석을 개시했다. 한편, 거의 동시기에 아브라함의 옹호 하에 클라인은 베를린에서 성인의 자유연상법을 직접적으로 아동에게 적응시키는 시점에서 아동분석, 특히 그 기법을 확립시켰다. 쌍방의 견해의 상위는 뚜렷하고 종종 심각한 논의가 행해졌다. 그 후 1940년대 초에는 처음으로 영국의 정신분석협회를 이분하는 대논쟁으로 발전했다. 그 결과 양파는 독자적으로 영국 정신분석협회 내에 존속하고 어느 것에도 속하지 않는 위니컷에 대표되는 독립파의 3파로 나누어졌다.

안나 프로이트(1895~1982)는 아동에게는 정신분석적 해석에 견딜 수 있는 자아의 힘은 없고 그러기에 성인과 같은 해석을 주는 것은 할 수 없는 일이라고 생각했다. 이것은 초자아의 형성이 프로이트의 학설에 따라 오이디푸스 콤플렉스의 최종산물로서 5세경에 형성된다고 하는 견해에 기인한다.

이러한 이론과 교육적 배려에서 치료자는 아동과 정서적인 애착을 구축하는 기간으로서 준비기가 필요하다. 정신분석에서는 치료자와의 양성전이를 중요시했다. 기법적으로는 때로는 치료자가 아동의 가정을 방문하거나 하여 함께 놀이하면서 관계를 형성하도록 노력했다. 아동정신분석에서는 아동은 부모와의 연결되고 그 영향이 강하므로 분석가에게 순수한 전이를 형성하는 것이 불가능하다고 생각했다. 이것은 필연적으로 자유연상에 근거한 고전적 정신분석기법의 변경을 의미하고 교육적인 지도를 중시하는 경향이 되고 내담자와 현저한 대립을 가져왔다.

1952년 안나 프로이트는 런던에서 햄스텟 아동치료클리닉을 개설하고 아동분석의 연구, 치료, 지도를 행했다. 이론적으로는 안나 프로이트는 아버지 프로이트의 자아, 초자아, 이드의 구조와 그 움직임을 중시하고 그것을 보다 더 발전시켰다. 대표작 자아와 방위기제에서 자아의 방위기제를 정리하고 발달과 함께 그 변천과정을 기재했다. 또한 심층심리학에서 자아심리학에의 전개가 이루어지고 자아의 적응적 의미가 명확히 되었다. 그녀는 방위기제로서 억압, 퇴행, 반동형성, 투영, 섭취, 분리, 해소, 충동의 자기에의 편향, 역전, 승화, 그리고 외적인 현실의 자극에 대한 방위로서 유아의 현실의 위험이나 불쾌를 피하기 위한 현실의 부인, 사춘기의 자아의 일반경향으로서 금욕주의, 지성화, 애타주의 등을 기재했다. 또한 투영 섭취의 과정에 주목한 공격자와의 동일화, 이타주의는 클라인의 투영성 동일화의 이론과 같이 정신과 임상에 있어서의 유용한 개념이 되었다.

멜라니 클라인(1882~1960)은 프로이트의 직접제자인 페렌츠이(S. Ferenczi)의 정신분석을 이어받고, 아동분석의 시계에 일보를 내딛었다. 클라인은 완구를 사용한 놀이를 성인의 꿈과 동등하게 생각하고 아동에게도 성인과 동등하게 자유연상법에 근거한 정신분석이 가능하다고 했다. 그 경험에서 아동은 분석의 조기에서 해석에 대해 활발히 반응하고 불안을 직접적으로 해석하는 것이 그 경감에 도움이 되고 안나 프로이트가 제창하는 준비성은 필요없다고 했다. 또한 조기에 과혹한 초자아의 존재를 인정하고 음성전이도 포함하여 해석하는 필요성을 설명했다. 놀이는 단순한 기분전환이 아니고 거기에 상징적인 의미를 추출한 것이 클라인의 획기적인 점이다.

이처럼 내적세계를 중시한 견해는 분명히 안나 프로이트의 견해와 다르다. 클라인은 1926년 런던에 이사했으나 클라인의 놀이기법은 런던에서 번창하고 심리치료사뿐만 아니라 위니콧에 대표되는 아동정신과 의사에게도 영향을 주었다. 1932년에 '아동의 정신분석'을 간행하고 실제 임상증례를 이용하면서 아동분석의 기법, 조기 오이디푸스 콤플렉스 등의 기초개념을 기재했다. 1953년에 우울 긍정, 1946년에 망상분령 포지션, 이라는 내담자의 오리지널한 심적 발달의 개념을 제안했으나 이 이론의 모델이 된 것은 성인의 정신병인 조울증, 정신분열증이었다.

아동분석의 개척자는 의사가 아닌 2명의 여성이었으나 정신분석의 아동정신의학에의 응용을 보급시킨 것은 소아과의사인 위니콧(D. W. Winnicott, 1986~1971)이었다. 그는 10년 이상이 된 교육분석을 하고, 클라인에서 5년간의 슈퍼비전을 받고 소아과의사로서도 정신분석가로서도 확고한 지위를 쌓았다. 위니콧(D. W. Winnicott)의 정신분석의 탄생은 클라인에게서 어떻게 자립할까 하는 역사이며 이행대상이 그 상징인 것은 흥미 깊다. 위니컷은 진단적 역할과 치료적 역할이 어떻게 불충분한지에 관해 강조했다.

위니콧은 개인의 분리라는 형태로 분리를 사용했다. 그의 분리는 계통적 존재감을 경험하고 자신 나름대로의 개인적 정신적 실현과 개인적 신체적 구성을 획득하는 유전적 능력인 중심적 자기 또는 진실의 자기의 분리로서 그것을 승인하는 것이 건강으로 취급하고 싶다는 학설이며 그것을 위협하는 것이 불안을 불러일으키는 것이라고 했다. 그는 분리는 3~5세에 움직이기 시작한다고 보았다.

3) 기본 사상

(1) 치료의 외적 구조로서 자유 연상기법을 사용하고, 도구로서 의자를 사용하며, 치료자와의 1 대 1의 2자의 치료 관계, 매일 행해지는 분석, 명확한 치료계약이 중심이 된다.

(2) 치료대상은 주로 신경증, 부적응 등이 중심이다.

(3) 기법으로서 치료자의 중립성, 해석, 전이분석(역전이를 포함), 철저한 조작 등이 중심이다.

(4) 치료기저로서 통찰, 철저한 조작(Operation)에 의한 통찰의 내재화 등이 중심이 되어 있다. 특징으로서 교육적인 배려(지지, 지시, 정보제공 등)를 최대한 배제하여, 내담자의 자주성이나 주체성을 중시한다.

(5) 파라메터와 순응(Adaptation)이라는 개념에 따라서 치료대상의 폭을 넓히고 있다. 파라메터라는 것은 병리의 깊음이나 종류에 따라서 표준적인 정신분석의 기법을 변화시켜 가는 것이며, 또한 순응은 생활연령, 정신연령의 고저에 따라서 표준적인 정신분석의 기법을 변화시켜 가는 것이다.

4) 정신 분석 기법의 기본

(1) 자유 연상의 사용

환자의 머릿속에 떠오르는 것을 흑판의 글자를 읽는 것처럼 설명해 가는 방법을 자유연상법이라고 한다. 치료자의 발언을 포함하여 외적인 자극을 되도록 적게 하고 환자의 내적인 자극에 따라서 내적인 세계를 표현하도록 하는 방법이다. 외적인 자극을 적게 한다고 해도 치료자의 성별, 외모, 복장, 언어 사용 등이 자극으로 존재하는 것은 피할 수 없다. 외적인 자극의 의미를 최소로 하는 것이 기대된다. 또한 치료관계에서 중요한 것은 자유연상사태가 치료자에게 맡겨져 있는 것이다. 환자는 자신의 연상을 따라서 어느 방향으로 진행해도 좋다. 치료자와의 연상을 통해서 관계 방향을 결정하는 것은 환자이다. 환자가 관계를 리드하고 책임을 취하고 있다고 해도 좋다.

(2) 공감적 이해

치료자의 행동은 ① 경청→ ② 이해→ ③ 반응→ ④ 반응 경청으로 지향한다고 했다. ① 경청한다에서 ② 이해하는 것으로 진행하고, 환자가 말하고 있는 것을 잘 듣고 이해한다. 에서 ③ 반응하는 것으로 진행하며, '이것은 이런 것이군요.'라고 이해한 것을 반응하여 전달한다. 이러한 치료자의 반응은 환자의 발언에 대해 동의하는 것은 아니다. 내담자의 인지적 세계를 치료자는 확인하고 내성적으로 검토적으로 가설적으로 듣고 있다. 예를 들면, ⓐ 내담자에게 가장 장애가 되는 증상과 고통은 무엇인가 ⓑ 그 증상이 생겨난 대인관계의 문맥은 어떻게 되어 있는가(대인관계의 문맥에는 과거의 부모·친구와의 관계 등, 현재의 친구·동료 관계, 현재의 치료실에서의 치료자와의 관계가 있다.) ⓒ 증상이나 고통은 문제 해결을 위한 노력의 출현이다. 그 증상은 무엇을 해결하고 무엇을 방어하기 위하여 이용되고 있는 것인가이다.

그 다음, 반응한다에서 ④ 반응 경청한다로 진행한다. 내담자의 받아들이는 능력, 받아들이는 심리적인 준비성에 관해 치료자는 이해한다. 또한 다시 ① 경청하는 것이 되풀이 된다.

(3) 언어적 해석의 사용

경청, 이해, 반응을 통해 얻어진 내담자의 심리적, 내적인 세계에 관한 가설을 치료자의 내부에서 확인한다. 그리고 내부에서 명확화한다. 그것을 의문형 형태로 내담자에게 되돌린다. 예를 들면, "~일까요, ~처럼 생각됩니까?"로 된다. 직면(Confrontation)의 기법은 치료자와 환자의 관계 속에서 내담자가 중핵적 행동 패턴을 나타내었을 때, 그것을 지적하고 통찰을 촉진하려는 기법이다. "지금 여기서 당신이 하고 있는 것이 밖에서도 행한 일이 아닙니까, 조금 전의 이야기는 지금 여기서 당신이 말하고 있는 것과 같군요."라는 반응이 된다. 직면화는 무의식적 행동에 대하여 돌연 직면시키는 엄한 기법이며 자아에게 위협적으로 됨으로 그다지 사용하지 않으나 경계선의 내담자에게는 적극적으로 이용되는 일도 있다. 전이는 치료자에 대해서 내담자가 내적인 환상, 즉 이상화하거나 불신감에 가득찬 인물상, 내담자의 부모의 이미지가 치료자에게 투영되어 그 때문에 치료 관계가 현실과 환상과 혼합된 심리적으로 복잡한 색채를 가진 상태를 형성하는 관계를 말한다.

5) 정신 분석가의 자격

치료자는 듣는 일이 중요하다. 듣는다고 해도 단순한 음성을 듣는 것이 아니라 무엇을 듣고 있는가가 중요하다. 내담자의 음성뿐만 아니라 내용이며 줄거리를 듣는다. 내담자의 내적세계의 내용과 내담자의 대인관계에서의 관계의 기본 패턴을 듣는 것이다. 이 가운데 경청, 이해, 반응이 나타난다.

2. 내담자 중심 카운슬링(비지시적 카운슬링)

비지시적 카운슬링(nondirective counseilig)은 로저스에 의해서 제창된 카운슬링의 입장이다. 그는 종래 카운슬링은 지시적이라고 해도 자신의 입장을 비지시적이라고 칭했다. 카운슬링은 내담자에게 교시나 설명, 해석을 하지 않고 내담자 자신의 감정이 자유롭게 표명되는 것을 목표로 하여 인간적인 성장을 원조하는 입장이 강조된다.

비지시적 카운슬링에서는 로저스는 전통적인 카운슬링이 자료나 검사를 이용하여 내담자의 자기이해를 촉진하기 위해서 상담장면에서 상담자가 강제적이고 지시를 주는 것이나 진단적인 입장을 취하는 것에 반대했다. 더욱이 그들은 풍부한 임상경험에서 상담자는 허용적인 분위기를 만들 것, 내담자의 감정을 수용하고 명확하게 할 것, 그러기 위해서는 상담자는 비지시적일 것을 강조했다.

로저스(Carl Rogers, 1902~1987)는 1902년 미국 일리노이주에서 태어나 위스콘신대학 농학부를 졸업한 후에 뉴욕의 유니온 신학교에서 학업하고 콜롬비아 대학에서 심리학강의를 들었다. 학업을 마친 후에는 로체스타 아동상담센터에서 근무하고 거기서 경험을 모아 최초의 책, 'clinical treatment of the problem child(역서 로저스 전집 제1권)'을 저술했다. 1940년에는 오하이오 주립대학으로 초청되었다. 여기서 1942년 'counseling and psychology(로저스 전집 2권 카운슬링 및 제9권 카운슬링의 기술)'을 출판하고 전 미국에 큰 영향을 일으켰다. 이어서 1945년 시카고 대학으로 옮겨서 주된 저서 'cliented centered therapy(역서 로저스 전집, 제 3권 Psychotherapy)' 및 '제8권 퍼스낼리티 이론'을 출간하고 새로운 카운슬링 이론과 기법의 창시자로서 입장을 지켰다. 그 후도 정력적으로 실천과 저술에 증진하여 주목할 만한 것으로서는 1957년의 논문 'The necessary and sufficient conditions of therapeutic personality change(역서 로저스 전집 제4권 6장)'이 있다. 더욱이 1959년에 'A theory of therapy, personality and interpersonal relational ship as developmented in the clientereds-centered framework'(역서 로저스 전집 제8권 제5장)에서 이상의 소론을 간단히 요약한 논문을 쓰고 있다. 한편 1957년에 위스콘신 대학으로 옮겨서 분열병환자에게 내담자 중심치료 접근법을 시도했다. 그 후에 켈리포니아주의 라호이아 서부행동과학연구소로 옮겼으나 이후는 개인 카운슬링은 거의 하지 않고 기본적 만남그룹(Basic encounter group)에 힘을 쏟았으나 연구소 운영에는 직접 관여하지 않았다. 로저스의 이론이 왜 미국의 전쟁전과 전쟁후의 미국에 열광적으로 받아들여지게 되었는가 하는 것의 한 가지는 그 낙천주의이다(伊藤, 1989). 그것은 인간에게는 본래 갖추어진 기본적 경향, 그의 용어로 말하자면 실현경향(Actualizing tendency) 내지는 유기체적 과정(Organismic process)에 대한 절대적인 신뢰감이라는 것이었다. 로저스의 견해는 종종 프로이트의 이론에 대한 반대로서 생겼다 라고도 말한다. 그것은 프로이트의 견해가 결정론적 비관주의에 치우친 점, 예를 들어 자아는 이드와 상위자아에 휩싸여 그 사이에 무력한 존재에 지나지 않는다라는 견해에 대하여 인간존재에 내재하는 자연스러운 성장의 과정을 강조하고 때로는 여러 가지의 갈등장면을 불러일으키고 주체로서의 문제해결을 가져온다는 인간중심주의적인 철학에 유래한다. 로저스의 설명에는 상당히 애매한 것이 있으나 그의 진가는 그러한 이론적인 불충분함에도 관계없이 실천적으로 큰 성과를 불러일으키고 있다. 이론은 그 철학이 한편에서 말하는 인간주의적 심리학의 흐름과 중첩되어 한편으로는 실천주의적 시대정신과도 관계하는 것에서 그의 견해가 당시 미국인에게 환영받은 큰 이유가 있다. 또 한 가지는 한편으로 보기에 민주적인 장식이다. 지금까지의 심리치료는 프로이트파의 정신분석을 포함하여 상담자의 내담자에 대한 우위를 배경으로 한 것과는 완전히 다르다. 정보를 제공하거나 격려하고 위로하고 혹은 자유연상법을 강제하거나 하는 것은 모든 상담자의 내담자에 대한 권위의 표시다. 그러나 로저스는 상담자가 내담자와 같은 인간으로서 그 있는 그대로의 상황을 받아들이기만 한다면 조금씩 치료절차가 전개할 것이다. 그러므로 치료 장면의 동기는 완전히 내담자의 몫이라고 한다. 이것이야말로 그의 방법이 내담자 중심치료라고 불리는 원인이다.

1) 특색

앞서 말한 것처럼 로저스는 1957년에 퍼스낼리티 변화의 필요충분조건이라는 유명한 논문을 발표했다. 거기에 내담자가 좋아지기 위한 상담자의 조건으로서 아래의 세 가지가 필요하다고 했다.

① 카운슬러가 내담자를 자기 자신이 내담자인 것처럼 공감적으로

이해할 것. ② 무조건적으로 내담자를 받아들일 것. ③ 내담자와의 관계에 있어서 상담자가 자기일치(느끼고 경험하는 것과 의식하고 있는 것의 일치)하고 있을 것이다.

(1) 공감적 이해에 관해서

인간중심적 상담자는 진솔성과 무조건의 긍정적 존중의 태도를 유지하되 거기에만 머물지 않고 공감적 이해를 통해 내담자와 소통한다는 것이다. 이런 의미에서 공감적 이해는 인간중심적 상담의 꽃이라 해도 과언이 아니다(이장호 외, 2005).

공감적 이해는 여기와 지금에서 나타나는 내담자의 감정과 경험을 상담자가 민감하고 정확하게 이해하는 것을 뜻한다. 즉, 현재 내담자의 내면적 감정을 그것이 마치 상담자 자신인 것처럼 느낀다. 몸은 둘이지만 느끼는 감정은 하나인 것과 같다. 비록 자신의 감정이지만 그 의미가 제대로 이해되지 않았던 내담자의 감정은 상담자의 공감적 이해를 통해 비로소 진정한 의미가 드러나게 된다. 이런 점에서 공감적 이해는 내담자가 자신에 대한 진정한 경험과 접촉을 확대시켜 나가도록 해준다. 이제까지 부정되고 왜곡되어 왔던 자신의 모습을 있는 그대로 보고 느끼고 수용하도록 하는데 큰 도움이 되는 것이다.

공감적 이해를 잘 하기 위해서는 상담자가 내담자의 보는 입장에 서 보는 것이 중요하다. 내담자의 입장에 서보지 않으면 그가 무엇을 느끼고 생각하는지 이해할 수 없다. 설령 이해한다고 해도 그것은 내담자라는 인간과 유리되어 먼 발치에서 되는 지적인 이해에 불과하다. 따라서 상담자에게는 심정적, 인간적으로 자신과 내담자를 동일한 입장에 설 수 있도록 하는 풍부한 정서적 상상력이 필요하다. 그러한 상상력을 동원해서 내담자의 마음세계를 있는 그대로 관찰하고 경험하는 것이 공감적 이해의 첫걸음이다.

이 과정에서 상담자자신의 감정이나 생각들이 개입되면 공감적 이해가 힘들어진다. 상담자는 자신의 처지와 입장을 그대로 유지한 채 내담자의 입장이 되어 거기에서 보고 느낀 것의 의미를 내담자에게 전달해 주어야 한다. 이런 의미에서 상담자의 공감적 이해는 내담자의 주관적 감정세계를 경험하되 자신의 사사로운 의견이나 감정을 덧붙이지 않으며 내담자의 감정에 동참하되 거기에 함몰되지 않는 것을 의미한다.

공감적 이해란 같이 느낀다는 것이다. 느낄 때는 상대방의 마음과 같은 느낌으로 그 입장에 서서 기분을 공유한다는 것이다. 절반의 이해가 아니라 나의 기분이나 의견은 주장하지 않고 "그래도. 그럴거야.. 왜 그랬어.. 아 이렇게 하면 더 좋았을텐데.." 등의 의견 제시는 하지 않는다. 공감적 이해란 같이 느껴주기만 하면 되는 것이다. 어떤 판단의 말이나 의견 제시는 관계없다. 같이 느끼고 같이 있어 주는 데에 상담자의 역할이 있다. 학자에 따라 상담자가 내담자가 마치 자신인 것처럼 느껴주는 것은 있을 수 없는 일이라는 말을 한다. 이성적으로는 그렇다. 같이 느낄 수 없으나 상담가의 입장에서는 공감적 이해가 가능해야 한다. 사실 사람은 자신을 이해하는 것도 난해하다. 자신을 모르면서 상대방, 특히 문제를 가진 내담자를 어떻게 이해할 것인가. 어렵지만 상담자라면 공감적 이해를 하는 것이 개입의 테크닉일 것이다.

(2) 무조건의 적극적 관심 혹은 수용

사람들은 누구나 다 자신을 긍정적인 존재로 여기고 싶어한다. 자신을 좋은 사람, 괜찮은 사람, 멋있는 사람으로 여기고 싶어하지 나쁜 사람, 형편없는 사람, 멋없는 사람으로 여기고 싶어하는 사람은 없을 것이다. 이에 대한 인간의 욕구는 매우 강하다. 그런데 자신을 긍정적인 존재로 여기려면 다른 사람에게 긍정적인 인정과 사랑, 수용, 존중을 받는 것이 필요하다는 데에서 문제가 생긴다. 다른 사람에게서 형편없는 사람취급을 받는데도 스스로만 자신을 좋은 사람이라고 여기는 것은 망상에 불과하다. 따라서 사람들은 자라나는 과정에서 어른들이 부여한 가치조건에 자신을 짜맞추어 나갈 수밖에 없다. 이런 의미에서 가치조건은 사람들의 심리적 생존을 위해 불가피한 측면도 있다. 그런데 문제는 이 가치조건들이 경험에의 개방적 접촉과 진실한 자기발견 그리고 건전한 성장과 발달을 저해하는 쪽으로 작용하기 쉽다는 것이다. 사람들은 대개 다른 사람에게서 인정이나 수용을 받기 위해서 자신을 있는 그대로 느끼고 표현한다면 기존의 가치조건들에 위배되기 쉬워, 다른 사람들에게 거부와 불인정을 받게 되기 때문이다. 가치조건의 해제에 핵심적인 것은 무조적적 긍정적 존중이다. 여기에서 긍정적 존중이란 내담자를 한 인간으로서 긍정적인 존재로 대한다는 것을 의미한다. 또한 무조건이란 말은 내담자를 긍정적인 존재로 존중하되 그것에 아무런 전제나 조건도 달지 않는다는 것을 말한다. 따라서 무조건의 긍정적 존중이란 '나는 당신이 ~할 때만 괜찮은 사람으로 인정하겠다.'가 아니라 '나는 당신의 모습을 있는 그대로 존중하겠다.'는 태도와 같다. 즉, 내담자를 상담자의 가치조건에 비추어 판단하거나 평가하지 않고 그가 무엇을 말하고 느끼든 어떠한 행동을 하던 간에 내담자라는 인간은 가치있고 존중받을 만하다는 태도를 일관되게 유지해야 한다.

내담자를 무조건적으로 존중한다고 해서 내담자가 하는 일거수일투족에 대해 상담자가 동의하거나 승인해야 한다는 것은 아니다. 예를 들어 누가 봐도 바람직하지 않은 행동을 내담자가 하고 있다면 상담자는 그 행동을 승인하거나 옹호하지 않아도 된다. 여기에서 중요한 것은 행동, 감정, 그리고 생각 그 자체가 아니라 그런 행동을 하고 그런 감정을 느끼고 그런 생각을 하는 내담자의 인간으로서의 가치다.

내담자를 조건적으로 받아들이(그것이 가능하다고 보고)기 위해서는 어떠한 조건이 필요하다. 무조건적으로 타인을 받아들인다는 것은 분명히 인간에게는 가능하지 않다. 그러므로 우리들은 내담자를 만날 때 우선 시간을 한정하고 장소도 한정한다. 지금부터는 분명히 요금을 받는 것이 중요한 조건의 한 가지가 된다. 또 한 가지는 상담자가 내담자를 완전하게 수용해야 한다.

(3) 자기일치(혹은 순수함, 진솔함)

진솔성 혹은 일치성이란 상담자가 내담자를 대할 때에 가식이나 왜곡, 겉치레가 없는 것을 말한다. 즉, 진실하고 솔직하다는 뜻이다. 진솔성에는 다음의 두 가지 측면이 있다.

첫째, 내담자를 대함에 있어 상담자가 무엇을 경험하는가이다. 내용이 어떻든간에 상담자는 내담자를 대하면서 드는 생각이나 느낌에 솔직하고 충실해야 한다. 그것을 더하거나 빼지 않고 있는 그대로 느끼고 경험하는 것이 중요하다.

둘째, 내담자에게 무엇을 표현하는가이다. 이는 내담자와의 관계에서 느낀 것을 표현하는 문제이다. 이때 내담자에 대해 느낀 것을 진솔하게 그대로 표현하는 것을 포함한다. 그 예로 내담자에 대해 느낀 것 중 긍정적인 내용만 표현하고 부정적인 내용은 숨겨버리는 것은 진솔한 태도가 아니다.

내담자에 대한 상담자의 부정적 감정의 표현이 내담자의 성장에 기여하지 못한다면 의미가 없다. 상담자 자신의 경험이 왜곡되어 있거나 자신의 심리적 문제가 미해결된 상태에서 부정적 감정들을 말한다면 그것은 상담자의 미숙함을 드러내는 것이다. 결국, 상담자의 진솔성은 어느 정도 상담자의 인격적 성숙을 전제로 한다.

상담자가 내담자와의 관계에 있어서 자기 자신인 것이 가능해지면 그것만으로 상담자의 과정이 순조롭게 진행된다는 것이 로저스의 견해이다. 카운슬러는 카운슬러로서 내담자의 역할에 서서 자기 일치해 있으며 순수하다.

2) 기본 가설

치료자는 진실함을 가지고 깊고 감수성이 풍부한 평가하지 않는 이해를 체험하고 서로 전달하는 관계 가운데에 어떠한 개인도 성장하는 잠재력도 해방되는 경향이 있다고 하는 것이다. 이 치료는 과정 지향적

(Process oriented)이다.

3) 내담자 중심이라는 것은 무엇인가

환자의 무엇이 상처받고 어느 방향으로 가야 하는가 어떠한 문제가 결정적인가 어떠한 경험이 깊이 감추어져 있는가. 등을 아는 것은 내담자 그 본인뿐이다라는 것이다. 내담자 중심치료에서는 관계가 중시되는데 인간과 인간과의 관계이며 치료적 인간관계의 일이다. 이러한 인간은 기본적으로 잠재능력 혹은 실현경향을 가지고 있는 극히 구체적이고 실제적인 인간이다. 대상이 되는 인간은 언어가 소실된 유아, 부등교 아동, 부모, 과식하는 여자 성인, 기혼 여성, 정신장애 인간이다.

이러한 인간의 특징은 ① 인간은 경험하는 능력을 가지고 있다. 즉, 인간은 자신의 심리적 부적응 즉, 자기개념(Self-concept)과 자기의 전(全)경험과의 자기의 불일치의 제요인을 의식 위에 경험하는 능력을 가지고 있다는 것이다. ② 인간은 불일치에서 일치로 진행하는 경향을 가지고 있는 것. 즉, 인간은 자기재생능력이나 경향을 가진다. ③ 능력이나 경향은 관계 속에서 촉진된다.

4) 건설적인 퍼스낼리티의 변용이 일어나는 조건

① 두 사람의 인간이 심리적인 접촉(Psychological contact)을 가지고 있을 것 : 심리적 접촉이란 마음의 접촉이 있는 것을 의미한다.

② 제1의 사람(내담자)은 불일치 상태에 있고, 상처받기 쉽고 불안한 상태에 있을 것 : 불일치는 외적으로 보면 위협(Threat)이며, 실제의 행동에서는 방어로 나타난다. 내담자는 이러한 상태에서 원조를 구하고 적극적으로 이겨나가고, 보다 더 일치한 상태를 달성할 수 있는 사람을 말한다.

③ 제2의 사람(치료자)은 이러한 관계 속에서 일치하고 있고 전체적으로 통합하고 있을 것 : 치료자의 경험과 자기 구조가 잘 일치하고 있

고 통합하고 있는 것이다. 로저스는 진실함과 성실함을 말했다.

④ 치료자는 내담자에 대해서 무조건적으로 적극적 관심을 경험하고 있을 것 : 내담자가 경험하는 모든 측면을 그 상대의 일부로서 따뜻하게 받아들이는 것을 말한다.

⑤ 치료자는 내담자의 내적인 준거(Internal frame of reference)에 관한 공감적인 이해를 경험하고 이 경험을 내담자에게 전달하도록 노력할 것 : 공감적인 이해란 깊고 감수성 풍부한 평가하지 않은 이해를 부르는 조건이다. 공감적인 것은 내담자가 사적인 세계를 자기 자신의 것처럼 느끼고 '마치~처럼'이라는 성격을 잃지 않는 것이며 치료자가 이해하고 있는 것을 내담자에게 돌려주는 것이다. 그때 내담자가 "바로 그렇습니다" "그대로입니다"라고 발언할 때 공감적 이해가 정확하게 이루어지는 것이다.

⑥ 치료자의 공감적 이해와 무조건의 적극적 관심을 내담자에게 전달하는 것이 최소한 달성될 것 : 내담자는 자신에 대하여 치료자가 경험하고 있는 무조건의 적극적인 관심과 공감적인 이해를 최소한 지각하는 것이다.

5) 내담자의 인격 변용을 촉진시키는 기법

(1) 자유로운 감정표현을 촉진시키는 법

① 감정의 수용(Acceptance of feeling)

이것은 내담자가 부정적인 표현이거나 긍정적인 표현이거나 어떠한 감정이나 태도를 표명하려고 해도 치료자는 진실함과 애정을 갖고 내담자의 심정(心情)을 들어주는 것이다. 치료자는 내담자의 내부감정에 초점을 맞춰 "음, 예, 그렇군요. 그렇습니까" 하고 내담자와 공체험을 해 간다. 이것은 최소한의 격려와 비언어의 침묵, 수긍, 간단한 언어 표현, 내담자가 말한 언어의 반복(되풀이)이 포함된다.

② 반복(Restatement)

이것은 내담자가 표명한 요점을 그대로 언어로 반복하는 것이다.

③ 감정의 반영(Reflection of feeling)

이것은 내담자가 표명하는 화제에 포함된 감정을 치료자가 반영하여 전달하는 것이다. 내담자의 언어적·비언어적인 반응에 함유된 감정은 단일하거나 복잡하거나 하지만 치료자는 그 감정적인 색채를 느끼고 감정의 문맥을 체험하면서 내담자에게 반영해 가는 것이다. 예를 들면 "당신은 분노하고 있군요" "당신은 대단히 슬펐군요"라고 반응하는 것이다.

④ 감정의 명료화(Clarification of feeling)

치료자는 내담자의 긴 이야기나 감정을 분명히 하는 형태로 응답한다. 여기에는 요약, 되풀이의 기법이 사용된다.

⑤ 승인(Approval)

이것은 내담자에게 정서적인 지원, 승인, 혹은 강화를 주는 것이다. 내담자의 문제를 축소화시킴으로써 동정하거나 불안을 경감시키거나 하는 것이다.

⑥ 비지시적 리드(Non-directive lead)

내담자에게 가장 구체적인 문제에 관하여 의견을 표명하거나 설명을 구할 경우이거나, 특정 화제가 종결할 때에 이용된다. 전자는 "그것은 어떠한 것인가 조금 더 설명해 주세요" "~라고 말했으나 어떤 일인지 이야기해 주세요" 라고 카운슬러가 조금 이해하기 쉽도록 하는 촉진하는 기법이다. 후자는 "더 이야기할 것은 없습니까" "그 외에 이야기하고자 하는 것은 없습니까" 등이다.

(2) 관계를 적극적으로 촉진 시키는 기법

① 피드백

내담자의 행동에 대해서 치료자나 제3자가 어떻게 보고 있는가 하는 자료를 주는 일이다. 이러한 자료에 따라서 내담자가 자기 탐구나 자기 음미를 촉진시킬 수 있다. 여기의 주의점으로 Ivey(1983)는 구체적인 사항에 관하여 단적으로 행할 것, 비단정적일 것, 자세하고 엄밀할 것, 피드백이 내담자에게 어떻게 받아들여질까를 잘 알고 확인할 것을 말했다.

② 자기 노출(Self-disclosure)

치료자가 자신의 감정이나 견해를 적절하게 내담자에게 전달하는 것은 내담자의 자기표현을 촉진시키며 치료자와 내담자의 신뢰관계를 만든다는 일이 된다. 또한 면접장면에서 치료자와 내담자와의 관계가 보다 평등하게 된다.

6) 내담자 중심이론의 적용 범위와 한계

자신에게 불일치와 불안을 느끼고, 원조하려는 치료자의 존재를 지각할 수 있는 사람은 누구나 내담자가 될 수 있다. 그러나 언어적 표현이 불충분한 유아나 아동은 놀이치료가나 행동요법이 더욱 적절하다. 그러나 언어적 표현이 가능해도 자아가 분열하여 행동화를 반복하는 내담자(급성의 心因性반응자, 경계 인격 장애인)는 어려우며, 망상권의 사람도 곤란하다.

제 8 장

심리학적 상담이론(II)

1. 행동요법(오페란트)

1) 개요

행동요법(Behavior therapy)은 생체의 문제가 되는 특정한 행동을 학습이론에 의거 변화 변용시키는 일군의 치료기법을 말한다. 인간의 행동, 특히 문제행동은 행동주의의 입장에서는 정상적인 행동과 같이 학습된 행동으로 이해하며 그 치료 혹은 행동의 변용에 학습원리를 응용하는 것이다. 그 이론적 배경은 스키너의 오페란트 조건화이론(Operant conditioning), 손다이크(E. L. Thorndike)의 학습이론, 파블로프(I. P. Pavlov)의 조건반사학 등이 중심이 된다. 행동요법가란 명칭이 세계에 알려지고 보급된 것은 아이젠크(H. J. Eysenck, 1960) 이후이다. 스키너(B. F. Skinner, 1904~1990)는 1931년 하버드대학에서 학위를 받고 미네소타대학 인디대학 교수를 역임하고 1948년에 하버드대학교수가 되었다. 현대 미국행동주의 심리학자 가운데 가장 유명한 학자이며 교육현장에서의 실천가였다.

행동요법은 문제행동이나 부적응행동은 후천적으로 학습의 원리에 의해 획득된 것이라고 생각한다. 따라서 인간의 일상생활 가운데 바람직한 행동과 바람직하지 않은 행동은 같은 차원에 있는 것이며 질적으로는 동일한 것이다. 부적응행동에는 두 가지 측면이 있고 한 가지는 어떤 원인에 의해 사회적으로 바람직한 행동이 획득되어 그것이 습관화되어 있는 경우 또 한 가지는 사회적으로 바람직한 행동이 어떠한 원인에 의해 획득되지 못하고 그 때문에 적절한 행동을 취하지 못하고 부적응행동을 나타내고 있는 경우가 있다. 전자에 관해서는 바람직하지 않은 행동을 수정 혹은 제거하도록 하고 후자는 바람직한 행동을 획득, 혹은 증가시켜 적응행동을 가지도록 치료한다. 이처럼 행동요법에서는 증상으로서의 부적응행동의 수정 혹은 제거와 바람직한 적응행동의 학습을 치료목표로 삼는다.

2) 이론

증상이란 환경에 대한 잘못된 적응의 방법을 학습하거나(誤學習), 환경에 대한 적절한 대처능력이 결여(未學習)되어 있는 결과로서 형성되는 것이다. 증상이 어떠한 기제(Mechanism)로 형성되고 유지되고 있는가를 밝히고 증상 개선으로 향한 새로운 행동양식의 학습이나 인지양식의 학습을 원조한다.

미학습성이 문제의 원인일 때에는 바람직한 기능이나 능력을 형성해 주고 잘못된 학습에는 오학습의 해제와 바람직한 행동의 형성을 목표로 한다. 행동주의적 기법에는 응용행동분석(오페란트조건화법), 신행동주의적 S-R 모델(고전적 조건화법: respondent conditioning), 사회적학습이론(모델링법), 인지적 행동수정, 그리고 염악치료의 다섯 가지로 나눌 수 있다. 응용행동분석(오페란트 기법)에 대해 알아보면 다음과 같다(中野, 1989: 635-706).

3) 오페란트 조건화법

(1) 특징

① **응용**: 연구는 응용적이어야 한다. 즉, 지도되는 행동은 피험자에게 직접적인 중요성을 가지며, 사회적으로 중요한 행동이 선택되어야 한다. 또한 개인이나 주변사람에게 긴급하게 해결되어야 하는 것을 선택할 것이 요구된다.

② **행동**: 행동이란 관찰 가능한 행동이어야 하며 그 목표행동은 관찰되는 반응에 따라 기술되고 빈도, 강도, 지속시간, 간격비율이나 환경에 일어난 영속적 변화 등의 척도에 의해 양적으로 측정되는 것이다.

③ **분석**: 개인적, 사회적으로 중요한 행동에 행동원리를 적용하여 개선된 경우, 그 개선은 확실하게 그 원리의 적용과정에 의해서 이루어졌는지를 분석한다. 여기에 단일사례실험디자인(ABAB, 복수베이스라인 디자인)을 사용한다. 즉, 관수적 관계가 증명되어야만 연구가 분석적이라고 말할 수 있다. 표적행동의 발생과 비발생에 관한 실험적 제어가 증명되어야 한다.

④ **기법의 특징**: 표적행동을 개선하기 위해 조작하는 환경자극도 그에 대해 사람들이 관찰 가능한 반응을 나타내는 관찰 가능한 환경사건으로서 기술한다. 환경자극의 조직적 조작으로서의 개입기법은 설명문장만으로도 재현되도록 정확하게 기술한다. 문장에 의한 절차의 서술은 개인에 대해 그 절차를 반복가능하게 만들 정도로 충분히 완전하고 상세하게 연구되어야 기술적(Technological)이다.

⑤ **원리와의 연결**: 사용방법이 행동의 기본원리에서 나온 것이어야 한다. 개념상의 계통성이 있다.

⑥ **유효성(Effective)**: 행동의 개선은 본인에게나 주변사람들에게 사회적 타당성을 지닌 충분한 것이어야 한다. 피험자에게 실제적 결과를 창출하는 행동을 충분히 개선해야 연구가 효과적이라고 할 수 있다.

⑦ **일반성**: 수정된 행동은 치료 장면에 한하지 않고, 일상 환경의 복수의 장면에서 자발되도록 일반화되어야 한다. 그러기 위해서는 일반화를 위한 프로그램을 설계해야 한다. 시간이 경과해도 지속되는 다른 환경에서도 출현하는 또는 다른 행동에 대해서도 파급하는 그러한 행동의 변화가 결과적으로 생기지 않는 한 연구는 일반성을 가지고 있다고 할 수 없다.

(2) 기본용어의 원리(오페란트 행동)

오페란트 행동이란 개인이 환경에 작용하여 일정한 결과를 만들기 위해 자발하는 행동이다. 오페란트는 자발 후에 일어나는 결과에 영향을 받는다. 이 결과에 의한 오페란트의 제어를 결과성 제어라고 부른다. 오페란트 조건화란 학습하는 개체에 관점을 두면 학습의 하나의 형태이다. 그것은 개체가 행동에 수반되는 결과에 따라 그 후의 행동의 자발빈도를 변화시키는 과정이다.

① **강화**: 단추를 누르는 반응은 한번의 자동급식이라는 결과로서 강화된다.

② **강화자극**: 식물은 1차 강화자극이다. 그러나 쥐에게 있어서 강화자극은 자동급식기의 소리다.

③ **소거**: 단추를 누른 후에 식물출현이 수반되지 않으면 쥐는 단추를 누르는 것을 멈춘다. 단추를 누르는 반응은 소거되었다고 한다.

④ **변별**: 상자 속에 불을 켜고 불을 켰을 때 단추 누르는 것을 강화하고 불을 껐을 때 단추 누르는 것을 강화하지 않으면 쥐는 밝을 때는 단추를 누르고 어두울 때는 전혀 누르지 않는다. 명암 변별이 성립했기 때문이다.

⑤ **반응분화**: 단추를 누르는 방법은 강하게도 약하게도 가능하다. 강하게 누를 때만 강화하면 강하게 누르게 되며 반대로 하면 약하게 누르게도 된다. 이 과정을 분화라고 한다.

⑥ Shapping: 복잡한 행동은 우선 개개의 성분이 독립적으로 강화

되어 점차적으로 형성된다.

⑦ **유지와 강화 스케줄**: 강화는 반응을 Shapping하는 것뿐만 아니라 형성된 반응을 유지한다. 만약 5분에 1회, 한 가지 반응을 강화하도록 하면 강화 직후는 반응을 멈추고 다음의 강화시간이 접근하도록 점점 빨리 반응하게 된다(고정간격). 평균적으로 5분에 1회 강화하면 일정의 비율로 단추를 누르게 되고 간격을 짧게 하면 누르는 비율은 높아지고 길게 하면 낮아진다(변동간격). 일정수의 반응을 자발한 후의 한 가지 반응을 강화하면 필요한 숫자의 완료의 접근과 함께 단추누르기는 한층 빨라진다(고정비율). 평균 반응 수의 자발 후에 한 가지 반응을 강화하면 도박에 열중하는 인간과 같이 열심히 누르게 된다(변동비율).

⑧ **강화와 벌**: 강화자극에는 정과 부가 있다. 정의 강화자극은 조건적 제시에 의해 행동을 증가시키는 효과를 가진 것이며, 부의 강화자극은 조건적 제시에 의해 행동을 증가시키는 효과를 가진다.

부의 벌은 정의 강화자극의 제거이며, 정의 벌은 부의 강화자극의 제시이다.

4) 중요한 기법

① 바람직한 행동을 형성, 증가, 유지시키는 기법

가. Shapping(반응형성) 기법상의 주의점

아직 획득되지 않은 새로운 행동을 기존의 행동 형태를 사용해서 단계적으로 형성하는 것이다. 기존의 반응 중에서 한 가지 형을 선택해서 강화하고 남은 반응의 모든 것에서 강화를 하지 않음으로 반응분화를 촉진한다. 주의 점: 고밀도로 생기하는 반응을 관찰하기. 그 가운데서 최종표적반응에 가장 비슷한 제 1단계의 반응을 정한다.

나. Channing(연쇄화) 활용상의 주의점

복잡한 행동은 보다 단순한 반응의 연쇄로 성립된다. 예: 캔 커피를

마신다는 행동: 캔으로 손을 뻗침 - 캔을 잡음 - 뚜껑을 당김 - 캔을 입에 대고 마신다.

행동목표를 내담자의 현재능력 수준으로 비추어서 요소반응으로 분해한다.

다. 정의 강화 활용상의 주의점

반응에 수반하여 조건적으로 쾌의 결과(강화자극)를 제시하고 그 반응의 장래생기빈도를 증가 혹은 유지시킨다.

라. 부의 강화 활용상의 주의점

오페란트 반응의 자발 후에 불쾌한 자극을 제거하여 그 반응빈도를 증가시키는 것이다. 적응적 회피반응(흡연, 음주 등의 단념반응)이다.

마. Token economy 활용상의 주의점

바람직한 행동을 했을 때 부모나 교사가 즉시에 제공하는 점수카드, 동전, 별표 같은 것으로 그것을 모아서 교환하여 쉬는 시간의 연장이나 초콜릿 등 여러 가지 보수를 교사나 부모에게 요구할 수 있다. 토큰 제공에 대해서 토큰 박탈을 response cost라고 한다. 토큰 시여는 가점법, 토큰 박탈은 감점법이며 양자는 token economy로서 사용된다.

② 행동을 자극성제어하에 두는 기법

변별자극에 민첩하고 확실하게 알아차릴 필요가 있다. 즉, 자극성 제어의 확립이 필요하다. Prompting과 Fadding법이 있다.

Prompting은 변별자극에 추가하여 보조자극을 주어서 내담자의 주의를 학습해야 하는 과제 요구내용으로 향하는 것이다. Fadding이란 보조자극을 단계적으로 철거하는 것이다.

③ 부적절한 행동을 줄이는 법

가. 타의 길항하는 행동의 반응분화

이것은 강화 스케줄의 한 형태이며 문제행동과 바로 길항하는 행동만을 차별적으로 강화하는 길항행동의 분화강화(DRI)와 문제행동이외의 어떤 행동이라도 강화하는 다른 행동의 분화강화(DRO)가 있다.

주의점: DRO는 소거나 언어 프롬프팅과 병용할 것. 바람직하지 않

은 표적행동이 높은 비율로 생길 때는 prompting을 사용해서 길항행동을 자발시킨다.

나. 포화

어떤 강화자극이 어떤 행동을 증가 유지시키는 효력을 상실할 때까지 제시하는 것이다. 포화에는 활동의 과잉(반응포화), 강화적 일상품의 과잉(자극포화)이 있다.

다. 소거

개체가 반응을 자발한 후에 이전에는 수반해있던 강화를 수반시키지 않는 조작을 가하는 일이다. 그 결과 반응은 서서히 강화이전의 오페란트 수준으로 돌아간다.

라. Time out

개인의 바람직하지 않은 반응을 감소시킬 것을 목적으로 그 반응이 자발되었을 때 조건적으로 정의 강화를, 특정한 시간만 입수하지 못하게 하는 절차이다. 타임아웃에는 수초간 얼굴을 돌리거나 방구석의 의자에 3분간 앉기, 타임아웃 방에 15분간 격리하기 등이 있다.

마. Response cost

아동이 모았던 토큰을 아동이 바람직하지 않은 행동을 하면 교사나 부모가 범칙금으로서 뺏는 동작이다. 일반적으로 바람직하지 않은 행동을 줄이는 목적으로 그 행동을 자발했을 때 정의 강화자극을 철거하는 기법을 가리킨다.

바. 과잉수정

부적절한 행동의 자발에 의해서 생긴 환경상의 악화를 원상회복시켜서 관계된 신체부위를 이용한 바람직한 반응의 적극적 연습을 시키는 것이다.

사. 염악자극에 의한 벌

5) 자기통제법

여기에는 자기 감시(Self monitoring), 자기 평가(Self evaluation),

자기 강화(Self reinforcement)가 있다. 자기 통제(Self control)법은 내담자가 스스로의 증상을 관찰하고 그 증상을 새로이 취급하고 그 개선을 향해 노력함으로써 얻어진 성과가 그 내담자에게 보상(Reward)이 되고 자기 통제가 달성된다.

① 자극 통제(Stimulus control법) 실시방법은 변별자극을 제거하고 장면을 한정한다. 변별자극을 도입하는 방법도 있으나 이것은 부적절한 행동을 제지하는 자극을 도입하거나 부적절한 행동과 길항하는 행동을 상기시키는 자극을 도입하는 방법이다.

② 자기 감시법(Self monitoring) 이것은 자기 관찰법, 자기 기록법이라고도 한다. 수정하고자 하는 행동을 가진 사람이 자신의 행동에 눈을 돌려 관찰하고 적절한 수정을 행하는 방법이다. 자기 관찰이 큰 의미를 가지고 그 행동을 자기 관찰하는 것 자체가 행동을 변화시키는 유효한 방법이다. 실시방법은 ㉮ 강박행동의 자기 관찰과 자기 기록, ㉯ 강박행동에 영향을 주는 여러 종류의 환경 요인의 자기 분석, ㉰ 강박 행동의 횟수의 자기 기록, ㉱ 개선된 행동의 습관화로 행한다.

6) 역제지 치료

이것은 반대 조건화, 길항 조건화라고 한다. 불안이나 공포 반응과 양립 곤란한 반응(동시에 양방을 경험할 수 없는) 반응을 일어나게 함으로서 불안이나 공포의 유발 자극과 불안이나 공포 반응과의 연결을 약하게 하는 것이다. 역제지를 일으키는 반응에는 이완 반응, 섭식 반응, 性반응, 호흡반응 등이 있다.

7) 자기주장 반응(Assertive training)

사회적으로 억압되어 있는 내담자에게 차단 반응(자기 주장 행동)을 형성하거나 대인 관계에 있어서 불안반응을 개선하기 위해서 행해진다. 불안에 의해 억압된 불만이나 분노를 폭발시킴으로써 불안을 억제하거나 적당한 자기주장을 형성함으로 자기 효력감을 높이고 자신을 갖고 대인 관계를 가질 수 있도록 한다. 방법은 아래와 같다.

① **모델 제시** : 비디오 대본 사진을 보이고 특정의 상황에서 효과적인 행동의 모델을 나타낸다.

② **행동 리허설** : 관계있는 어떠한 사회적 행동을 연습할 기회를 준다.

③ **피드백** : 리허설(연습)에 연이어 유력한 행동에 대해 正의 피드백을 준다.

④ **보조** : 연습 중 효과적인 반응의 실행을 높이기 위해 지시나 신호를 준다.

⑤ **가정 과제 계획** : 가정 숙제를 내준다.

8) 체계적 탈감작법(Systematic desensitization)

불안 반응에 대해서 그와 길항하는 반응을 수반시킴으로써 불안 반응을 약화시키는 것이다. 길항반응은 근육 완화, 쾌적한 이미지, 자기암시 등이 있다. 탈감작법은 불안 반응이 약한 장면에서 시작하여 단계적으로 보다 높은 불안 장면으로 진행한다. 치료에는 말더듬, 학교 공포증, 시험 불안, 대인 불안 등 불안 신경 치료에 유효하다. 불안 반응이 생겼을 때 즉시 완화하거나 쾌적한 이미지를 생각하고 불안과 길항하는 행동을 하여 불안 반응을 억제한다. 치료법은 다음과 같다. ① 불안 길항반응의 선택, ② 불안 위계표 작성(불안이 적은 장면을 10으로 하고, 최대 장면을 100으로 한 10단계 설정), ③ 불안 반응이 작은 장면에서부터 점차적으로 탈감작을 행한다.

9) 행동주의적 사정(Assessment)과 전통적 사정

(1) 인격의 이해방법의 차이

전통사정: 개인행동에 일관성을 가지고 있는 기반으로서의 인격이라고 하는 실태를 계속 가정한다. 따라서 행동을 예측하는 일에 가장 중요한 것은, 인격이며 표면에 나타난 행동은 인격의 신호에 지나지 않는다.

행동주의자: 행동을 예측하는 것에서 중요한 것은 여러 가지 장면에서의 행동의 샘플이다.

중요한 것은 장면을 제외한 행동이 아니라 개개의 장면의 기술을 동반한 행동이다.

전통사정: 행동은 인격의 신호이다. 인격은 장면이 달라도 동일하다. 행동도 변하지 않는다.

행동주의자: 행동이 장면에 따라 변하므로 테스트장면은 그 모집단인 일상환경을 바르게 추출해야 한다.

전통파: 테스트반응은 그 때에 되어 있는 인격특징의 간접적 표시이다.

행동파: 테스트장면에서의 행동이 일상장면에서의 행동의 샘플이다.

(2) 행동사정의 기능

① 문제행동과 유지조건의 기술기능

S-O-R-K-C 모델(F. H. Kanfer & J. S. Philips, 1970)

S: Stimulus(선행자극, 유발자극과 변별자극)

O: Organismic Variables: 심리적 변수와 생리적 변수

R: Response 반응

K: Contingency 조건적 관계

C: Consequency 행동의 결과

② 조작해야 하는 독립변수와 치료기법의 선택기능

행동수정의 제2의 기능은 문제를 개선하기 위해 교정해야 하는 변수와 가장 적절한 치료법은 무엇인가를 결정하는 기능이다. 임상에서 제시되는 문제 혹은 주증은 수정가능한 행동으로 번역되어야 한다. 처음에 제시된 애매하고 어떻게 수정해야 좋을지 모르는 문제나 주된 증세를 사정에 의해 객관적이고 수정가능한 행동의 레벨로 변환하는 것을 행동적 번역이라고 한다.

③ 치료효과의 평가기능

치료효과를 평가하려면 표적행동이 치료전후에 확실히 변화했는가 하는 것과 그 행동의 변화가 치료자체에 의해 가져온 것을 증거를 제시하여 증명해야 한다.

(3) 행동사정의 방법

① 독립변수(개입)과 종속변수(표적행동)의 정의

객관성: 누가 보거나 들어도 알 수 있는 특징을 사용한다.

명료성: 정의의 문장을 누구라도 읽고 반복해서 사용가능하고 사용자에 의해 해석의 차이가 생기지 않도록 명확하게 한다.

완전성: 정의에 포함된 행동을 특정할 뿐만 아니라 포함되어 있지 않은 행동도 예시하고 정의의 범위를 한정하는 것이다.

② 독립변수의 측정법

가. 영속적 자료의 직접 측정

나. 관찰기록

ⓐ 빈도기록

ⓑ 지속시간기록: 관찰기간 중에 특정행동이 일어난 시간의 길이

ⓒ 반응 잠시기록(Latency recording): 자극개시부터 행동개시까지의 경과시간의 길이를 측정하는 방법이다. 부모가 도와달라고 했을 때

자녀가 실제로 도우기 위해서 오는 시간까지 측정한다.

ⓓ 인터벌기록: interval recording

어떤 시간, 인터벌내의 행동의 재・부재를 측정하는 법이다.

부분 인터벌 : 한 시점에서 일어나면 발생으로 본다. 전체 인터벌: 인터벌 중에 행동이 일어나야 한다. 30분 동안 과제에 집중한 관찰은 30분을 10초 간격으로 18개. 10초 간격으로 관찰하고 일어난 인터벌수를 계산한다. 180으로 나누어 100배 산출한다.

ⓔ 순간 타임샘플링: momentary time sampling

특정한 시간 인터벌경과와 직후의 순간의 행동의 재・부재를 기록한다.

③ 독립변수의 효과를 평가하기 위한 대표적 실험 디자인

가. Reversal design

나. Alternating treatment design

다. Multiple baseline design

라. Changing criterion design

이러한 대표적인 세 가지 상담 이론 가운데 우리는 어려움을 가진 개인에게 가장 적절한 방법을 선택하여 적용하여야 할 것이며 무엇보다 개인의 연령, 능력, 이해도, 수준, 가정 환경 등을 잘 살펴 최상의 방법을 선택하여 적용하여야 할 것이다. 일반적으로 유아나 청소년에게는 행동요법, 성인에게는 내담자 중심치료가나 정신분석 등도 적합할 것이다. 그러나 무엇보다도 상담에 있어서는 단순한 기법의 적용보다는 기법을 적용함에 있어서도 카운슬러의 인격이 전달됨을 알고, 진심으로 상대방을 생각하는 마음을 가져야 그 기법도 효과를 나타낼 수 있다고 생각한다. 그 가운데에 내담자를 위하여 진심으로 기도해 가면서 모든 심리학적인 지식을 활용해 나갈 때에 내담자에게 진정한 환경적인 서비스를 줄 수 있는 것이다. 나아가 카운슬러는 자신을 사랑하는 사람, 공감을 할 수 있는 사람, 자신의 인생을 가진 사람이어야 하며 무엇보다도 심리학적인 지식을 가진 사람이어야 한다.

2. 인지적 행동수정

1) 개요

스키너(B. F. Skinner)는 인간 발달에 있어서 환경이 인간의 행동을 결정지우며, 사람의 인지적 요인(마음, 의식, 무의식)은 중요하지 않다고 보았지만, 반두라(Albert. Bandura)는 환경은 인간 행동을 결정할 수 있고, 사람(인지)도 역시 환경을 바꾸는 요인이 될 수 있다고 보았다. 반두라는 사회인지이론을 주장하여 행동, 환경, 사람의 이 세 가지 요소는 상호작용하면서 인간의 발달에 영향을 준다고 했다. 그는 말하길 사람의 인지적 요인에는 자기 효능감(Self efficacy), 계획 및 사고기능이 있는데, 특히 자기 효능감이란 상황을 지배할 수 있고, 긍정적인 결과를 산출해 낼 수 있다고 생각하는 인간의 신념이라고 했다(Santrock, 2003).

이와 같은 이론을 근간으로 하고 있는 학회로서의 AABT(Association for Advancement of Behavior Therapy)에서 발간하는 Behavior Therapy지의 표지에는 "임상적 문제에 관하여 행동적, 인지적인 과학의 응용에 헌신하는 국제적 연구지를 지향한다."고 기록되어 있다. McCrady(2001)는 행동요법 학회지 2001년도 판 특별 시리즈를 발간하면서 도입 부분에 "학회지에 실린 논문들은 훌륭한 과학(Good science)적 근거에 의한 논문들이 발표되었으며, 특히 행동적, 인지적 개입 접근법은 다양한 치료기법을 연구하는 강력한 기반이 되는 탁월하면서도 명확한 지침이다"라고 썼다.

지행치료(CBT: Cognitive Behavior Therapy)는 인지치료와 행동요법을 하나로 통합한 것이다. 지행치료는 현재 세계적으로 활발히 연구되고 있는 심리 치료적 접근법이다. 이에 발맞추어 한국 행동요법 학회는 2002년 12월에 네 번째 연차학술대회를 개최하였다. 미국의 지행치료 서비스 기관으로서는 예를 들면, NIDA(National Institute on Drug Abuse), The Cognitive Therapy Center of Brooklyn, American Institute for Cognitive Therapy, MCBA(Manhattan Cognitive Behavior Associates)와 같은 기관들이 있다.

New York Institute for Cognitive and Behavioral Therapist의 J. W. Bush에 의하면, CBT는 인간관계, 스트레스, 식사, 불면증, 자존감의 부족, 수동성, 공격성, 학대 및 감정을 다스리는 일 등 인간의 행동과 의식에 관련된 다양한 문제의 해결을 목표로 한다고 했다. 현대의 상담 영역은 관리차원의 건강 보호 서비스 제도(Managed Health Care)로서 확립되어 있다. 이 말은 이제 상담은 지금까지의 개인적인 차원에서 발전하여 법적, 공적 그리고 윤리적인 일이 되어가며 보다 더 정확한 형식에 따라야 한다는 의미와도 일맥상통한다. 참고로 미국 의사 정신건강일반 보고서(1999)에 의하면, 미국인의 72%는 어떤 형태로도의 관리적, 공적 차원의 정신 건강보호제도에 등록되어 있다. 그러나 공적차원의 상담으로 확장되면서 고가의 비용 문제 등 이에 따른 부작용도 나타나는 듯하다.

인지적 행동수정이란 인지치료, 이성환정치료, 사회기능, 문제해결기능훈련, 자기제어법 등의 여러 가지 입장을 포함한 개념이다. 인지적 행동수정은 적극적, 시간제한적, 구조적 특징을 가진다.

2) 개입 기술 테크닉

Lambert & Bergin(1994)는 심리치료의 치유요소로서 지지(Support)요인, 학습(Learning)요인 및 행동(Action)요인, 의 세 가지를 말했다. 지지 요인에는 카타르시스, 치료자와의 동일시, 확신, 긍정적인 관계, 긴장의 완화, 치료적 동맹, 그리고 신뢰 등이 있으며, 학습

요인에는 조언, 정서적 경험, 문제 상황의 소화, 인간적 효과성에 대한 기대를 변화시키는 일, 인지학습, 정확한 정서적 경험, 내적인 참조사항의 틀을 개척하는 것, 피드백, 통찰, 및 이론적 해석이 있으며, 행동 요인으로서는 행동통제, 인지적 숙달, 두려움을 직면하는 것에 대한 격려, 위험을 감수하는 일, 숙달 노력(모델링, 연습, 현실성 테스트), 과제를 완전히 해내는 것 및 성공적 경험을 말했다.

Gladding & Newsome(2004)는 위의 Lambert & Bergin(1994)의 연구결과 중에서 특히 학습요인과 행동요인에 주목하여 학습 요인 가운데에도 인지학습과 정서적인 경험을, 행동요인에서는 행동 리허설을 상담자가 적절하게 사용함으로써 내담자가 적극적으로 변화할 수 있도록 도와줄 수 있다고 했다. 학습 요인으로서 인지 학습은, 사고에 초점을 두고 정서적 경험은 감정에 초점을 둔다. Seligman(2001)은 말하길 내담자는 종종 왜곡되고 반 기능적인 인지를 가지고 상담에 응하며 이러한 잘못된 인지는 항상 인생의 일들에 관련된 문제에 있어서 그들을 보다 더 문제에 빠져들게 만든다는 것이다. 따라서 그는 말하길 상담자는 내담자의 왜곡되고 비현실적인 인지를 변화시키는데 도움을 주어야 하며 특별히 안전하고 비판을 받아들일만한, 환경 안에서 생각과 신념을 개척하기 위한 기회를 제공해야 한다고 했다. Beck(1995)은 인지학습과 재구성 기법(Reframing)의 목표를 언급하면서 이것은 내담자에게 보다 더 현실적이고 적응하는 방향으로 새로운 인지를 형성하는 데에 도움을 주는 방법이며, 특히 재구성 기법은 지금 상황이 무엇인가에, 왜 이러한 일이 일어났는가에 대한 긍정적인 견해를 주는 기법이라고 설명했다. Gladding & Newsome(2004)은 내담자에게 그들이 경험한 감정을 찾아내고 인식하도록 도와주는 것 또한 중요하다고 했다. 내담자의 정서적 지각을 도와주는 데에는 많은 기법과 테크닉이 있는데 감정을 정확하게 반영하는 기법은 그들이 피하려고 하는 경험한 감정에 초점을 맞추는 일에 자주 사용된다고 했다.

특정 사건에 관한 감정을 확인하도록 도우는 것이나 감정을 사고하도록 반영하는 기법, 그리고 내담자가 신체의 어느 부분에서 그 감정이 느껴지는가를 결정하도록 격려하는 기법은 내담자가 정서적 민감성을 개발하도록 도우는 기법이다. 참고로 Corey(2001)는, 상담에서 감정을 정화시키는 카타르시스 작용에 대해 이렇게 언급했다. 즉, 정화작용은 가치 있는 일이기는 하지만 상담의 최종 목표는 아니며, 상담 장면에서는 이러한 정서적인 정화작용을 인지와 행동적 작업으로 연관 짓는 것이 더욱 중요하다. 왜냐하면 정서적 경험을 증가시키는 목적은 내담자가 그들의 감정을 인지와 행동으로 연결하도록 도움을 주는데 에 있으며, 내담자의 새로운 통찰과 변화된 행동으로 이끄는 방법이기 때문이다.

끝으로 행동 요인인 행동 리허설은 내담자의 행동에 초점을 두는 기법으로, 상담자가 내담자에게 새로운 행동에 대해서 실천(리허설)하도록 기회를 줌으로써 내담자에게 목표 달성의 가능성을 최대화시켜 주는 기법이다. 때로는 리허설 기간 중에 상담자의 코칭 기법이 필요하기도 하며, 코칭이란 문장으로 말하는 것이거나 실제적인 도움을 주는 일이며, 내담자가 다음에 무엇을 해야 하는지 기억하는데 도움을 주는 방법이며 간혹 내담자에게 간단하게 정확한 피드백을 주는 방법도 이 기법에 속한다. 피드백은 내담자의 행동에 대해서 정확한 정보를 주는 것이며 언어나 문장으로 할 수 있으며, 가장 효과적인 코칭 기법중의 하나로서 숙제도 좋은 방법이라고 했다(Gladding & Newsome, 2004).

Cormier & Cormier(1998)에 의하면 리허설에는 공개적인 리허설과 내재적인 리허설의 두 가지가 있는데 공개적인 리허설은 내담자가 생각하고 행동하려는 것에 대해서 언어화시키거나, 혹은 행동하게 하는 것이며, 내재적 리허설은 내담자의 상상과 사고를 통해서 특정한 행동 과정에 대해 정신적으로 준비하는 것이라고 했다.

3) RET(Rational emotive therapy)(A. Ellis, 1913~)

RET의 주요기법은 논박(D)이다. 그것은 불합리한 신념에 도전하기 위한 과학적 방법을 활용하는 것이다. 클라이언트를 이끌고 자신의 불합리한 신념을 논박시키고 보다 유효한 철학을 발견시키는 일이다. 혹은 자신에게 있어서 불합리한 조건 그 자체는 실제로 어느 정도 자신을 동요시키지 않는 것인가. 그렇지 않고 자기 자신의 선택에 의해서 의식적, 무의식적으로 자기 자신을 동요시키도록 이끌고 있는가를 자각시키는 것이다.

(1) 인지적 방법

합리적, 대처적 자기언명: 과거에 실패한 적이 있다. 그러나 그것은 장래 자신이 성공할 수 없다는 증거는 될 수 없다.

문제해결기법

모델링: 사고적인 사람을 관찰하여 방법을 배운다.

참조행동: 가만히 있느냐, 해보고 실패하느냐의 장단점을 비교한다.

이미지: 자신이 성공하는 이미지를 맛본다.

의미론적 정확함을 기한다: 나는 반드시 사교상 성공할 것이며 절대로 싫어함을 받아서는 안된다.

심리교육적 방법: 관련서적을 읽고, 시청각교재를 시청하고 강연이나 워크샵에 참가한다.

(2) 정서적 방법

이미지: 우선 최악의 장면을 이미지한다.

무조건의 수용: 받아들인다.

강제적 자기언명: 나는 할 수 있다고 스스로에게 다짐한다.

역할연기: 실제 가상의 역할을 상상하고 연기를 해본다.

(3) 행동적 방법

현실의 숙제분담을 한다.

위험을 범하는 과제를 단기간에 수많이 경험시키고 그것을 수행할 때의 공포를 극복시킨다.

강화와 벌: 위험한 행동을 용감히 실행한 자신을 강화하고 약속하면서 실행을 거부한 자신을 벌하는 방법을 가르친다.

제 9 장

아동상담의 심리학적 기법(I)

1. 놀이치료의 개념

1) 놀이치료의 기본 가정

놀이치료(Play therapy)는 아동의 심리치료 가운데 한가지로서 아동의 장애의 치료에 놀이를 이용하는 방법이다. 역사적으로는 안나 프로이트가 행한 아동분석이나 로저스의 제자 액슬린의 방법이 놀이치료의 원류이라고 보여진다.

놀이치료의 이론적 근거는 놀이를 매개로 하여, 치료자와 아동과의 인간관계가 형성되어 이것이 아동의 장애를 개선시킨다는 것이다. 또한 놀이는 카타르시스 효과를 가지고 아동의 스트레스를 해소시킨다. 그 외에도 놀이를 통해서 학습의 조건화가 새로이 형성되는 경우도 있고 그것들 가운데 어느 것을 중시하는가에 의해서 약간 다른 방법을 취하게 된다. 한편 아동의 놀이를 관찰함으로써 불안감을 가지고 있는지 긴장하고 있는지 편안한지 공격적인지 등의 경향을 진단할 수 있다.

아동의 스트레스, 여러 문제 행동 등은 놀이를 통해서 표현될 기회를 갖는다. 이 기회를 통해 아동은 여러 가지 감정을 표면에 떠올리게 되고, 외부로 끌어내어 그것과 직면하여 극복하는 것을 배우게 된다. 이렇게 억압된 욕구를 발산하고 자기표현을 자유롭게 하면서 문제해결을 하는 것이다. Guerney(1984)는 "놀이가 아동의 욕구를 만족시켜 주는 매체의 역할을 하며, 놀이과정 중에서 맛보게 되는 아동에게 인상 깊었던 사건이나 경험이 놀이 속에 반복적으로 재현되므로 그 상황에 숙달되거나 동화되어 욕구가 해결된다."고 했다.

Axline(1969)은 '놀이치료는 아동이 가장 호의적이고 알맞은 조건에서 성장할 수 있는 경험의 기회를 제공해 주는 것이다.'라고 했으며, O'Conner(1991)는 "놀이치료는 훈련된 치료자가 심리적 문제를 지닌 내담자를 돕기 위해 체계적으로 놀이의 치료적 힘을 적용시키는 대인관계 과정이다."고 했다.

〈표 9-1〉 놀이치료의 치료적 가치

치료적 가치	긍정적인 결과
1. 저항극복	아동과 치료자의 치료동맹을 맺도록 한다.
2. 의사소통	아동의 이해를 돕는 자기표현의 방법을 제공한다.
3. 유능감	아동은 탐색과 숙달의 욕구를 만족시켜 자존감을 높여 준다.
4. 창조적인 생각	아동은 스스로 자연스럽게 문제해결 방법을 발달시켜 힘든 상황에서도 극복할 수 있는 방법을 터득한다.
5. 카타르시스	아동은 자신이 직면하기 어려운 감정을 표현할 수가 있다.
6. 억압된 감정의 해소 요인	아동은 감정을 적절하게 해소함으로서 서서히 외상경험을 동화하고 정신적으로 해소 가능하다.
7. 역할놀이	아동은 새로운 행동을 연습하고 경험하며, 공감능력을 발달시킬 수 있다.
8. 환상	아동은 자신이 처한 고통스런 환경을 이해하기 위해 상상력을 이용한다.
9. 은유적 교육	아동은 놀이에 나오는 대상·사물 등에 비유함으로 갈등과 두려움에 직면함으로 통찰을 얻는다.
10. 애착형성	아동은 치료자와 유대관계를 발달시킨다.
11. 관계증진	아동은 자기실현을 위해 타인과 친밀해지도록 한다.

치료적 가치	긍정적인 결과
12. 긍정적인 정서	아동은 놀이를 즐기므로 안정감을 느낄 수 있다.
13. 발달적 두려움 극복	아동은 반복되는 놀이를 통해 불안과 두려움을 감소시킨다.
14. 게임	아동은 사회화 하는 것을 돕고, 자신감도 길러준다.

출처: 오영희 · 박창옥(2006) 놀이에 대한 14가지 치료의 가치와 긍정적인 결과

2) 놀이치료의 접근방법

오영희 · 박창옥(2006)에 의하면 다음과 같다. Hug-Hellmuth(1919)는 처음으로 놀이상황을 정신치료에 도입했고, 1920년대 말 Anna Freud는 아동을 관찰하고 진단하는 데 놀이를 이용했으며 Klein은 아동에게 놀이상황을 경험하게 하여 관찰한 후 해석했다. 1930년대 말에는 적극적 놀이치료로서 치료자가 아동에게 몇 개의 장난감을 선택하여 아동이 지닌 감정을 표출하도록 유도하는 Levy(1939)의 발산치료(어려운 상황에 대한 감정 발산)가 있었다. 이에 비해 수동적 놀이치료란 치료자가 아동의 놀이에 제한을 두지 않고 자연스럽게 표현하도록 하는 것으로서 Rank의 관계치료(아동의 현재 감정과 행동에 초점, 아동의 완전한 자유)라고 한다.

1940년대는 Rogers 비지시적 치료(아동이 정서적 문제를 해결하도록 치료자는 경청해 주고 반응해 주며 자신의 삶을 계획할 수 있게 해야 한다)가 Axline(1947)의 놀이치료로 발전하였다.

3) 놀이치료의 제 심리학적 입장에 대해서

김재은(1996)에 의하면, 놀이치료의 기본은 아무래도 개인놀이치료이고 이것은 치료자 한사람에게 아동 한사람의 개인적인 인간관계로 성립되는 방법이다. 이에 대해서 집단놀이치료는 치료자 한명(때로 두명)과 아동 몇 사람의 조합으로 이루어지는 경우이다.

놀이치료에는 개인놀이치료와 집단놀이치료의 두 가지로 나눈다. 개인놀이치료에는 자유놀이치료와 제한놀이치료가 있으며, 자유놀이치료는 비지시파, 정신분석파, 학습이론파로 나누며 제한놀이치료는 인형놀이, 모래상자놀이 핑거페인팅놀이로 나눈다.

집단놀이치료는 자유놀이치료와 제한놀이치료로 나눌 수 있다. 자유놀이치료는 비지시파, 정신분석파, 학습이론파로 나누고, 제한놀이치료는 심리극과 역할연기로 나눈다.

4) 놀이치료실의 환경

놀이치료실의 공간의 넓이는 정해져 있지 않다. 너무 좁으면 아동이 활동하기 힘들고 심리적 압박감을 가진다. 반대로 너무 넓으면 치료자의 눈길이 미치지 못한다. 놀이실내에서는 가능한 한 금지를 당하는 일이 없이 자유롭게 행동할 수 있도록 할 필요가 있다. 놀이치료실은 아동을 위한 공간이며 아동 자신을 위한 특별한 공간임을 아동이 느끼게 한다.

놀이치료실에는 부드럽고 밝은 톤의 벽지와 장판, 놀잇감을 정리하는 선반이 딸린 장을 준비한다.

5) 놀이감

〈표 9-2〉 Landreth의 놀잇감과 놀이도구의 7가지 필수요건

필수요건	특 징	놀이도구
1. 사회적 관계형성	· 가족관계 표현 · 인간관계 표현 · 의사소통 표현	가족인형, 사람인형 등
2. 정서표현	· 기쁨, 분노, 좌절, 희망 등 개인의 감정을 표현 · 감정을 쉽게 표현할 수 있음	퓨펫 인형과 무대, 음악놀이도구, 동물인형 등

필수요건	특 징	놀이도구
3. 역할연습, 실생활 경험	· 일상생활을 표현, 자신의 문제를 표출, 극복, 경험하게 함	소꿉놀이도구, 역할놀이도구, 자동차놀이도구, 병원놀이도구 등
4. 긍정적인 자아개념	· 나도 할 수 있다는 자신감을 경험하게 함	아동이 쉽게 조작, 편하게 대할 수 있는 놀이도구 등
5. 자기이해	· 자신의 경험을 현실과 연결지어 탐색하고 표현하면서 자신을 이해함	펀치백 인형, 미술놀이도구, 점토놀이도구 등
6. 자기통제력	· 스스로 선택, 결정, 책임감을 지는 과정을 배우게 됨	모래놀이상자 등
7. 치료적 제한점에 대한 현실검증 기능	· 현실세계에서 자신의 책임을 인식하고 자조적 능력을 배우게 됨	다트 던지기, 화살 등

출처: 오영희 · 박창옥(2006) Landreth의 놀잇감과 놀이도구의 7가지 필수요건

6) 놀이치료자의 역할

오영희 · 박창옥(2006)에 의하면 다음과 같다.

- 아동의 세계로 들어갈 수 있도록 기회를 제공해야 한다.
- 치료적으로 적절한 제한을 주어 자기조절을 배울 수 있도록 해야 한다.
- 아동이 말하는 것과 행동하는 것에 적극적으로 반응을 보여야 하며, 아동을 존중하고 정직하며 솔직하게 대해야 한다.

7) Axline(1969)이 말한 놀이치료자의 8가지 원칙

- 치료자는 아동과 따뜻하고 우호적인 관계를 형성해야 한다.
- 치료자는 아동이 지니고 있는 모습 그대로 수용해야 한다.
- 치료자는 아동의 감정을 자유롭게 표현할 수 있도록 허용해야 하

며 분위기와 환경을 제공해야 한다.

- 치료자는 아동이 표현하는 것을 그대로 받아들이고 인정하며, 그것을 아동에게 반영시켜 줌으로 아동 스스로 자신에 대한 행동에 대해 통찰을 느끼도록 한다.
- 치료자는 아동에게 자신의 문제를 해결할 수 있는 에너지가 있음을 존중해 준다.
- 치료자는 아동에게 말과 행동으로 지시하지 않는다. 다만, 아동을 따라갈 뿐이다.
- 치료자는 치료가 점진적인 과정임을 인식하고 급하게 서두르지 않는다.
- 치료자는 치료가 현실세계에 있고, 아동 자신의 책임을 인식하게 하기 위해서만 제한을 가할 수 있다.
- 놀이치료는 그 접근방법에 따라 다시 아동중심놀이치료, 정신분석적 놀이치료, 인지행동놀이치료 등으로 나누어진다.

본문에서는 아동중심놀이치료를 선행연구를 참고하여 기술한다. 아동중심 놀이치료에 관한 내용의 기술에는 주로 김광웅 · 유미숙 · 유재령(2004)의 연구를, 제10장의 음악치료는 오영희 · 박창옥(2006)의 연구를, 독서치료와 미술치료는 이숙 · 정미자 · 최진아 · 유우영 · 김미란(2004), 오영희 · 박창옥(2006)의 연구를 참고로 하여 정리, 기술하였다.

2. 아동중심 놀이 치료

1) 아동중심 놀이치료의 역사

1940년대에 Carl Rogers는 내담자중심 치료를 발달시켰다. Rogers는 심리치료란 잠재 능력을 갖춘 사람에게 내재해 있는 성장의 힘을 발굴해 내는 것이라고 보고, 이를 위해서는 치료자의 태도가 가장 중요하다고 보았다. Rogers의 제자였던 Virginia Axline은 Rogers의 이론을 아동치료에 적용하여 지금의 아동중심 놀이치료를 발전시키는 기초를 만들었다. 아동중심 놀이치료의 목표는 자기실현을 위한 성장을 촉진시키도록 아동과 환경 간의 부조화를 해결하는 것이다. 아동의 문제들은 자기(Self)에 대한 태도의 반영이고, 놀이는 아동에게 환경과 자기(Self)에 대한 태도를 수정할 기회를 제공하며, 그로 인해 정서적인 성숙이 이루어지게 된다.

2) 아동에 대한 관점

아동중심 놀이치료는 자신의 성장과 성숙을 향한 능력이 아동에게 있다는 기본 철학과 아동에게는 건설적인 방향으로의 자기 안내 능력이 있다는 믿음을 전제로 한다. 아동의 내부에는 적응, 정신건강, 발달적 성장, 독립, 자율성에 대한 지향성이 있고, 자기실현을 향해 가는 고유한 경향이 있다. 또한 아동 삶의 기본적인 특징을 활동이므로 이런 경향은 놀이를 통해서 나타난다.

Landreth(1991)는 아동의 성장을 돕기 위해 아동중심 놀이치료자들이 다음과 같은 신조를 가져야 한다고 하였다.

① 아동은 성인의 축소판이 아니며 치료자는 그러한 방법으로 아동

을 대하지 않는다.

② 아동은 인간이며, 이들에게는 깊은 정서적 고통과 즐거움을 경험할 능력이 있다.

③ 아동은 독특한 개성이 있으며 존중받을 가치가 있다. 치료자는 아동 그 자체를 존중한다.

④ 아동은 탄력적이다. 아동은 자신의 삶에서 방해물이나 환경을 극복할 수 있는 힘을 가지고 있다.

⑤ 아동에게는 성장과 성숙을 향한 타고난 성향이 있다.

⑥ 아동에게는 긍정적인 자기 안내의 능력이 있다.

⑦ 아동의 자연적인 언어는 놀이며 이것은 아동이 가장 편안해하는 자기표현의 매체이다.

⑧ 아동은 침묵할 수 있는 권리가 있다. 치료자는 아동이 말하지 않기로 결정한 것을 존중한다.

⑨ 아동은 자신이 필요로 하는 곳에서 치료적 경험을 한다. 치료자는 아동이 언제 어떻게 놀아야 할지를 결정해 주어서는 안 된다.

⑩ 아동의 성장을 재촉할 수는 없다. 치료자는 이것을 인식하고 아동의 발달과정에 대해 인내심을 갖는다.

3) 기본 이론

(1) 성격 구조와 정신병리

아동중심적 입장의 성격이론은 사람, 현상적 장, 자기(Self) 세 가지 개념을 기본으로 한다.

① **인간(Person)**: 인간으로서의 아동은 모든 것의 총체다. 사고, 행동, 느낌, 신체를 가진 존재다.

② **현상학적 장(Phenomenal Field)**: 현상학적 장이란, 아동이 경험하는 외적이고 내적인 모든 것이다.

③ **자기(Self)**: 자기는 의미 있는 타인들과 상호작용하고 총체적인

현상학적 장에서 경험한, 아동의 총체적 경험의 한 부분이다. 아동은 자아를 강화 또는 유지시키는 것으로 지각하는 경험에 대해서는 긍정적 가치를 두게 되고, 자아를 위협하는 것들에 대해서는 부정적 가치를 두게 된다.

④ **아동중심 놀이치료에 적합한 내담자의 연령과 병리**: 아동중심 입장에서 볼 때, 아동의 정신병리란 환경이 적합한 방식으로 아동의 욕구를 충족시켜 주지 못하고 자기실현을 가로막았을 때 발생한다. 따라서 유해하거나 위협이 되는 환경을 조정・개선한다면 아동의 정신병리는 회복되고 다시 자기실현을 할 수 있게 된다.

4) 치료 목표

아동중심 놀이치료의 궁극적인 목표는 아동의 내재된 욕구를 자극하여 아동이 자신의 잠재된 능력을 발견, 개발하도록 돕고 나아가 이러한 능력을 자기실현을 이루는 데 사용할 수 있게 하는 것이다. 아동중심 놀이치료의 목표는 다음과 같이 요약해 볼 수 있다.

① 더욱 긍정적인 자기개념을 발견하게 한다.
② 자기 책임을 더 크게 갖도록 한다.
③ 더욱 자발적이 되도록 한다.
④ 더욱 자기 수용적이 되도록 한다.
⑤ 자존감을 높이도록 한다.
⑥ 스스로 의사결정을 하도록 한다.
⑦ 조절감을 경험하도록 한다.
⑧ 대처과정에 민감해지도록 한다.
⑨ 평가의 내적 기준을 개발하게 한다.
⑩ 더욱 자신을 신뢰하도록 한다.

5) 치료자의 역할과 치료적 관계

아동중심 놀이치료에서는 무엇보다 아동-치료자의 인간적 관계가 중요하다. 치료자는 아동을 이해, 수용해 주는 중요한 타인이자 환경이다.

(1) 아동중심 놀이치료에서의 치료자의 역할과 태도

치료자는 가장 우선 할 일은 아동이 자신의 현실을 어떻게 지각하고 있는지를 아는 일이다. 아동의 내적 세계가 무엇을 원하고, 무엇 때문에 어려워하고 있는지를 이해해야 한다. 치료자는 아동을 존중하고 성실과 정직으로 대해야 한다. 아동의 놀이를 해석하진 않지만 치료를 극대화하기 위해 치료자가 듣고 본 것들을 아동에게 정확하게 전달해 준다.

아동중심 놀이치료는 아동을 향한 치료자의 태도에 의해 좌우된다. 놀이치료자가 되기 위해서는 훈련과 기술도 중요하지만, 아동의 지각적-경험적 세계를 함께 경험하고 느낄 수 있는 치료자의 성격적인 부분이 가장 중요하며 치료자는 계속적인 자기인식과 자기통찰을 해 나가야 한다.

(2) 아동중심 놀이치료에서 관계의 기본 원칙

아동중심 놀이치료자의 가장 일차적인 역할은 아동의 성장과 발달을 믿어 주고 허용해 주는 환경을 유지하는 것이다. Axline(1947)이 치료적 관계를 확립하고, 아동과의 치료적 접촉을 위한 지침으로 8가지 기본 원칙을 제시하였고 Landreth(1991)는 이러한 기본 원칙들을 수정, 확장시켰다.

① 치료자는 진실로 아동에게 흥미를 가지며 따뜻하고 보호하는 관계로 발전시킨다.

② 치료자는 아동이 무조건적 수용을 경험하게 돕는다.

③ 치료자는 관계에서 안전감과 허용을 느끼도록 만들고 아동이 충분히 자유롭게 자신을 탐구하고 표현하도록 해 준다.

④ 치료자는 항상 아동의 감정에 민감하고 이런 감정을 아동이 스스로 이해하는 법을 발전시키는 방식으로 부드럽게 반영한다.

⑤ 치료자는 책임 있게 행동하는 아동의 능력을 깊이 신뢰하고, 개인적인 문제를 해결하는 아동의 능력을 일관성 있게 존중하며, 아동이 그렇게 하도록 허용한다.

⑥ 치료자는 아동의 내적 지시를 신뢰하여 모든 방면에서 관계를 형성하도록 허용하고, 아동의 놀이나 대화를 지시하는 어떤 강요도 하지 않는다.

⑦ 치료자는 치료 과정의 점진성을 인정하고 서두르지 않는다.

⑧ 치료자는 아동이 개인적이고 적절한 관계를 책임감 있게 수용하도록 도와야 할 때에만 치료적 제한을 설정한다.

(3) 치료적 관계를 위한 촉진적 태도

놀이치료자의 태도는 치료적 관계를 형성하고 아동의 내적자원을 촉진하는데, 이러한 태도에는 진실성(사실성), 따뜻한 보살핌과 수용, 감정이입(민감한 이해)이 포함된다. 아동중심 놀이치료자는 아동과 치료적 관계를 형성하고 관계의 발달을 촉진시키기 위한 목표를 세워야 한다(Landreth, 1991)

① 안전한 분위기 형성하기

② 아동의 세계를 이해하고 수용하기

③ 아동의 정서세계를 표현하도록 격려하기

④ 허용적인 감정을 형성하기

⑤ 아동 스스로 결정하도록 촉진하기

⑥ 아동에게 책임감과 자기 조절감을 개발할 수 있는 기회를 제공하기

결국, 치료자는 아동이 성장할 수 있는 최적의 환경을 조성해 주는 가운데, 인내심을 가지고 친절하고 편안하게 아동을 대해 줌으로써 아동이 긴장을 풀도록 도와야 한다. 이를 위해 치료자는 자신을 조절하고 책임감 있는 성숙한 인격을 지녀야 한다.

6) 놀이의 의미와 역할

놀이는 아동기에 가장 중요한 생활이자 아동의 언어다. 놀이는 아동의 자연스러운 표현매체이자 의사소통 수단이며, 아동-치료자 간의 치료적 관계 형성을 돕는 매개체라 할 수 있다. 나아가 아동의 성장과정을 돕는 중요한 수단이 된다. 놀이치료실의 분위기는 따뜻해야 하고 아동들만의 공간이라는 명백한 메시지를 지니고 있어야 한다. 아동중심 놀이치료에서는 놀이를 아동의 감정, 사고 경험을 충분히 표현, 발전시킬 수 있는 수단으로 보았고, 동시에 놀잇감은 아동의 내면세계와 외부세계를 연결, 소통시키는 촉진제로 본다.

놀잇감을 선택할 때

① 폭넓은 창의적 표현을 촉진하는가?
② 폭넓은 정서적 표현을 촉진하는가?
③ 아동의 관심사에 알맞은가?
④ 표현이 가능하고 탐색적인 놀이를 촉진시키는가?
⑤ 언어화되지 않아도 탐색과 표현이 허용되는가?
⑥ 미리 정해진 틀대로 맞추지 않아도 성공하게 되어 있는가?
⑦ 확실하지 않은 애매한 놀이도 가능한가?
⑧ 활동적인 놀이에도 사용할 만큼 튼튼한가?

놀이활동에서 아동이 사용하는 놀잇감들은 치료자에게 하나의 개인적 세계를 대화하도록 해준다. 그러므로 아동과 긍정적인 관계 형성, 폭넓은 감정 탐색, 실생활 경험에 대한 탐색, 제한점에 대한 현실 검증, 긍정적인 자기상 발달, 자기 이해 발달, 자기조절의 발달이 용이한 놀잇감들을 선택해야 한다.

7) 놀이도구

(1) 놀이도구선택시의 유의점

놀이도구를 선택할 때는 치료에 어떤 영향을 미치는지를 충분히 고려하고 놀이치료의 목적을 달성할 수 있는 것을 선택해야 한다. 또한 치료자는 아동의 성별, 발달수준, 문제의 특징에 따라 아동의 욕구, 감정, 경험을 적절히 표현할 수 있도록 놀이도구를 제공해 주어야 한다. 놀이도구는 아동이 자신을 표현하는데 복잡하지 않고 쉽게 좌절을 느끼지 않도록 배려되어야 한다.

① 긍정적인 관계형성을 돕는 도구: 가족인형

② 정서표현을 위한 놀이도구: 퍼펫, 그림물감, 찰흙, 모래놀이, 펀치백인형, 악기류

③ 실생활경험을 탐색할 수 있는 놀이도구: 인형들, 인형집, 병원, 학교, 장난감전화기, 화장대세트, 부엌가구세트, 병원놀이세트

④ 치료적제한검증이 가능한 놀이도구: 다트판놀이

⑤ 긍정적인 자아개념의 발달을 돕는 놀이도구: 다루기 쉬운 놀이도구는 자신감을 주고 긍정적인 자아개념을 형성한다.

⑥ 자기이해를 발달시킬 수 있는 놀이도구: 펀치백인형, 고무찰흙, 이젤, 물감

⑦ 자아통제력의 발달을 돕는 놀이도구: 게임

8) 치료의 기법

(1) 아동중심 놀이치료자가 일반적으로 사용하는 기법들

① 격려: 아동의 생각이나 감정을 적극적으로 지지, 강화하기 위해서 활용한다. 격려는 칭찬과 다르다. 격려는 아동이 잘 한 것뿐만 아니라 실수했을 때에도 사용할 수 있다. 즉, 아동 행동의 결과보다는 수행

과정에 초점을 두어 반응하는 방법이다.

② **반영**: 치료자가 아동의 놀이나 언어에 나타나는 감정과 생각을 읽어 내어 적절한 말로 거울과 같이 다시 비추어 주는 것을 말한다.

③ **명료화**: 아동이 미처 자각하지 못한 감정이나 생각을 명확하게 해 주는 기법이다.

④ **개방식 질문**: 개방식 질문은 아동이 자신의 생각과 감정을 정리해서 이야기해 보도록 하는 방식이다. 예를 들면 "행복하다고 생각될 때는 언제니? 친구가 너한테 큰 소리를 치면서 말하면 어떤 기분이 드니?" 등이다.

⑤ **침묵**: 침묵이라는 것은 치료자가 아동에게 관심을 가지고 철저히 집중하는 것을 의미한다. 적절한 침묵은 아동이 감정이나 생각을 언어나 놀이로 표현할 때 수용적인 분위기에 치료자가 여유를 가지고 아동에게 필요한 시간을 제공해 준다.

(2) 아동중심 놀이치료자가 아동에게 반응하는 방법들

Landreth(1994)는 놀이과정에서 치료자가 아동에게 반응하는 방법에 있어서 8가지 지침을 제시하였다.

첫째, 묻지 않아도 아는 질문은 하지 않는다.
둘째, 아이가 묻지 않은 것에 미리 응답하지 않는다.
셋째, 아이의 질문 뒤에 숨겨진 의도를 잘 파악하고 이해해야 한다.
넷째, 아이의 감정을 수용하고 반응해 준다.
다섯째, 아이의 생각을 함부로 단정 짓지 않는다.
여섯째, 아이의 능력을 인정하고 반영해 준다.
일곱째, 평가적인 말을 함부로 하지 않는다.
여덟째, 불필요한 질문을 하지 않는다.

(3) 치료적 제한설정

제한설정은 아동의 부정적 감정이나 욕구를 사회적으로 수용 가능한 방식으로 표현하도록 도와주는 것이다.

① 치료적 제한의 근거

제한은 아동의 신체적 · 정서적 안전을 보장한다.

제한은 치료자의 정서적 복지를 보호하고 아동에 대한 수용을 촉진시킨다.

제한은 아동의 의사결정, 자기통제, 자기 책임감을 촉진한다.

제한은 '지금-여기'를 강조하며, 아동이 실제세계에 기초를 두게 한다.

제한은 놀이실 환경을 일관되게 만든다.

제한은 전문적이고, 윤리적이며, 사회적으로 수용 가능한 관계를 유지시킨다.

제한은 장난감과 놀이실을 보호한다.

② 치료적 제한설정의 시점과 태도

일반적으로 제한설정의 시기는 제한해야 할 행동이 일어난 순간에 하는 것이 좋다. 놀이실을 나가려는 아동에게는 나가려는 순간에 제한설정을 한다. 제한설정을 실시할 때, 치료자가 말로 어떻게 하느냐가 중요하다. 대부분의 경우, 조건적인 제한설정보다 전체적인 제한설정이 더 바람직하다. 전체적 제한설정은 아동에게 혼동을 덜 주고, 치료자로 하여금 안전함을 느끼게 한다. 이 방법은 '돼, 안 돼!'로 표현하는 방식이다. 반면, 조건적 제한설정은 아동의 부적절한 행동의 정도를 나타내는 형용사가 들어가게 되는데, '너는 나를 꼬집을 수는 있지만 아프게 할 수는 없어'라는 제한설정은 부적절하다. 확고하게 안 되는 것은 제한하고, 아동의 감정이나 바람을 반영해 주는 것이 최선이다. 침착하고, 인내심 있게, 있는 그대로, 확고하게 하며 치료자는 화를 내거나 권위적이어서는 안 되지만 단호해야 한다.

③ 치료적 제한설정의 단계

1단계 : 아동의 마음 읽어 주기(아동의 감정, 바람, 소망을 인정한다)

2단계 : 확고한 제한을 설정, 전달하기

3단계 : 수용 가능한 대안을 제안하기

4단계 : 마지막 선택을 언급하기

9) 치료의 과정

치료의 전 과정은 최초 전화접촉, 접수상담, 사정평가, 첫 회기, 초기과정, 중기과정, 말기과정, 종료로 나누어 볼 수 있다.

(1) 사정평가

사정평가의 과정에는 접수상담과 심리평가과정이 포함된다. 접수상담시 아동의 생육사, 발달사, 현재의 여러 가지 생활상태 등을 치료목표와 계획을 세우기 위한 중요한 정보로서 수집한다. 객관적인 판단을 위해 아동에게 적합한 심리평가를 실시한다. 이런 세부적인 절차를 통해 아동의 현재 문제를 보다 정확히 파악할 수 있고, 적합한 치료계획을 세울 수 있다.

(2) 첫 회기

첫 시간에 아동은 낯선 장소에서 낯선 성인을 처음 만난다. 첫 시간의 목표는 아동의 저항, 불안, 위축을 감소시키고 치료적 관계를 형성하는 데 있다. 치료자에 대한 소개, 놀이방에 대한 소개, 놀이치료 및 제한된 시간과 장소에 대한 소개 등을 한다.

① 치료자와 치료실 소개

② 시간과 장소에 대한 제한 구조화: 놀이치료실에서의 가장 기본적인 규칙 중 시간에 대한 제한이다.

③ 놀이치료가 무엇인지 이야기하는 방법
④ 놀이치료에 대한 앞으로의 방향과 계획을 말하는 방법

(3) 초기과정

아동중심 놀이치료는 건강한 놀이실의 분위기와 치료자의 수용과 따뜻함을 아동이 정기적, 지속적으로 경험하게 구조화시킨다. 치료초기의 가장 중요한 목표는 치료자와 아동이 신뢰 관계를 맺는 것이다. 이 시기는 서로 탐색하는 시기다. 치료자는 아동의 행동을 관찰함으로써 아동의 전반적인 능력, 기능수준, 대인관계 패턴, 심리적 갈등에 대해 평가할 수 있다.

(4) 중기과정

이 시기의 목표는 아동이 과거 자신의 양육자와의 관계에서 결핍되었던 욕구를 충족시키고 과거의 외상적 경험을 재 경험하도록 돕는 것이다. 지금까지 갖고 있던 부적절하고 부정적인 감정을 녹여 버리고 아동 자신의 긍정적인 성장의 힘을 현재 생활에서 잘 활용하도록 돕는다. 치료실에서 과거의 부적절한 경험에 대한 재경험을 '교정적인 경험(Corrective experience)'이라고 한다(O' Connor, 1991). 이는 아동이 과거에 경험했던 상처와 결핍을 극복하고 현재의 생활에 맞게 활동할 수 있는 새로운 경험으로 재창조하는 것이다. 중기과정은 아동, 부모, 치료자 모두에게 가장 길고, 힘든 시기다.

(5) 말기과정 및 종결

아동중심 놀이치료자들은 아동이 발달수준에 맞게 최적으로 기능할 수 있게 되고 일상생활에서 긍정적 행동변화를 유지할 능력이 생기면, 종결을 고려할 수 있다.

① 말기과정

일상생활에서 아동의 행동이 안정을 찾고 자기 연령에 맞게 잘 기능

하게 된다. 또래들과도 보다 원만한 관계를 이루고, 놀이치료실이나 가정에서 보다 성숙하고 자신감 있고 자발적인 태도를 보인다. 어떤 사정으로 인해 치료를 오래 하기 어려운 경우에는 주호소가 해결되고 치료목표들이 달성되면 바로 치료를 종결하기도 한다.

② 종결과정

종료는 신중한 계획 하에 실시한다. 종결은 아동에게 더 창의적이고 행복한 생활을 하기 위한 시작임을 알도록 돕는다. 관계의 종결은 서로가 준비되었을 때 진행해야 하며 아동의 감정에 대한 수용과 배려가 있어야 한다. 아동이 심한 저항과 거부를 보인다면 종결에 대해 다시 생각하고 의논해야 한다. 처음 상황과 현재의 상황을 비교해 볼 수 있게 이야기를 나눈다. 앞으로 도움이 필요하면 언제든지 연락할 수 있음을 아동과 부모에게 전한다.

아동중심 놀이치료의 목표는 아동이 자기실현을 위한 성장을 촉진시키도록 아동과 환경 간의 부조화를 해결하는 것이다. 치료자는 호의적인 치료적 환경 안에서 아동의 결핍된 욕구를 이해, 수용하고, 아동의 방식과 속도대로 놀이에 몰입할 수 있게 지켜봐 줌으로써 아동 스스로 손상된 정서와 소망을 자연스럽게 놀이로 표현할 수 있게 돕는다. 아동은 과거의 부적절한 경험들을 재 경험, 통합함으로써 자신의 어려움에 대한 인식을 발달시키고, 발달적 욕구의 충족과 건강한 자기실현을 향해 갈 수 있다. 아동중심 놀이치료의 과정은 아동과 치료자가 상호작용을 나누는 과정이고, 이러한 과정 속에서 아동은 비 평가적이고 무비판적인 경험을 새롭게 한다. 이론적 모델을 취하는 놀이치료에서도 아동중심적 놀이치료의 태도, 기법이나 반응들을 기본적으로 활용할 수 있다. 아동을 하나의 인격체로서, 그리고 긍정적 성장의 힘을 가진 독립적인 존재로서 믿어주어야 한다. 아동이 경험했던 것이 아동에게 어떤 의미였고, 아동이 자신과 환경을 어떻게 지각하는지를 정확히 파악할 수 있어야 한다. 이를 위해서 치료자는 아동의 현재 상태와 지각, 그리고 아동이 놀이와 언어로 표현해 내는 것들을 진정으로 이해, 공감하고,

놀이가 충분히 확장될 수 있도록 진정으로 따라갈 수 있어야 한다. 아동의 변화에 압력을 주지 않고 기다려주어야 한다.

제 10 장

아동상담의 심리학적 기법(II)

1. 음악치료

1) 정의

음악치료(Music therapy)는 음악에 의한 심리치료이다. 즉, 놀이치료에 있어서 놀이를 통한 치료를 하는 것처럼 음악치료에서는 어떠한 형태로서 음악을 치료의 장소에 도입한다.

음악치료의 정식명칭은 1950년대 미국에서 전미음악치료협회(NAMT)가 설립되었을 때에 music therapy란 명칭이 생겨났다. 그 후 오늘날까지 매년 공인음악치료사(R.M.T.)의 숫자가 증가하고 있다. 음악치료는 미국을 중심으로 특히 활발한데 그 기초가 되는 이론은 매우 다양하며 프로이트의 정신분석, 스키너의 행동분석이론, 코다이(Z. Kodaly)의 음악교육이론 등에 근거한 것이 각각의 대상에 맞춰서 행해지고 있다.

음악치료는 음악이나 음악에 관련된 활동을 체계적으로 사용하여 사람의 신체와 정신기능을 향상시켜 보다 나은 행동의 변화를 가져오게 하며 궁극적으로 개인의 삶의 질을 추구하는 음악의 전문분야이다. 음악생활과 음악치료의 차이점은 음악생활은 즐거움을 주며 주관적인 것이나, 음악치료는 구체적인 목표를 설정하고 그 목표달성을 위해 적용되는 과정을 의미하며, 객관적인 것이다. 즉, 치료의 목표와 평가가 음악치료의 시행에 앞서 제시되고, 이러한 치료의 과정은 행동과학에 입각한 데이터로 기록되므로 객관적이다.

2) 음악치료의 역사

음악은 인류문명의 시작 이래로 치료적 목적으로 사용되었다. 고대 주술사들이 소리와 음률 및 주술을 사용하여 환자들을 치료하고자 했던 것이 그 예라 할 수 있다. 음악치료에 관한 가장 오래된 문헌적 기록은 성서에 있다. 구약의 목동 다윗이 사울왕의 질병을 위해 하프를 연주할 때 악신이 떠나고 제정신이 들었다는 것이 그것이다. 이런 예들은 당시 사람들의 음악을 이용한 치료에 관한 인식을 어느 정도 반영한다고 볼 수 있다. 그러나 음악이 치료적 목적으로 오랜 기간 사용되어 왔다 하더라도 과학적 연구와 관찰을 통해 전문적 영역으로 자리잡게 된 것은 불과 수십 년 전의 일이다.

세계 제 2차 대전의 발발로 인해 많은 사람들이 전쟁을 통한 심신의 상처를 입게 되었다. 미국의 경우 많은 부상 군인들이 정신적 충격을 경험하게 되었는데, 이 환자들을 돕기 위해 음악인들이 병원에서 음악을 연주하게 되었다. 환자들의 음악적 경험은 의료진이 예상치 못했던 긍정적 결과를 양산하게 되어 음악의 치료적 효과가 새롭게 인식되기 시작했다. 그 후 음악을 치료적 목적으로 체계적으로 사용할 수 있는 전문 인력에 대한 사회적 필요가 대두되면서 음악치료사를 양성하는 학교가 대학의 학부와 대학원에 생기게 되었다. 한국에서는 1997년 숙명여자대학교와 이화여자대학교에서 음악치료를 처음으로 대학원 교육과정에 설치되었다. 오스트리아에서는 2007년 33번째 멜버튼에서 국제학술회의가 개최된다.

3) 음악치료의 대상

- 정신 장애나 발달 관련 장애를 가진 사람들
- 알츠하이머병 등 노화에 관련된 질병들을 가진 사람들
- 후천적인 외상으로 고통 받는 사람들, 뇌 손상을 입은 사람들
- 육체적 질환으로 만성적인 고통을 가지고 있는 사람들
- 건강한 사람들도 음악치료의 혜택을 받음으로써 그들의 삶의 질을 높일 수 있다.

4) 음악치료의 효과(최병철, 1996)

(1) 생리적 반응

음악이 혈압, 심장 박동, 호흡수, 뇌파, 피부 반응 등에 영향을 미친다는 것이다.

자극적 음악이란, 스타카토, 액센트가 많으며 조성의 변화가 급격하고, 음역의 폭이 넓으며, 예측할 수 없는 음악의 흐름을 지닌 것은 사람의 교감신경을 작용시켜 근육시스템을 활성화시킨다.

안정적 음악은 레카토적인 멜로디 중심의 음악, 조성의 변화가 거의 없거나 관계조의 자연스런 변화가 나타나는 것이다. 이것은 음역이 폭이 좁고 급격한 멜로디의 변화를 가져오지 않으며, 대개 반복을 통해 진행을 예측할 수 있는 것으로서 사람의 부교감을 자극하여 편안하고 안정시킨다. Clynes & Walker(1982)는 여러 가지 리듬의 형태들은 대상자들의 상태에 각각 다르게 영향을 미친다고 했다.

(2) 심리적 반응

음악으로 인한 생리적 변화는 결국 심리적인 현상으로 재 반영된다. 음악 자체가 특정 정서를 유발하기보다는 음악을 듣는 사람의 과거

경험과 문화적 배경, 기호와 음악 교육 등이 음악을 들을 때의 정서적 반응과 관계가 있다. 그러나 리듬, 화성, 선율 등의 음악의 요소와 화성적 구조 등이 음악을 듣는 사람이 개인적으로 갖게 되는 음악적 의미를 어느 정도 결정한다.

(3) 사회적 반응

Boxille에 의하면 음악은 가장 오래되고 가장 자연스러운 의사소통과 자기표현 수단이다.

음악은 비언어적인 의사소통 수단으로서 안전하기 때문에 말로써 표현하기 어려운 무의식의 잠재된 내면의 문제들을 음악 속에서 표현할 수 있다. 음악적 표현은 새로운 자아 인식으로 연결되고, 자아 인식과 연결된 자기표현은 정신치료 집단 속에서 새로운 사회적 교류로 이어지게 된다. 음악의 기능(Merriam, 1964)은 아래의 작용을 한다.

① 말로 표현하지 못하는 감정을 쉽게 표현하도록 해 준다.
② 미적인 즐거움을 더해준다.
③ 오락의 방법으로 제공된다.
④ 커뮤니케이션의 방법으로 이용된다.
⑤ 상징적 표현으로 제공된다.
⑥ 신체적 반응을 유발시킨다.
⑦ 사회규범과 관련된다.
⑧ 사회기관과 종교의식을 확인시킨다.
⑨ 사회와 문화의 연속성에 기여한다.
⑩ 사회의 통합에 기여한다.

5) 음악치료 접근방법

오영희 · 박창옥(2006)에 의하면 다음과 같다.

(1) 행동주의적 음악치료

이론적 기초는 행동과학적인 이론이며, 목적은 문제행동들을 보완하고 수정하는 것이며, 집단 역동성에 중점을 둔다.

이것은 음악치료 환경 안에서 클라이언트의 행동을 바람직한 방향으로 변화시키기 위한 목적으로 음악치료자가 단계적으로 행동수정 접근방법을 사용하는 것이다. 단계적인 목표와 그에 따르는 활동, 절차를 가지며, 행동을 변화시키기 위해 측정 가능한 용어로서 설계한 계획에 따라 행동이 증가했는가 감소했는가를 기대한다.

(2) Boxill 음악치료

이론적 기초는 인본주의 심리학이다. 목적은 의사소통의 기회를 제공하는 것이며 인간의 존엄성과 가치를 중요시한다. 인간은 누구나 잠재력을 가지고 있다고 본다.

발달지체아동을 위한 음악치료를 개인이 갖고 있는 내적인 학습을 이끌어내어 능동적으로 음악에 참여시킴으로써 자신과 타인을 인식하고 나아가 환경을 인식시키는 데 초점을 둔다.

발달지체아동은 사회 · 정서 · 인지적 결함으로 인해 의사소통에 어려움이 있는데 음악이 어떤 암호나 해독이 필요 없는 진동적 청각적인 메시지를 전달하기 때문에 즉각적으로 작용하여 직접적이고 감각적인 효과를 가져다주며 의사소통의 기회를 제공한다.

이 접근방법은 음악을 만들고 음악적 자극에 반응하는 현장에서, 개인이 심리적이며 생리적인 감각을 다양한 수준에서 동시에 경험하도록 돕는다. 또한 이러한 감각의 구체적인 경험은 그 개인에게 현실을 인식시켜 줌으로써 행동변화에 즉각적인 효과를 가져오도록 한다.

(3) 자유 즉흥 연주적 음악치료

Alvin(1978)이 개발한 것으로 목표는 자아의 해방, 세계와의 다양한 관계형성 구축, 육체적 · 지적 · 사회 감정적 영역에서의 발달적 성장이다.

클라이언트가 음조, 리듬, 형식에 있어 어떤 규칙에 억매이지 않고 스스로 자유롭게 음을 조절하고 배열하도록 한다. 즉흥연주과정은 치료자와 장애아동이 음악을 공동으로 창조해 나가는 과정으로, 음악치료자와 클라이언트와의 관계가 매우 중요하게 작용한다.

음악치료과정은 지적, 신체적, 사회-감정적 성장의 연속 단계에서 계획되어지고 충족되어야 하는 발달과정으로, 클라이언트가 자기, 타인, 사물에 관계를 맺을 수 있게 도와주는 것을 가장 중시한다.

이 접근법에서 악기의 사용은 매우 중요한데, 악기는 치료의 통합적인 부분으로 사용되고, 치료사와 치료대상자 관계에 중요한 역동적 기능을 제공한다.

(4) 창조적 음악치료

이것은 Paul Nordoff와 Clive Robbins 개발한 개별 및 집단치료에 대한 즉흥 연주적 접근방식이다(김군자, 1988). 이론적 기초는 인지학, 인본주의 심리학이며, 대상은 언어적 반응이 없는 아동, 발달지체 또는 정서장애, 성격장애 아동이다. 치료단계로서 치료자는 치료에 사용될 음악을 만들고 즉흥 연주한다. 즉흥 연주된 음악을 각 모임 내에서 창조적으로 이용하며 각 모임이 진행해 나감에 따라 치료적 경험을 진일보시킴으로써 클라이언트의 창조적 개발단계를 지원한다.

음악을 단순히 듣는 것보다는 음악을 만드는 활동에 보다 많은 비중을 둔다.

(5) 통합적 즉흥 연주치료

Peter Simpkins의 12년 이상의 임상작업에 근거를 두고 개발한 것이며, 대상은 정신지체, 자폐 또는 다른 형태의 아동정신이상들을 포함하는 비정형적인 아동, 덧붙여 지각손상, 신체장애, 학습장애를 가진 성인이다.

촉감과 시각이 결부된 청각, 정신과 결부된 육체, Id와 결부된 초자아와 자아, 의식과 결부된 무의식, 여기 지금(Here-and-now) 언어적인 것과 결부된 비언어적인 것, 타인과 결부된 자신을 포함하여 클라이언트 세계의 다양한 측면들을 통합하기 위해 사용한다.

지각운동의 목표는 인식, 지각, 운동표현을 포함하고, 정서적 목표는 자기인식, 자기표현, 통찰력을 포함하며, 대인 상호적 목표는 경계형성과 상호성을 포함한다.

6) 음악치료의 실제

이숙 외(2004)의 연구를 참조하여 기술하면 다음과 같다.

(1) 도구

음악치료에 사용하는 도구는 다양한 악기들과 신체, 전자장비, 즉흥연주를 위한 음악적 도구들이다. 음악치료에 사용되는 악기는 음악적인 또는 소리를 내는 모든 악기가 포함된다.

① 다루기 쉬워야 한다.

② 움직이기 쉬워야 한다.

③ 소리가 멀리 퍼져야 한다.

④ 안으로 향하지 않고 밖으로 확산되어야 한다. 악기의 치료적인 가치는 악기의 형태, 울려 퍼짐의 정도와 관련된다.

⑤ 모양과 재료가 원시적일수록 이상적이다.

⑥ 소리가 날 가능성이 확실하고 리듬과 멜로디의 구조를 이해할 수

있어야 한다.

⑦ 매체로서의 자극은 하나이어야 한다.

(2) 음악치료의 기법

음악치료에 사용되는 기법은 다양한데 대표적인 것으로서는 합주나 합창 등의 연주, 음악만들기, 음악감상과 음악에 대한 반응, 음악감상과 인식, 적극적으로 음악을 감상하면서 말하기, 적극적으로 음악을 감상하면서 상상하기, 리듬의 사용, 배경음악을 이용한 다른 활동 등이 있다.

① 연주

연주에는 이미 작곡된 작품을 연주하는 경우와 집단의 구성원들이나 개인이 음악을 만들고 서로 교류하는 즉흥연주가 있다. 전자의 경우는 합창이나 합주와 같은 음악활동이 이에 속한다.

후자의 경우에는 즉흥연주가 있다. 즉흥연주는 악기를 이용하여 자신의 감정을 즉각적으로 표현하는 치료활동이다.

② 음악만들기

음악만들기에는 과정중심과 결과중심의 음악활동이 포함된다. 과정중심이란 음악을 만드는 동안에 발생하는 행동들과 실제적인 상호작용이 치료의 일차적인 초점이 되는 것이다. 예를 들면 먼저 치료사가 여러 종류의 리듬악기를 가운데 모아두고 아동들을 빙둘러앉게 한 후 마음에 드는 악기를 한가지씩 선택하게 한다. 선택한 후 한사람씩 돌아가며 자기소개를 하고 자기 이름에 어울리는 소리를 악기로 연주한다. 소개 후 각기 악기를 자유롭게 연주하도록 유도하는데 이때 일정한 리듬패턴을 주면서 그것을 기본으로 돌아가면서 각자 창의적인 자기리듬을 더하게 한다.

결과중심의 활동들은 작곡이나 새로 배운 노래를 공연하는 것 같은 만들어진 결과물에 중점을 두는 방법이다. 이 결과물은 낮은 자존감으로 인해 실패할 것이라고 느꼈던 아동에게 성취감과 자존감의 향상을 가져온다.

③ 음악감상과 인식

음악이나 노래를 듣고 알아맞히기, 합주에 사용된 악기가 무엇인지 알아맞히기 등의 방법이다. 아동을 대상으로 음악연주에 사용된 악기를 구별하게 함으로써 아동의 주의집중력과 소리에 대한 집중, 음색의 구별, 악기를 기억하는 기억력 등을 증진시킬 수 있다.

④ 적극적으로 음악을 감상하면서 말하기

음악을 들으면서 이야기를 만들어나가는 방법이다. 자신의 느낌과 원하는 방향으로 이야기를 만들어 가게 된다. 예를 들면, 미리 편집한 다양한 소리-바람, 비, 천둥, 번개 등, 다양한 음악을 들으면서 음악의 이미지가 달라질 때마다 아동들이 차례대로 이야기를 만들어간다.

⑤ 적극적으로 음악을 감상하면서 상상하기

음악감상을 통하여 일상의 의식상태 이상을 여행하는 상상의 방법으로서 대표적인 것이 GIM(Bonny Method of Guided Imagery and Music)이다. GIM은 음악치료가 Dr. Helen Bonny에 의해 개발되었다. 이것은 인간의 내면에 접근하고 자기실현화와 치료로 이끄는 음악중심적 치료과정이다. GIM은 상상을 의식의 상태로 교체하는 것을 포함하며 반면에 상상의 경험을 훈련받은 치료자와 공유하는 것이다. 치료적 도구로서 사용했을 때에는 GIM은 숨겨진 정서적 반응과 자극적 창조적 통찰력을 깊이 드러나게 한다.

⑥ 리듬의 사용

잘 선정되고 계획된 타악기 및 드럼활동(드럼치료)에 내담자가 적극적으로 참여하는 것이다.

⑦ 배경음악을 사용

배경음악을 들으면서 심신의 이완을 할 수도 있고 음악을 들으면서 그림을 그리기도 한다. 이처럼 음악이 다른 활동의 배경으로 사용되는 것이다.

7) 음악치료자의 역할

음악적인 자질과 임상적 전문지식을 갖춘다(Boxill, 1985)

① 환자에게 영향을 미치는 음악의 종류에 대한 지식을 가져야 하며 그것을 이해해야 한다.

② 자신을 음악적으로 표현할 수 있어야 한다.

③ 음악을 통해 커뮤니케이션을 할 수 있어야 한다.

④ 자신의 강점과 약점, 그리고 능력에 대해 잘 알고 있어야 한다.

⑤ 다른 사람을 잘 이해할 수 있어야 한다.

⑥ 다른 사람을 잘 포용하고 의견을 받아들일 수 있어야 한다.

⑦ 사람과 환경을 관찰하여 신속히 대처할 수 있는 능력이 있어야 한다.

⑧ 편견이나 선입감 없이 사람과 환경을 평가할 수 있어야 한다.

⑨ 부드럽고 감성적이며 끈기 있는 성격을 가져야 한다.

⑩ 다른 사람에게 미치는 자신의 영향력을 느끼고 살필 수 있어야 한다.

⑪ 전체를 볼 수 있어야 하며 창조적이고 상상력이 풍부해야 한다.

⑫ 유머감각이 있어야 한다.

⑬ 자신을 개인적으로 또한 사회적으로 꾸준히 성장시키고자 하는 의욕이 있어야 한다.

2. 독서치료

1930년대에 미국의 도서관 사서들은 치료적인 목적으로 환자들의 사고, 감정 또는 행동들을 수정하기 위해 개인적으로 도움이 되는 읽을 재료들의 리스트를 편집하였다. 또한 이시기에 심리학과 정신의학이 발달하면서 많은 의사들이 정서적인 질병으로 인하여 어려움을 경험하는 사람들을 위한 책들을 추천하였다. 특히 독서치료를 정신치료로서 여겼던 매닝거(Menninger, 1937)는 적절한 책을 읽는 것이 일반적인 사람들의 생각과 태도에 영향을 준다는 점과 정신질환자에 대한 독서처방이 자기강화, 사회적 성취감 등을 얻게 할 수 있고 더 나아가 알코올중독, 신경증 환자에 대한 심리치료의 보조처방으로서 사용할 때 효과가 있었다고 지적하였다(황의백, 1996).

1940년대에는 교육의 분야에서 교사들이 독서치료를 사용하기 시작하였다. 1950년대에는 집단독서가 알코올중독자의 처방에 부과되었고 1960년대에는 약물남용, 공포, 태도의 변화, 도덕적 성숙, 죽음 등과 같은 영역에서도 사용되는 등 교육적 목적으로 이용되었다. 1970년대에는 독서치료이론에 대한 첫 강좌가 개설되었다.

이와 같이 독서치료가 미국을 중심으로 전개된 용어라면 독일을 중심으로 한 유럽에서는 문학치료(Literature therapy)라는 용어로 발달되어 왔다.

우리나라는 1999년이래로 독서치료에 대한 연구를 거듭한 결과, 2003년 3월 한국독서치료학회가 발족되었다. 한편 시 치료는 1986년부터 원광의대 부속 제2병원에서 본격적으로 시도되어 왔으며, 시치료라는 이름으로 몇몇 정신과 병동에서 활용되고 있다(현윤이, 1992).

1) 독서치료의 개념

독서치료(Bibliotherapy)는 그리스어의 두 단어 biblion(책)과 oepatteid(치료하다)가 합해진 것에서 유래한다. 비블리오는 책을 가리키는 그리스어이다. 지금의 독서치료(Bibliotherapy))라는 용어는 1916년 크로더스(Crothers)가 Atlantic Monthly에 처음으로 게재하면서 사용되었다.

독서치료의 개념을 알기 전에 독서지도의 목적에 관해서 개념을 살펴보면 다음과 같다. 독서지도의 목적은 진정한 독서의 즐거움과 올바른 독서습관과 태도를 길러내도록 하는 것으로서, 광의의 개념에 의하면 독서를 통하여 건전한 인격을 형성하는 인간교육을 뜻하고 협의의 개념에 의하면 인간형성을 위하여 독서하는 태도, 지식, 능력, 흥미, 기술, 습관 등의 형성과 개발의 지도를 의미하는 독서교육의 실천적 활동이다(김효정, 1992).

독서지도는 교육적인 측면을 강조하는데 독서치료는 책을 통한 치료를 강조한다. 즉, 책을 치료의 매체로 활용하는 것이다(이재연, 2001).

황의백(1996)은 독서치료는 인격적 적응면에서 문제를 갖고 있는 사람에게 책을 읽게 함으로써 그 문제를 해결하고 그의 적응력을 정상적으로 키우는 하나의 가이던스기술이라고 했다. 이러한 정의들은 독서치료를 쓰여진 자료를 읽는 것 자체, 즉, 독서하는 것에만 초점을 두는 것으로서 협의의 독서치료의 개념이라고 볼 수 있다. 이숙 · 정미자 · 최진아 · 유우영 · 김미란(2004)는 독서치료란 발달상의 문제나 특정하고 심각한 문제를 가진 참여자가 다양한 문학작품을 매개로 하여 치료사와 일 대 일이나 집단으로 토론, 글쓰기, 그림그리기 등의 여러 가지 방법의 상호작용을 통하여 자신의 적응과 성장 및 당면한 문제들을 해결하는데 도움을 얻는 것을 뜻하는 넓은 의미로 해석하였다. 다양한 문학작품들에는 인쇄된 글, 시청각자료, 노랫말, 자신의 일기 등 글쓰기 작품들이 모두 포함될 수 있다.

한편 독서치료와 비슷하게 사용되는 개념으로는 이야기치료(Narrative therapy), 글쓰기 치료(Journal therapy), 시치료, 문학치료 등이 있다. 이야기 치료는 이야기가 사람을 변화시키는 힘이 있다는 사실을 전제하고 있다는 점에서는 독서치료와 유사하다. 그러나 이야기치료는 내담자와 상담자의 치료적 관계 속에서 책을 매개로 하지 않고 직접 대화를 통해 이야기를 만들어 가지만 독서치료는 이미 쓰여진 이야기를 매개로 한다는 점에서 그 차이가 있다. 글쓰기 치료는 정신적, 육체적 정서적, 영적으로 더 나은 건강과 행복을 위하여 반성적인 글쓰기를,

목적지향적이고 의도적으로 사용하는 것이며 시 치료는 독서치료의 한 세부적인 형태로서 은유, 상상, 리듬, 다른 여러 시적인 요소들을 사용하는 것이다.

문학치료는 책읽기를 통한 독서치료, 텍스트 만들기를 통한 글쓰기 치료를 포함하는 것이다. 따라서 문학치료는 문학, 즉, 읽기와 쓰기를 통한 치료라고 볼 수 있다.

우리나라의 경우 현재 독서치료와 문학치료 두 가지 용어가 모두 사용되고 있는데 독서치료라는 용어가 지금까지 광범위하게 사용되고 있다. 그러나 독서라는 용어자체가 갖는 뜻과 어감이 읽기에만 치중되어 있으므로 포괄적인 개념으로서의 치료적 기법을 명시하는 데에는 약간의 혼란이 있다(이숙 외, 2003).

2) 문학의 치료적 요소

문학의 치료적 요소는 다음과 같다(이숙 외, 2004)

① 아동의 억압된 과거를 이끌어낼 수 있도록 공감과 이해를 표현한다.

문학은 우리들에게 정신적인 상처를 정상화하는데 필요한 공감과 이해를 표시한다.

② 아동자신의 현재 느낌을 인식하도록 돕는다.

③ 동일시, 카타르시스 등을 통하여 자기 자신에 대한 인식 및 통찰을 이루게 한다. 유아는 특히 자신이 경험한 문학작품과 자신을 강하게 동일시하므로 유아의 가치관과 태도는 문학의 영향을 받게 된다.

④ 인식의 전환을 통한 사고, 행동, 관계 등의 재구성을 하게 된다.

문학은 우리자신을 다른 각도에서 살펴보도록 유도함으로써 우리의 기분, 느낌, 생각을 바꾸어 놓는데 이를 인식의 전환이라고 할 수 있다.

⑤ 문제해결능력을 키워준다.

인식의 전환은 아동으로 하여금 문제해결능력을 증가시켜 준다. 문학 속에서 상상된 문제해결의 상황은 아동으로 하여금 통제의식과 성공의 느낌을 심어주고 결국 자신의 문제를 해결하는데 도움을 준다.

⑥ 타인과 만족스러운 관계를 맺는 경험을 제공한다.

아동들은 함께 책을 읽고 동일한 스토리를 통해 체험의 세계를 함께 경험하기 때문에 서로에게 소중한 체험이 되며 나누는 경험에 참여한 치료사와 집단, 집단구성원들과 강렬한 연대감이나 유대감을 느끼게 된다.

⑦ 심미적인 경험을 통한 즐거움을 제공한다.

독서치료를 하는 동안 아동은 다양한 장르의 주제의 책을 접하게 되고, 독서에 대한 자신의 개인적인 흥미를 확인하고 문학을 통한 즐거움을 느끼게 된다.

3) 독서치료의 자료

독서치료에는 효과적인 자료를 선정하는 것이 무엇보다 중요하다. 사용되는 자료로는 소설, 시, 동화, 이야기, 글쓰기, 신문이나 잡지의 기사, 노래의 가사나 영화 등의 다양한 문학적 장르들이 사용된다. 또한 그 문학적 자료를 읽거나 들은 후에 토론이나 역할놀이, 창의적인 문제해결활동 등을 구체적으로 수행하는 등의 활동은 아동에게 도움을 줄 수 있다.

일반적으로 사용되는 원자료로서 시와 소설 - 단편, 우화, 과학소설, 환상을 다룬 이야기, 희곡 등을 포함하는 - 이 사용된다. 적절한 자료를 선택하기 위한 기준은 다음과 같다.

(1) 아동의 연령

아동의 발달수준에 맞는 것이어야 한다.

(2) 아동의 정서상태 및 문제행동의 유형

치료사는 치료에 필요한 책의 내용, 주의집중시간을 예측한 책의 길이 등을 정할 수 있다.

(3) 책의 주제

책의 주제는 아동의 문제에 활용할 수 있도록 자기의 문제와 읽는 책에 등장하는 인물이 처한 문제 사이에 유사성을 발견해 낼 수 있어야 한다. 하지만 아동의 당면문제와 같을 필요는 없다.

(4) 읽기의 용이성

아동의 읽기수준에 맞는 자료로서 읽기 쉬워야 할 것이다. 읽기에 문제가 있는 아동에게는 소리내어 읽어주거나 시청각 자료를 사용하는 것이 좋다.

(5) 어휘의 적절성

자료에서 사용되는 어휘역시 아동의 연령에 적합해야 한다.

(6) 책의 그림

유아를 대상으로 할 때 선택되는 좋은 그림책으로는 예술적인 그림과 시적인 세련된 언어로 구성되어 있는 것이 적절하다.

(7) 책의 길이와 문장의 길이

독서치료를 위해서는 길이가 짧은 자료가 좋다. 독서치료를 할 때 자료의 내용을 소개하고 자료의 내용에 대해 생각을 하며 자료에 대해 토의를 할 수 있는 시간이 필요한데 내용이 길면 자료를 소개하고 이해하는데 시간이 너무 걸리게 된다. 또 작품이 길면 아동들이 여러 가지 자극에 압도되어 내용에 대해 제대로 집중하지 못한다. 아동의 발달수준과 주의집중력에 적절한지를 고려한 후 선택한다.

4) 독서치료의 과정

(1) 아동에 대한 파악 및 확인하기

면접을 통해 아동의 필요와 욕구를 확인한다.

(2) 자료를 선정하기

이는 아동들의 특별한 문제와 부합되는 책을 자료로 선택하는 것이다. 아동의 수준에 따라 책이나 시청각자료 등이 선정된다. 이

때 자료로는 부적절한 기대감을 주는 대신에 문제에 대한 정확한 정보를 제공해주는 책을 선택하여야 통찰과 기술력을 얻을 수 있다. 책의 내용은 아동의 연령에 적절하고 적극적으로 참여할 수 있을 정도로 흥미가 있어야 하고 창의적이어야 한다.

(3) 책을 제시하기

아동이 자신과 책의 등장인물들 간의 유사성을 볼 수 있도록 조심스럽고 전략적으로 제시하여야 한다. 책의 제시는 아동의 흥미를 유발할 수 있는 다양한 방식을 계획하여야 한다.

(4) 활동하기

이 단계에서 아동들은 책을 매개로 한 언어적, 비언어적 방식으로 자신의 문제에 대해 더 깊이 통찰할 수 있다. 본격적인 치료의 과정은 인식, 고찰, 비교하고 대조하기, 자기적용의 과정으로 설명할 수 있다.

① 인식하기: 문학작품에 대해 초점을 두고 작품이 말하는 것을 인식하는 것이다. 즉, 자료에 내포되어 있는 바를 아동이 지각하는 것이다.

② 고찰하기

고찰이란 자료를 자세히 살펴봄으로써 인식을 통한 감정에 대한 반응이 실제로 자신에게 어떤 의미를 주는지 자신의 가치관과 관심을 면밀하게 조사하는 것이다. 즉, 왜 그러한 느낌을 갖는지, 왜 그러한 반응을 보이는지를 알아차리게 되는 것이다.

③ 비교대조해 보기

이 단계에서는 아동이 고찰을 통하여 새로이 형성한 인상, 사고, 느낌과 치료 이전에 가지고 있었던 반응, 느낌, 인상 등을 나란히 놓고 비교하여 보는 것이다.

④ 자기적용

작품을 통하여 인식되고 고찰되고 비교, 대조되었던 느낌과 개념은 자기 적용의 경험으로 진전되어야 한다. 즉, 얻어진 통찰력을 통합하고 이 통찰력을 바탕으로 자신의 생활을 조절하고 적응해 나가는 것이다.

3. 미술치료

미술치료는 내담자에게 그림을 그리게 함으로써 거기에 투영된 심층심리의 역동성을 취급하고 이것을 매개로 하여 카타르시스나 자기해방, 자기표현을 촉진하고 심리치료의 수단으로서 하고자 하는 것이다. 독일의 정신과의사 H. Prinzhorn는 정신병자가 그린 그림을 모아서 화집을 만들고 그 정신병리학적인 연구를 행했다.

이러한 것이 계기가 되어 정신병원의 작업치료가나 레크리에이션치료의 수단으로서의 그림제작이 가능해졌다. 정신분석의 입장에서 이것을 추진한 것은 나움버그(M. Naumberg)에 의해 1950년에 행해진 일련의 연구라고 말해진다.

미술치료에서는 연필, 크레용, 물감, 핑거페인트 등의 여러 가지 그림재료를 환자의 기호나 목적에 따라서 유연하게 이용하면 좋다.

미술치료란 조형 활동을 통해서 개인의 갈등을 조정하고 자기표현과 승화과정을 통해 자아성장을 촉진시키는 것이다. 자발적인 조형 활동은 개인의 내적세계와 외적세계간의 조화를 이룰 수 있도록 도우며, 비언어적인 커뮤니케이션 기법으로서의 미술치료는 언어성 이미지와 시각적 이미지를 통해 지금까지의 자기 상실, 왜곡, 방어, 억제 등의 상황에서 보다 명확한 자기 발견과 자기실현을 꾀하게 한다(김동연, 1999).

미술치료라는 용어는 1961년 Ulman이 'Bulletin of Art Therapy' 창간호에서 처음 사용하였다. 그녀는 미술치료는 교육, 재활, 정신치료 등 다양한 분야에서 널리 사용되고 있으며, 어떤 영역에서 활용되고 있든간에 공통된 의미는 시각예술이라는 수단을 이용하여 인격의 통합 혹은 재통합을 돕기 위한 시도라고 진술하였다.

한국에 미술치료가 본격적으로 도입된 것은 10여년 전이며, 그림이나 조소, 디자인 기법 등과 같은 미술활동을 통하여 심신의 어려움을 겪고 있는 사람들의 심리를 진단하고 치료하는 데 목적을 두고 한국미술치료학회가 창립되었다(한국미술치료학회, 1994).

미술치료는 미술교육의 개념과는 조금 다르다. 미술치료는 심리적 '치료'의 의미를 포함하고는 있지만, 미술활동을 통해 느끼는 창조적 기쁨 또한 미술치료에서도 공유하고 있다. 하지만 미술교육이 미적 능력 향상을 목표로 한다면 미술치료도 미적 능력이나 기술 습득을 포함하고는 있지만, 이러한 것은 경우에 따라 할 수 있고, 안 할 수도 있는 종속적인 관계이다. 미술치료가 보다 강조하는 것은 '인격성장'이라는 큰 목표에 있다고 할 수 있다. 즉 미술치료는 시각매체를 통해 인간의 손상된 부분에 올바른 변화를 주는 것이다.

창작활동을 통해 개인의 내면적 경험을 기반으로 한 심상을 표현하게 함으로서 이 과정에 나타나는 감정과 무의식을 활성화시키고 그 속에 있던 창조적 기능을 자극하게 된다. 이를 통해 자기도 몰랐던 내면의 새로운 감정을 느낄 수 있다. 그 내면의 왜곡, 상실, 억제되었던 부분을 스스로 발견할 수 있는 '자가치유능력'을 통해 문제를 해결하고 인격의 발전을 가져올 수 있는 것이다. 그러므로 작품을 만드는 이러한 창조적 과정이 치료효과가 있으며 삶의 질을 향상시키고 효과적인 의사소통방식이라는 생각을 기초로 하고 있다.

창작미술을 통한 심리치료가 가능한 것은, 미술을 통한 창작이 우리의 내면이라고 할 수 있는 정신세계를 표현하는 창작행위이기 때문이다. 또한 우리의 외면이라고 할 수 있는 현실을 작품이라는 구체적인 모습으로 표현하는 창작만이 가질 수 있는 특성 때문이라고 하겠다.

미술치료는 이러한 창작을 통한 내면세계의 외면화 과정 속에서 개인의 갈등적인 심리상태나 정서 상태를 파악할 수 있다. 거기에 연루된 갈등 관계에 있는 심리, 정서적인 요소를 창작을 통하여 조화롭게 해결하도록 도와준다. 다시 말해 미술치료는 개인의 심리적인 갈등을 완화시키거나, 병리적인 정신구조를 재편성하게 하는 효과가 있다.

1) 미술치료의 목적

미술치료의 목적은 다음과 같다.

첫째, 그림을 창조해서 그리는 그 자체가 통합이라는 치유효과를 갖고 있다는 것.

둘째, 그림을 그리는 것으로 이제까지 억압해온 감정을 발산하고 정화할 수 있다는 것.

셋째, 말과 달리 그림은 자신의 모습을 객관적으로 나타냄으로써 자신이 부정하고 있던 감정을 깨닫고, 퍼스낼리티의 무의식적인 측면을 이해하고 자기 통찰의 계기가 되는 것.

넷째, 말은 특정한 의미만을 전달하려 하지만 그림은 몇 개의 의미를 한꺼번에 나타냄으로 많은 정보를 전달할 수 있다는 것. 예를 들면 사람이 가족에 대해 이야기할 때 아버지, 어머니, 동포, 자기, 가족관계를 순서적으로 이야기해 가지만 실제로는 그 모두를 동시에 경험하고 있다. 말과 달리 그림은 모두를 동시에 전달할 수 있으므로 치료에 유효하다.

다섯째, 치료자와 그림을 그린 사람이 같은 입장에 서서 작품을 감상하고 작품의 의미를 서로 이야기하며 이미지를 공유함으로써 두 사람의 인간관계를 친숙하게 할 수 있다는 것.

여섯째, 그림을 그린 사람이 작품의 의미를 이해하고 자신을 통찰함으로서 자신이 본래 갖고 있으면서 발휘하지 않았던 성장이라는 잠재능력을 개발해 갈 수 있다는 것 등이다.

그러면 미술이 치료하는데 도움을 줄 수 있는 이유는 무엇인가?

첫째, 아동에게 미술은 친숙하고 편안한 표현방법이기 때문이다.

아동들은 미술에 대한 흥미도가 높기 때문에 거부감 없이 치료가 이루어질 수 있고 언어로 다하지 못한 내면의 미묘한 표현까지도 할 수 있다. 그래서 미술표현은 편안하게 아동의 감정, 생각 등을 전달하는 도구가 된다.

둘째, 미술자체가 가진 정화기능이 아동의 손상된 감정을 완화시키는데 도움을 줄 수 있기 때문이다. 물론 정화기능이 치료의 전부는 아니지만 내면에 억압된 내용이 많으면 그 억압 때문에 아동이 성장 발달하는데 사용되어야 할 에너지를 낭비하게 된다. 따라서 적절한 미술재료를 통한 정화 활동은 아동의 에너지 소통을 원활히 하는데 큰 도움을 줄 수 있다.

셋째, 결과물(구체적 자료)이 있어서 변화를 관찰하고 진단하는데 도움이 된다.

아동이 만들어낸 작품들은 그들의 분신들이다. 아동의 모든 작품들은 소중히 다루어져야 하고, 작품의 변화과정을 보면서 아동의 변화과정을 이해하고 치료자는 적절한 치료를 할 수 있다. 아동 스스로도 자신의 달라진 모습들을 느끼면서 자기를 존중하는 마음을 높일 수 있다.

넷째, 다양한 재료를 경험하고 조절하면서 성취감을 느끼고 자신감을 가질 수 있다는 점이다.

아동은 몸을 통해 사물을 경험하면서 스스로를 알고 사물의 개념을 습득하면서 자신이 살고 있는 현실을 파악하게 된다. 따라서 아동의 신체적 경험은 모든 발달의 바탕이 되고 그것이 부족하면 성장하여 성인이 되어도 현실을 파악하고 적응하는 능력이 떨어질 수밖에 없다.

미술은 그 자체가 다양한 사물을 재료로 하여 아동의 신체적 경험을 풍부히 하고 있다. 예를 들어 젖은 모래와 마른 모래의 결합은 그 자체가 물의 양의 변화에 따른 인과관계에 따른 인지적 경험을 습득하는 것이다. 또한 적절한 촉감의 충동적이면서도 이완된 느낌과 파삭한 촉감의 칼칼하고 매끄러운 촉각을 통한 감정을 경험하여 아동의 전체적 성장을 도모할 수 있다.

이러한 치료적 장점으로 미술치료는 현재까지 계속 연구되고 활용되어 왔다. 미술을 진단과 치료의 도구로 처음 사용한 곳은 20세기 초 정신병원이었다. 초기에 이곳에서는 자유화 속에 나타난 상징성을 통하여 환자 내면의 갈등을 이해함으로써 무의식의 갈등을 의식화시키는 미술치료법을 주로 사용하였다. 그러나 최근에는 환자에게 외부세계와의 접촉을 증가시키고 현실 검증력을 높이는 여러 가지 미술치료법도 함께 활용하고 있다. 이러한 미술치료방법은 정신과 환자 뿐 아니라 교도소 수감자나 일반인을 위한 인성계발 프로그램도 현재 많이 활용되고 있다.

특히 일반학교에 다니고 있는 정상아동들에게도 자아를 충분히 느끼고 표현할 수 있게 한다. 또한 부모로부터 심리적 분리를 촉진시키고 훌륭한 독립된 개체로서 활동할 수 있도록 도울 수 있다. 그러므로 현대에 문제가 되고 있는 의존적이고 수동적인 성격의 유아적 성인이 늘어나지 않도록 할 수 있다.

또한 특수교육 분야에서도 여러 발달이론을 배경으로 한 '발달 미술치료'가 Wood와 Williams를 중심으로 개발되었다. 각 발달단계에 적합한 미술치료 프로그램을 적용함으로써 특수아동의 운동, 인지, 정서능력을 신장시키는 데 도움을 주었다. 또한 언어장애가 있는 아동들에게 시각매체를 사용하여 공간(Space), 분류(Class), 순서(Order) 등의 기본 인지개념을 학습시킬 수 있는 인지적 미술치료도 Sillver에 의해 개발되어 효과적으로 사용되고 있다.

우리나라에서는 정신과와 학교, 사회복지관 및 개인 연구소 등에서 미술치료가 시행되고 있다. 한국미술치료학회(1992)에서 미술치료사를 양성하고 있다.

2) 미술치료의 이론적 기반

미술치료라는 용어는 1961년 Bulletin of Art therapy의 창간호에서 편집자인 Ulman의 논문에서 표현되었다. Ulman은 미술치료는 교육, 재활, 정신치료 등 다양한 분야에서 널리 사용하고 있다. 어떤 영역에서 활동하고 있든지 공통된 의미는 시각예술이라는 수단을 이용하여 인격의 통합 혹은 재통합을 돕기 위한 시도라고 진술하였다.

학자에 따라 여러 가지 의견이 있을 수도 있고 접근 방법이나 적용 대상에 따라 나누기도 한다. 그러나 미술치료는 결국 이미지 표출과정에 있어서 비언어적인 커뮤니케이션 기법으로서 우위를 차지하고 있다. 이 기법을 반복적으로 시행함에 따라 언어적 이미지와 시각적 이미지에서 지금까지 상실, 왜곡, 방어, 억제되어 있는 상황에서 보다 명확한 자기 자신의 세계관을 재발견하여 자기동일화, 자기실현을 꾀하게 된다고 보는 것이다(Wadeson, 1980).

미술치료는 궁극적으로 심신의 어려움을 겪고 있는 사람들을 대상으로 하여 그들의 미술작품을 통해서 그들의 심리를 진단하고 치료하는데 목적이 있다.

미술치료의 발전역사와 더불어 미술치료의 개념도 많은 변화와 발전을 이루어 왔다. E. Ulman은 미술치료의 정의가 미술의 정의에 좌우된다고 하면서 또한 그 정의는 미술과 심리치료의 비율에 따라 다양하게 발전하여 왔다고 설명하였다(E. Ulman 1992). 이는 미술치료가 미술을 통하여 혼돈에서 질서를 유도함으로써 세계와 자아를 발견하고 둘 사이의 관계를 형성, 완전한 창작 과정 안에서 새로운 전체를 이루게 한다는 의미이다.

1950년에 보다 전문적이고 현대적인 의미의 미술치료를 제시한 M. Naumberg의 경우 1940년대 초반에 미술을 분석적이고 역동적인 심리치료의 한 도구로 소개하였다. 미술치료를 정신 분석학 이론에 근거한 심리치료의 기본개념과 밀접한 관련을 지어 설명하였다. 다시 말해서 그녀의 미술치료는 환자의 표현을 통해 무의식의 세계를 방출시키려는데 역점을 두고 '치료적' 관점을 띠고 있다.

나움버그(M. Naumberg)의 미술치료는 아래와 같은 장점을 지닌다.

첫째, 그림이 꿈이나 환상 또는 언어보다 내적인 경험을 보다 직접적으로 표현하도록 한다.

둘째, 무의식적인 표현인 투사는 언어적 표현보다 쉽게 표현될 수 있다.

셋째, 모든 작품들은 영구 보존이 가능하다.

넷째, 전이의 해결이 보다 용이하다.

나움버그의 견해와는 상반되는 이론적 주장을 내세운 E. Kramer는 심리치료에 있어서 미술치료의 독특한 기여도를 정의함에 있어서 '미술'을 더 강조한다. 그는 창작과정에 내재한 미술의 치료적 특성으로 유용성을 다음과 같이 설명하였다. "미술은 몇몇 경험의 대등한 것들을 창조함으로써 인간경험의 폭을 확장하는 도구이다. 그것은 경험들이 마음대로 선택되고, 다양화되고, 반복되는 하나의 영역이다."

창작활동에 있어서 갈등은 재경험되고, 재 해결되고 통합된다. 역사적으로 볼 때, 미술은 개인의 본능적 욕구와 사회적 요구간의 외부적 갈등을 해결함으로써 인간에게 도움을 주었다. 미술치료사는 미술적 창작의 내적 법칙과 양립되는 방법을 사용해야만 한다.

미술치료사의 기본적 기능은 우리가 흔히 '미술이 영향을 미친다(Art is reached)'라고 일컫는 의식과 무의식, 실제와 환상간의 독특한 혼합체인 자아(Ego)에 의해 형성된 합성(Synthesis)과 통합(Integration)의 행동인 승화(Sublimation) 과정을 보조하는 것이다"(Kramer, 1958). 따라서 미술은 정신질환 치료에 특별한 가치를 지니고 있지만, 승화를 구하기 위해 심각하게 손상된 능력들을 스스로 치료할 수는 없다는 입장을 취하였다. 이러한 미술치료에 미친 Kramer의 영향력은 1960년대와 1970년대까지 강하게 남아 있었다.

1970년도에 들어서면서부터 미술치료에 몇 가지 변화가 이루어졌다. 키아코스카는 Kramer의 집단치료 원리를 확장하여 미술치료를 가족간의 역동적 심리관계가 일차적으로 강조되는 가족집단 치료까지 응용시켰다(Ulman, Kramer & Kwiatkowska, 1978). Rhyne(1973) 또한 미술을 '정상적'인 집단에 적용시켜 삶을 풍부하고 폭넓게 하는데 도움이 되도록 하는 원리를 소개하였다. 미술활동을 통해 자신을 표현하고 자기를 자각하며 집단간의 상호작용을 북돋아주도록 하는 것이다. 따라서 미술치료란 인간성이나 삶의 방법에 건전한 변화가 오도록 도와주는 방법으로, 이는 치료실 밖의 실제 상황에서도 전이시킬 수 있는 방법으로 여겨진다.

3) 내용(대상 및 영역별 치료내용)

(1) 진단을 위한 미술치료 프로그램

미술치료는 모든 사람을 대상으로 한다. 아동이든 직장인이든 장애인이든 심리적 갈등과 정서문제를 가진 사람이라면 누구나 미술치료의 대상이 된다. 그렇다면 이런 다양한 사람들을 한 가지 기준으로 설명하거나 단정짓는다는 것은 매우 위험한 일이다. 미술 결과물 하나만을 가지고 '이런 양식의 그림은 이런 아동이다'라고 절대적으로 단정 지을 수 없다는 의미이다. 그래서 진단을 할 때는 그 대상의 연령, 상황, 특성을 고려해야 하며, 언어화시키는 작업이 반드시 필요하다. 이것이 밑바탕이 되어 있을 때 미술치료가 진단을 위해 쓰이게 된다. 그 방법에는 지시적 방법인 투사검사와 일반 재료를 사용한 평가 및 관찰법 등이 있다. 표준화된 투사검사는 집, 나무, 사람 그리기라든가 동적 가족화와 같은 방법이다. 집 그림은 보통 현실 및 가정의 모습을 상징하며 나무는 개인 성장의 변화과정을, 사람 그림은 자아에 대한 것을 반영한다. 동적 가족화는 가족이 무언가 하고 있는 그림을 그려보는 것인데, 가족의 역동성 및 아동이 가족에 대해 가지는 감정을 반영해 준다. 예를 들면 다음과 같다.

10세 남자아동이 그린 동적 가족화로, 가족들간에 경계를 긋고 분리한 것이 있다. 이것은 아동의 고립감과 가족들간에 감정적으로 차단되어 있음을 보여준다. 또 엄마가 들고 있는 청소기는 엄마가 지배적이고 공격적인 성향을 가지고 있음을 상징한다. 동생과 본인은 뒷모습인 채로 각기 쇠창살 난 창문을 보고 있고, 컴퓨터 게임에 몰두하고 있다. 이러한 점에서 이 아동은 가족 가운데서 감정적 교류를 느끼지 못하고 있고, 게임에만 몰두하는 상황임을 알 수 있다.

9세 남자아동이 그림 동적 가족화로, 가족 구성원 중 아기인 동생과 엄마를 포함시키지 않았다. 이것은 흔히 그 존재를 인정하고 싶지 않을 때 나타나는 양식이다. 이 아동은 왼쪽 위에 있는 문안에 동생이 자고 있다고 말하였다. 동생에 대한 갈등과 함께 텔레비전을 향해 리모콘을 들고 있는 아빠는 아동에게 무심하면서도 매우 공격적으로 보인다. 아동 자신은 이런 아빠에게 등을 돌리고 한쪽 벽을 향해 앉아 있다.

이렇듯 그림 한 장에서 우리는 그 가족간의 유대관계를 짐작해볼 수 있다. 하지만 이것은 상징화 능력을 갖춘 아동에게만 적용해볼 수 있다는 한계를 지닌다. 그래서 치료교사는 이러한 투사검사 외에, 아동의 발달정도를 알 수 있는 평가 방법을 사용한다거나 재료에 대한 선호경향, 조작 및 조합능력을 관찰하는 방법을 사용한다.

또 중요하게 관찰되어야 할 부분은 활동과정이다. 예를 들면 그림을 시작하는데 시간이 오래 걸리는지 바로 들어가는지를 본다거나, 무엇부터 그리는가, 무엇을 그릴 때 가장 어려워하는가, 그렸다 지우기를 반복하는?(자신감이 없는 경우도 있지만 양자 감정을 가진 대상인 경우에 해당하는 경우가 많다) 것 등을 본다.

그림을 다 그린 후에는 그림의 크기와 필압, 그림의 위치, 선의 특징을 관찰해야 한다. 그리고 세부 묘사에 집착하는 부분은 없는지, 대칭적으로 그리지는 않는지를 봐야 한다. 보통 화면구성의 경우 그림이 위에 치우쳐져 있으면 공상적이고 이상적이라고 진단한다. 불안정하거나 우울한 경우 하단에 치우치고, 위축되고 과거 지향적이면 좌측 화면을, 미래지향적이며 성공 지향적일 때 우측 화면을 활용한다고 볼 수 있다. 대칭적으로 그림을 그리는 아동은 경직되며 강박적인 성격의 경우가 많고, 그림자가 등장하면 보통 불안이나 갈등상황이라고 판단하는 경우도 있다.

그러나 가장 중요한 것은 아이의 설명과 의도, 느낌을 충분히 듣고 위의 모든 것을 종합적으로 해석해야 하는 것이다. 예를 들어 똑같은 빨강색을 사용하더라도 조화롭게 칠해졌을 때와 이중적으로 칠해졌을 때, 거칠게 표현되었을 때가 모두 해석이 달리 되기 때문이다. 이와 같이 활동 과정과 아동의 설명이 가장 중요한 진단의 근거라고 볼 수 있다.

(2) 치료를 위한 미술치료 프로그램

많은 사람들이 미술치료의 영역 중에서도 특히 미술치료의 프로그램이나 기법들에 대해 궁금해 한다. 그리고 그 프로그램을 사용하면 정말 아동이 변화가 있는가를 알고 싶어한다. 실제로 미술치료에는 다양한 프로그램이 있는 것은 사실이지만 아동의 변화는 어떤 프로그램을 적용했는가 이전에 그 프로그램을 왜 적용했는가의 문제이다.

이 세상의 모든 것이 미술치료의 재료가 될 수 있다. 이것은 미술치료의 프로그램이 셀 수 없이 다양해질 수 있다는 말과 같다. 그래서 미술치료의 기법을 알기 전에 그것이 적용되어야만 하는 목적이 분명해지지 않으면 때에 따라 순발력 있게 프로그램을 제시할 수 없게 된다. 예를 들어 점토활동은 다양한 신체활동으로부터 모양 만들기, 사람 만들기에 이르는 과정까지 활용되는데, 같은 점토를 가지고도 발달단계에 따라, 아동성향에 따라 다르게 적용되며, 얼마든지 응용, 변형되어 시행될 수 있다. 치료 방향이 분명히 제시되어 있다면 치료교사는 그 목적 아래에서 가장 적절한 프로그램을 적용할 수 있게 될 것이다.

① 그러면 미술치료 프로그램은 시기별, 발달 단계별로 어떻게 적용될 수 있을까?

먼저 시기별로 보면 초기에는 관계형성 단계이기 때문에 치료교사와 아동이 친밀감을 형성할 수 있는 프로그램들이 제시되어야 한다. 또 미술에 대한 흥미유발과 재료에 대한 감각을 키워 주어야 한다. 그래서 이 시기에는 보통 애칭을 정하고 그것을 표현해 본다거나, 난화 주고받기 게임, 그림으로 대화하기, 점토활동을 통한 긴장 이완과 감각 활동 등의 프로그램이 사용된다. 이 외에도 자유화법이나 그림 완성하기 등 다양한 프로그램이 있다.

다음 중기에는 표출단계이기 때문에 자아개념과 표현력을 향상시킬 수 있는 프로그램이 제시되는데, 발산이 충분히 이루어질 수 있도록 해야 한다. 이 시기에 많이 사용되는 기법이 신체 본뜨기나 은유적 초상화(자신이나 가족을 동물, 음식, 냄새 등으로 표현), 가면작업(내가 갖고 싶은 얼굴과 버리고 싶은 얼굴 표현 등), 나의 과거, 현재, 미래 표현, 거울보고 자기 그리기, 손 본뜨기를 이용한 장점 표현, 나를 나타내는 잡지 꼴라쥬 등이다.

끝으로 말기에는 자발적이고 적극적인 표현을 유발시키고 현실의식을 높일 수 있는 프로그램이 제시된다. 또한 상호작용을 활발하게 하는 활동이 요구된다. 이 때는 꼴라쥬나 그림 등으로 내가 나에게 바라는 것, 남이 나에게 바라는 것을 표현한다거나 미래 세계에 관한 주제가 나올 수 있다. 종결기에는 변화를 관찰할 수 있는 동굴화나 창문화 등의 자유화 기법을 사용하기도 한다. 전시회를 열어 그 동안 진행되어온 과정을 정리해 보는 시간을 가져보는 것 또한 의미 있을 것이다.

② 아동을 대상으로 하는 미술치료에서 발달 단계는 매우 중요하다. 아동의 현재 발달 수준에 맞는 프로그램을 제시함으로써 아동의 인지 및 정서의 발달을 도울 수 있다.

0세에서 2세 수준의 영아기에는 신체 경험을 통해 다양한 근육지각과 감각수용의 변별을 할 수 있게 할 뿐 아니라 자신에 대한 기본적 의식이 생길 수 있는 프로그램이 제공되어야 한다. 저항이 적은 재료부터 출발하여 자연스럽게 확대되어야 하며 자신의 움직임과 흔적간의 인과관계를 의식할 수 있게 한다. 정서적으로는 치료자와 친밀감을 느끼고 신뢰감을 가질 수 있도록 하여 마음 놓고 탐색할 수 있게 하는 것이 중요하다. 이 때는 물과 흙, 곡식 등을 가지고 할 수 있는 놀이가 좋고 점토활동 및 풀 놀이도 유용하다. 크레용이나 컬러펜을 이용한 선 놀이도 주요한 프로그램 중의 하나가 된다.

2세에서 6세 수준의 유아는 자신과 사물의 변별, 상징화 능력의 발달, 자율성의 발달 등을 목표하는 시기이다. 명확한 개념을 심어주기 위해 모방놀이와 연상놀이가 들어가 줄 시기인 것이다. 이 시기의 유아는 정서의 기복이 심하고 조절력이 약하다. 자신과 주변에 대한 인식을 가지게끔 신체의식 프로그램과 주변 탐색 프로그램이 적용된다. 그래서 이 때는 사물 찍기나 꼴라쥬 기법과 같은 활동이 유용하다.

7세에서 12세에 해당하는 아동기는 집단의식을 발달시키는 것이 가장 중요한 과제이다. 다른 사람의 감정에 관심을 가지며 자기 통제력을 발달시키고, 선택하고 결합할 수 있는 능력을 길러야 하는 시기인 것이다. 이들에게는 집단 미술치료의 프로그램이 유용하게 쓰일 수 있다. 집단 프로그램에는 공동 화지에 다 같이 협동화 그리기, 색물총 놀이, 돌려 그리기, 얼굴그림 그려주기, 데깔꼬마니 합쳐 구성하기 등 다양한 프로그램이 해당된다.

미술치료는 기법을 가르치는 영역이 아니다. 프로그램은 일부일 뿐 전부가 아니며, 프로그램만으로는 미술치료가 이루어질 수 없다. 때문에 프로그램에 대한 철학과 이해 없이 아동에게 적용될 때 이것은 약이 아니라 독이 될 수도 있는 것이다.

〈표 10-3〉 미술치료프로그램 내용의 예

단계	회기	과제(프로그램)	내용	기대효과
초기 단계	1~ 12 회기	자유화, 꼴라쥬, 색종이오려꾸미기, 공굴려 표현하기, 끈놀이, 난화	자유롭게 재료를 탐색할 수 있는 기회와 치료 환경에 대한 적응 치료자와의 친밀감형성을 위한 프로그램 발달단계에 맞춘 간단한 놀이적 접근	친밀감 형성 및 재료에 대한 이해
중기 단계	13~ 50 회기	자유화, 난화, 찰흙놀이 거울보고 그리기, 꼴라쥬, 풀그림 데칼코마니, 바디페인팅, 물총놀이,	소근육 미 발달로 인한 자기조절의 한계를 많은 자극과 자유로운 표현으로 자신감을 갖게 하고, 손발 인체부위를 직접 표현할 경험과 자기인식의 기회 제공	눈손 협응 소근육 강화 자기인식하기 기초적 재료 이해하기 표현기초익히기 상호작용하기

단계	회기	과제(프로그램)	내용	기대효과
		비누방울 그림 불기, 찍기, 판화, 연필화 크레파스자유화 치료자와 함께 그리기 포스터칼라 표현 매직으로 꾸미기. 상상화, 손바닥찍기 공동벽화 꾸미기	치료자와의 상호작용을 통하여 지지자로 발달에 도움이 되도록 원조. 여러 가지 흥미 있는 자극을 통하여 정서적으로 충분한 만족과 즐거움을 경험할 수 있도록 기회를 제공하여 자발적인 접근 지원. 눈손협응력 작업으로 집중력 강화 심리상태 파악 및 상호이해증진의 기회 (그룹활동의 경험) 긍정적 자기신체 이미지 형성	상상력 자극 인지적 접근에 의한 표현익히기 자신감 고취 자유표현력 개발 자아성장 긴장이완과 감정순화
후기	51~ 60 회기	잡지오려 꾸미기 연필로그리기 싸인펜화 찰흙놀이 크레파스화	기본조형능력 강화를 위한 자료제공과 격려에 의한 자발적인 표현의 기회 다양한 표현 경험 반복에 의한 강화	사실적 접근 인지발달자극 자기 통제 조절력강화하기 모방에 의한 표현력 자극

4) 아동그림의 발달단계

다음은 로웬펠드(Lowenfeld, 1957)의 미술발달단계를 소개하겠다.

(1) 난화기(Scribble, 2~4세)

난화기는 무질서한 직선과 곡선을 포함한 다양한 선을 끄적거리는 시기이다. 난화기의 후반에 자기가 그린 그림에 이름을 붙이기 시작하며 의도적으로 자기 주변의 인물이나 사물에 대한 상을 형성하기 시작한다. 그러나 색을 의식적으로 사용하지는 않는다.

(2) 전도식기(Preschemetic, 4~6세)

난화기에 비해 형태 표현이 정확해지기는 하지만 아직은 미숙한 수준이다. 자기에게 흥미있는 것을 반복해서 그리며 한정된 개념을 발달시킨다. 사람을 표현하는 기본형태가 나타난다.

(3) 도식기(Schematic, 7~9세)

도식이란 아동이 반복해서 같은 모양을 그리는 것을 말한다. 아동은 경험에 따라 주요한 부분을 표현하고 그렇지 않은 부분은 축소하거나 생략하는 경향이 있다. 사용되는 색도 그 사물과 관련된 색을 쓰기 시작한다.

(4) 형태적사실기(Grealism, 9~11세)

아동의 그림은 고정된 도식의 표현에서 벗어나 다른 표현방법을 모색하고 사물과 환경에서의 미묘한 차이를 인식하고 표현하게 된다. 사물의 표현이 더 객관적이고 세밀화된다. 그리고 자신의 경험에 따라 색을 사용한다.

(5) 의사실기(The Pseudorealistic stage, 11~13세)

이 시기의 아동은 사람의 형태와 주변환경에 대해 더 비판적인 인식을 가지게 된다. 따라서 대상의 세부적인 표현이 증가하며 미적표현에 있어서도 정교함이 증가한다. 즉, 객관적인 사실과 어긋나지 않게 자신의 주관적인 감정을 드러내며 색칠한다.

(6) 결정기(Decision, 청소년기)

표현이 더욱 복잡하고 정교해진다. 환경을 창의적으로 받아들이며 여러 가지 표현유형이 나타나기도 한다. 아동에 따라 그림그리기를 계속하지 않거나 지지받지 못한 경우 이 단계에 도달하지 못한다.

6) 미술치료의 실제

(1) 매체

회화재료: 연필, 색연필, 색사인펜, 크레용, 파스텔, 그림물감 등
조소재료: 찰흙, 색찰흙, 지점토, 밀가루반죽 등
공예재료: 신문, 잡지, 천, 리본, 곡식알갱이, 색노끈

(2) 미술치료의 과정(강승아, 2000)

① **도입**: 서로 친밀해지면서 편안한 분위기를 조성한다.

② **활동**: 내담자가 적극적으로 작업에 들어간 단계로서 내담자가 활동자체에 몰입하여 깊은 경험을 할 수 있도록 불필요한 대화를 하지 않는다.

③ **토론**: 이 과정에서 치료자와 내담자, 내담자와 작품사이에 상호작용이 일어나는데 관계가 신뢰롭고 안정되어 있을수록 작품 안에서 더 많은 정보와 느낌을 가질 수 있다.

(3) 미술치료의 기법

오영희・박창옥(2006)에 의하면 아래와 같다.

① 인물화 검사

아동에게 사람을 그리게 하는데 검사를 위한 지시로는 "한명의 사람을 그리세요", 그 다음은 "다른 성을 가진 사람을 그리세요."라고 한다, 시간제한은 없으며 그림을 그리는데 아동을 격려해줄 필요가 있다.

② 집나무사람검사

세장의 종이를 준비해 두고 아동에게 각각의 종이에 집, 나무, 사람을 그리게 한다. 먼저 집을 그리고 다음은 나무를 그리며 마지막으로 사람을 그리게 한다. 그리는 순서는 반드시 집-나무--사람의 차례로 그

린다.

③ 가족화(Draw a family)와 동적가족화(Kinetic Family Drawing)

가족화와 동적가족화는 지시가 다르며 후자가 더 역동성파악에 좋다. 동적 가족화는 "당신의 가족모두가 무엇인가를 하고 있는 그림을 그려 보세요."라고 지시하여 그린 후에 각 인물상이 누구인가, 연령, 무엇을 하고 있는가를 질문한다.

④ 학교생활그림그리기(Kinetic School Drawing: KSD)

학교생활그림은 아동의 학교생활을 파악하는데 좋으며 치료에도 활용하고 가족화와 함께 받아보면 아동생활전체를 이해하는데 도움이 된다. 교사, 친구, 본인을 포함해서 그리게 한다. 대부분의 아동은 생활에 대한 그림을 거부하는 경향이 적다.

⑤ 자기 감정을 그림으로 그리기

전통적인 미술치료의 주제이다. 감정을 표현하도록 하되 가능한 내담자가 자유롭게 표현하도록 지시는 최소화한다. 구체적인 대상을 그려도 되고 추상적으로 표현해도 된다. "자신의 감정이나 느낌을 그림을 통해 표현하세요."라고 지시한다.

⑥ 손과 신체본뜨기

자기의 손을 도화지에 놓고 본을 떠서 각 손가락에 자기가 하고 싶은 말을 적어 표현하게 한다. 신체 본뜨기는 큰 종이를 벽에 붙여놓고 아동의 신체와 같은 크기로 본을 떠준 후에 스스로 장식하게 한다. 이러한 활동으로 긍정적인 신체 이미지나 자아존중감을 갖게 할 수 있다.

⑦ 난화그리기

상담자와 내담자가 각기 서로 제시해준 난화에 이미지를 찾아 형상을 그리고 서로 이야기를 만들어 나간다. 이 때 난화에서 이끌어낸 심상의 형성이 치료에 중요한 의미를 지닌다.

⑧ 자유화와 주제화의 제시

자유화는 아동이 미술재료와 방법을 스스로 결정하여 그리게 하는 것으로 진단과 치료에 모두 활용한다.

⑨ 꿈그리기

말로 표현하는 것보다 그림으로 자기 의사를 잘 전달할 수 있는 아동의 경우에는 꿈을 그리게 할 수 있다. 꿈을 그리게 함으로써 악몽을 통한 경험을 명료화하고 이야기를 함으로써 꿈에서 상징화된 분노와 충동들을 잘 이해하도록 도울 수 있다.

⑩ 콜라쥬로 표현하기

이 기법은 미술과정에 대한 부담을 줄이고 미술과정에 몰입하도록 해준다.

⑪ 풍경구성하기

풍경구성법은 도화지에 강, 산, 밭, 길, 집, 나무, 사람, 꽃, 동물, 돌, 첨가하고 싶은 것을 순서대로 그려넣게 하고 하나의 풍경이 되도록 채색한 다음 그것에 대해서 여러 가지의 관계에 대해서 이야기한다.

⑫ 협동화 및 그림대화하기

가족이나 소집단들이 크레용을 한 개씩 쥐고 한 장의 종이에 함께 그림을 그리게 한다. 그림대화는 치료자와 내담자가 비언어적으로 상호 역할을 교환해 가면서 실시함으로써 편안한 가운데 자기 감정을 나타내고 상대의 감정을 이해하는 훈련을 할 수 있다.

⑬ 동그라미 기법

동그라미를 도화지에 미리 그려주고 그림을 그리게 하는 방법이다. 동그라미를 그린 후 그 안에 점을 하나 찍어주어 표현을 촉진할 수 있다.

(3) 아동그림 해석

다음에는 여러 가지 그림의 요소들이 무엇을 의미하는지 알아본다.

이것은 신민섭(2002)·주리애(2000) 등이 제시한 해석지침을 소개한다.

① 그림의 크기

종이크기의 2/3 정도에 그려진 그림은 아동이 자신에 대해 적절하게 느끼며 건강한 것을 나타낸다. 그림을 지나치게 그려 도화지를 넘쳐 색칠하는 경우는 공격성이나 충동조절에 문제가 있다. 그리고 그림이 종이의 크기의 1/3 이하인 경우 열등감, 부적절감이 있거나 자신감이 부족함을 나타낸다.

② 그림의 위치

그림의 위치는 만일 그림의 사용공간이 2/3 이상인 경우는 중요한 문제가 아니다. 그림이 종이 한가운데 그려진 것은 정상적인 것이고 오른쪽에 치우친 것은 아동이 안정되어 있고 행동통제를 잘하며 지적인 만족감을 선호하는 경향을 나타낸다. 왼쪽에 치우친 것은 충동적으로 행동하려는 경향성, 욕구와 충동의 즉각적인 만족을 추구하려는 경향성, 변화에 대한 욕구, 외향성 등을 반영할 수 있다. 아래쪽에 치우친 것은 종종 우울감, 불안정감을 나타내기도 하며 외부의 지지를 필요로 한다. 위쪽에 치우친 것은 자신의 침체를 숨기려고 하거나 생각이 불안정한 것을 나타낸다.

③ 대상의 크기

주요대상의 크기는 자아강도와 중요도를 나타낸다. 지나치게 크게 그린 경우는 충동통제가 잘 안되고 멋대로 구는 경향을 나타낸다. 지나치게 작게 그려진 경우는 열등감이나 부적절감, 불안감, 낮은 자존감과 과도한 방어기제, 자기만의 세계에 함몰, 우울, 퇴행, 의존적인 태도를 나타낸다.

④ 필압

필압이 일관되면 이는 정상적이고 안정적인 반응이다. 지나치게 자주 변하는 필압은 산만한 성격, 긴장, 불안장애가 있는 경우에 보인다. 강한 필압은 긴장, 고양된 기분, 공격적, 자기주장적, 반항적인 경우이며 간혹 심한 스트레스로 위축, 불안한 경우를 나타낸다. 미약한 필압은 소심, 겁을 먹은 경우, 우유부단함, 우울, 기분이 가라앉은 경우, 의지상실 등을 나타낸다.

⑤ 선

선을 단번에 길게 그린 경우는 태도가 단호하며 주장이 강하거나 실패를 두려워하지 않는다는 것을 보여준다. 선이 연결되지 않는 경우는 현실접촉의 문제, 정신지체나 기질적 손상으로 인한 정신질병을 고려해야한다. 선이 불분명한 경우는 자신감이 없거나 불안한 상태를 나타낸다. 스케치하듯이 짧은 선이 반복되어 긴 선을 그린 경우는 소심함이나 불안정성, 정확한 것에 대한 지나친 욕구, 자신감의 결핍 등을 나타낸다.

⑥ 왜곡이나 생략

아동에게 왜곡이나 생략은 정상적인 것으로 간주되며 특히 그림의 발달단계에서 자연스럽게 나타나는 것이다. 그러나 지나친 강조로 인한 왜곡이나 상대적으로 과격한 생략은 특히 신체적 학대나 성적학대로 인한 외상 후 스트레스장애를 앓고 있는 아동이 그린 그림에서 발견된다.

⑦ 반복

반복된 그림은 의미가 있다. 주제가 반복되면 반복해서 그려지는 대상이나 상황묘사 등에 관심을 기울여야한다. 색이나 수가 반복되었다면 그러한 반복이 그 사람의 그림 스타일 혹은 도식일 가능성과 반복된 색이나 수가 그 사람에게 특별한 상징적 의미를 가졌을 가능성을 생각할 수 있다(이숙 외, 2004).

제 11 장

아동을 대상으로 한 심리치료 프로그램

1. 취학 전후기의 언어적, 사회적 문제행동을 가진 아동 소집단(6명)인지학습프로그램

대상아동 : 연장아 그룹(8세 이상 아동 1, 2, 3), 연소아 그룹(7세 이하 아동 4, 5, 6)

〈표 11-1〉 프로그램 : 아동 개인별 과제

	아동 1	아동 2	아동 3
1회	덧셈	그림책, 시계	융판붙이기, 카드읽기
2회	덧셈 뺄셈	발음지도, 읽기, 쓰기	뺄셈덧셈
3회	그림맞추기	발음지도	책읽기
4회	덧셈	숫자공부	덧셈
5회	그림카드보고 글씨카드찾기	발음지도	질문에 답하기
6회		발음지도, 그림변별	단어카드읽기, 글씨쓰기
7회		줄긋기	관계있는 것 줄긋기
8회	덧셈	숫자공부	산수뺄셈

	아동 4	아동 5	아동 6
1회	모양판끼워넣기	모양판끼워넣기 그림카드알아맞추기	모양판끼워넣기
2회		색변별(노랑초록검정)	색변별
3회		줄긋기	소리나는 그림책 누르기
4회	색변별	숫자읽기	아이우에오 카드보고소리듣기
5회	과일모양찾기	단어읽고 그림찾기	탁구공바람개비불기
6회	그림카드변별	글씨읽고 그림찾기	그림 단어카드변별
7회	줄긋기	줄긋기	관계있는 것 줄긋기
8회	세모네모 크기변별	세모네모 대소크기변별	노랑빨강 색변별

2. 구음장애와 사회적 상호작용 자발의 결여 5세 여아 개별언어지도 프로그램

〈표 11-2〉 발음지도의 단계

단계 1 : 아, 이, 우, 에, 오의 발음연습을 시킨다.
단계 2 : 혀를 앞으로 내밀고, 넣고, 올리는 등 혀 운동을 한다.
단계 3 : 안의 혀를 올린채로 '쿠-'의 음을 길게 낸다.
단계 4 : 안의 혀를 올린채로 '쿠-'의 음을 짧게 낸다.
단계 5 : 소리를 내고 입을 조금 벌려서 짧게 '카아'라고 소리를 내게 한다.
단계 6 : 입을 조금 연고 '카-' 음을 낸다.
단계 7 : 입을 열고 안의 혀를 올려 짧게 '카'라고 한다.
단계 8 : '카'라고 크게 말한다.
단계 9 : 힘을 들이지 않고 짧게 '카'라고 한다.

3. 언어와 사회적행동에 문제를 가진 3, 4, 5세 아동 개별지도 및 소집단지도 프로그램

〈표 11-3〉 대상아동

	아동 ①	아동 ②	아동 ③	아동 ④	아동 ⑤
나이	3년 8개월	5년 6개월	5년 3개월	5년 11개월	5년 4개월
주된 증세 및 부모의 희망	말이 늦고 행동이 과격함	과다행동증 모자분리의 어려움 울고 고함지름. 표현 언어 늦음. 아이들과 어울리도록	사회성교육 학교입학하여 보통으로 아이들과 어울릴 수 있도록	집중력 낮음 주의산만, 고집이 세고, 혼자 노는 것을 좋아함. 부끄러움이 없음. 대근육운동발달 미비	어려운 요구어는 못알아 듣고 두 번째 물었을 때 엉뚱한 이야기를 함. 발음이 정확하지 않음.

〈표 11-4〉 개별지도 프로그램

비 고	초기 (제1회~2회)	중기 (3회~6회, 7회~10회)	종반기 (11회~12회)
자유놀이 장면	자유놀이	자유놀이	자유놀이
	인사하기, 출석	인사하기, 출석	인사하기, 출석
	음률활동		
교사 대 아동 1 대 1활동 부모 대 아동 1 대 1 활동	부모자녀활동	개별지도 부모자녀활동	개별지도
유아소그룹	소그룹활동	소그룹활동	소그룹활동
교사 대 아동 1 대 1 활동	개별지도		
휴식	간식	간식	간식
	인사 및 종료	인사 및 종료	인사 및 종료

〈표 11-5〉 소그룹지도 프로그램

횟수	소집단활동	내 용	단 계
1회(3/7))	손놀이 및 풍선놀이	풍선을 떨어지지 않게 하기	초기
2회(3/17)	음률	"즐겁게 춤을 추다가" 율동	초기
3회(3/23)	공던져 맞추기	볼링게임	중기
4회(4/4)	공던져 맞추기	볼링게임	중기
5회(4/7)	장애물통과하여 공던져 맞추기	장애물, 볼링	종반기

4. ADHD 7세 남아의 과잉행동 및 개별 언어행동지도 프로그램

〈표 11-6〉 지도일정 및 지도내용

	회	기 간	내 용
기초선 설 정 단 계 (1~3회)	1회	96. 9. 11	자유 놀이 활동
	2회	96. 9. 18	그림 진단(자신의 모습 그리기) 글자 진단(읽고 쓰기)
	3회	96. 9. 25	음률 활동(머리, 어깨, 무릎 발 - 신체부위명을 알고 있는지를 진단), 비밀 주머니를 이용하여 사물의 이름을 명명할 수 있는지를 진단, 글자 카드를 통하여 문장을 배열할 수 있는지를 진단한다.
1단계 (4회~13회) 행동 및 언어지도	4회	96. 10. 2	음률 활동(호키 포키 - 오른쪽 왼쪽 구별하기)비밀 상자를 통해 자신이 느끼는 촉각을 말하고 관련된 카드를 선택하기.
	5회	96. 10. 16	CAT아동용 회화 통각 검사실시
	6회	96. 10. 26	제시된 동물 카드를 보고 동물의 이름 명명하기, 동물 사진과 동물 그림자 카드 짝짓기
	7회	96. 10. 30	비슷한 동물들을 변별하고 바르게 명명하기, 같은 동물 선긋기, 원색과 혼합 색의 기초 개념 알기(셀로판지 겹쳐보기)
	8회	96. 11. 6	음률활동(싱글 벙글- 동작 모방, 가사가 지

	회	기 간	내 용
			시하는 행동을 자발적으로 수행 미술활동 (야채 판화 - 야채의 이름과 색깔을 명명)
	9회	96. 11.13	과학활동(통하면 움직여요 - 전지가 통하는 물체와 통하지 않는 물체를 명명하고 분류하기) '차갑다'와 '뜨겁다'를 명명하고 분류하기
	10회	96. 11. 20	'딱딱하다'와 '물렁하다'를 명명하고 분류하기, 주사위 게임(규칙에 맞게 놀이하기)
	11회	96. 11. 20	지점토 활동(힘의 강약조절) '짝 맞추기 활동'(유목화 하기)
	12회	96. 11. 27	학습 준비도 검사
	13회	96. 12. 4	KEDI-WISC 검사
2단계 (14회~19회) 일반화	14회	96. 2. 28	그림을 보고 상황에 맞는 말을 하도록 한다.(이야기 나누기)
	15회	97. 1. 15	그림을 보고 상황에 맞는 말을 하도록 한다.(이야기 나누기)
	16회	97. 1. 22	그림을 보고 상황에 맞는 말을 하도록 한다.(이야기 나누기)
	17회	97. 1. 29	교사 교체, 동물 그림자 보고 이야기 나누기, 같은 동물 선긋기
	18회	97. 2. 5	장면 변경(아동의 집-색종이 접기, 그림 퍼즐 맞추기)
	19회	97. 2. 12	장면 변경(공원)

5. 8세 여아(초등 2년)의 반사회적행동(경증의 거짓말 및 도벽) 및 정서행동지도를 위한 개별지도 프로그램

〈표 11-7〉 활동Ⅰ과 활동 Ⅱ의 내용

횟수(일)	활동Ⅰ과 활동Ⅱ	기타
제1회(5/12)	어머니 아동내담	(첫회면담)
제2회(5/19)	종이접기, 작품이야기하기	도입기
제3회(5/26)	실그림(미술)	도입기
제4회(6/2)	거짓말검사 도덕판단검사	중반기 아동의 행동기록표도입 (Self monitoring) (Parent enhancement therapy)
제5회(6/9) 제6회(6/16), 제7회(6/23)	지능검사(Binet 지능검사) 제7회(6/23): 구슬꿰기	중반기
제8회(6/30)	표정그리기, 이야기꾸미기	종반기
제9회(7/28)	연상하여 말하기, 비닐 물고기 만들기	추후활동 (1개월후)

6. 4～5세, 7～9세 발달지체 남아소그룹의 어머니 자녀 상호작용 발달증진 프로그램

〈표 11-8〉 대상아동

	남 1 (5세)	여 1 (5세)	여 2 (4세)	남 2 (4세)	남 3 (5세)	여 3 (5세)
지능 검사	107 binet	측정불가 wisc	106binet	측정불가 wisc	측정불가 CAT	104binet
진단	받은 적 없음	MRI결과 발달이 늦음. 97.8.발달 지체로 진단. 적응력이 늦음. 장기간 해외생활	받은 적 없음	언어 발달 늦고, 24개월: 소아정신 과'반응성 애착장애' 진단	받은 적 없음	받은 적 없음

	남 4(7세)	남 5(11세)	남 6(9세)
진단	98년4 월 B병원. 정신지체판명	6세 때 언어치료소 : 이상 없음. 조모와 살다가 6년 전 분가	5세에 병원에서 발달이 늦다는 진단

〈표 11-9〉 프로그램 : 상담실 장면에서의 모자 상호작용 지도과제

	유아반(오전 11시~12시30분)	초등반(1시30분~3시)
제1회	차유놀이	자유놀이
제2회	그림카드	이야기 꾸미기
제3회	색안경만들기	달의 변화
제4회	도형 그리기(세모, 네모)	얼굴표정그리기
제5회	짝지어지는 그림 잇기	명칭을 생각하여 말하기
제6회	빠진 그림붙이기	그림을 상상하여 말하기
제7회	그림자 그림 붙이기	그림을 상상하여 말하기
제8회	사람옷입히기	그림을 넷으로 자르기
제9회	그림보고이야기하기	표지판 그림이야기하기

7. 3세 남아의 어휘력 증가를 위한 놀이 활동 프로그램

횟수	단기목표	활동 1 지도방법(10분)	활동 2 지도방법(15분)	활동 3
1 (10/6)		자유 선택 놀이 활동	자유놀이	
2 (10/13)	대소근육운동을 자유롭게 표현할 수 있다. 들어갈 때 신발을 벗는다.	전화놀이 (전화기를 손에 쥐어 주고 전화기라 알려주고 여보세요 라고 한다.)	칼라 찰흙 (밀고 길게 뽑아내고 치고 찌르고 당겨서 분리시키는 모습을 보여준다.)	텔레토비 음악에 맞추어서 박수를 치고 웃는 표정을 짓는다.
3 (10/20)	대소근육운동을 자유롭게 표현한다. 그림물감으로 미술활동을 한다.	공놀이 (돌아가는 공 : 원으로 둘러 앉아 적당한 간격으로 공을 돌려준다.)	손수건 먼저 집기 (둘씩 짝지어 앉아서 손수건 둘 사이에 두고 손뼉을 치다가 신호소리에 손수건을 집는다.)	재미있는 물들이기

횟수	단기목표	활동 1 지도방법(10분)	활동 2 지도방법(15분)	활동 3
4 (10/27)	대,소근육을 자유롭게 표현하기, 미술활동	크레파스그림	피아노 놀이	
5 (11/3)	배, 강아지라고 말한다.	자석놀이 (바구니속에 붙는 물건과 붙지 않는 물건을 섞어두고 바구니 속의 물건을 꺼내어 자석으로 붙여보게 한다.)	색종이접기 (배접기와 강아지접기를 한다. 보여주고 따라 말하게 한다.)	둥글게 둥글게 (손동작)
6 (11/10)	흙으로 다양한 모양을 만든다.	뜨는 것과 가라앉는 것 (그릇에 물을 담아두고 물에 뜨는 물건과 가라앉는 물건을 구별한다.)	찰흙만들기 (동물 사람을 만든다.)	눈은 어디 있나? 여기 (손동작)
7 (11/17)	동물의 소리를 듣고 변별하기	종이 떼어내기 (얼굴에다 종이를 붙인후 이마에 붙이고 손을 뒤로하고 종이로 떼낸다.)	동물소리듣고 알아 맞추기 (녹음테이프에서 동물소리를 듣고 그림카드에서 동물을 찾아낸다.)	둥글게둥글게 손뼉
8 (11/24)	손가락협응 능력 기르기	방안의 물건찾아내기 (방안에 그릇을 두고 이야기하게 한다.)	핑거페인트 (두손을 사용하여 무늬를 만든다.)	사과같은 내얼굴 (손동작)
9 (12/1)	동물의 이름과 특징 알기	동물이름 알아맞히기 (그림카드나 사진을 보여주고 이름을 맞추기)	공놀이 (루프를 잡고 공을 차면서 반환점으로 돌아온다.)	
10 (12/17)	단추의 크기와 모양변별	단추를 이용한 그림 본뜨기	탁구공던지기 (경계선에서 탁구공을 던져 타이어 안에 넣는다.	통통통 (노래부르기)

횟수	단기목표	활동 1 지도방법(10분)	활동 2 지도방법(15분)	활동 3
11 (2000/2)	사후검사 (아동의 집)	숫자 맞추기, 동물 그림카드		
12 (2000/2)	사후검사 (아동의 집)	숫자맞추기, 촛불끄기		

8. 5세 발달장애 여아의 어휘력 증가를 위한 놀이 활동 프로그램

횟수	단기목표	놀이활동1(신체활동)	놀이활동	놀이활동 3
1 (9/17)	레포형성	소리듣고 동물소리 따라하기, 소꿉놀이	구연동화 (인형사용)	신체활동 손놀이
2 (10/1)	손동작	손놀이	미술활동(물감 사용, 종이에 찍기)	역할놀이 (간호사병원 놀이)
3 (10/8)	소근육발달 물건구입개념	손놀이율동	역할놀이 (시장놀이) '주세요' 하는 말 연습하기	밀가루 반죽놀이
4 (10/15)	소근육발달 물건구입 개념익히기	음악에 맞춘 토끼뜀뛰기	시장놀이(물건 구입 표현)	미술활동 밀가루 반죽놀이
5 (10/29)	소근육발달 물건사는 개념익히기 역할이해 수용하기	손놀이	역할놀이 (시장놀이, 소꿉놀이)	미술활동
6 (11/5)	대근육, 소근육발달 자기얼굴인식 하기 모든상황에 적응하기	손놀이 (신체활동과 뜀뛰기) 리본막대놀이		거울을 보고 인식한 뒤 자신을 그린다.

횟수	단기목표	놀이활동1(신체활동)	놀이활동	놀이활동 3
7 (11/12)	소근육발달, 자기얼굴인식 하기	신체활동(거울을 보며 인식하고 다양한 표정을 짓는다)		실그림 (물감)
8 (11/19)	소근육발달 얼굴인식하기 크기비교, 수세기 물질의성질 알기	(신체활동,수교육) 거울을 보고 인식하고, 얼굴만들기 크기비교(귤사용)		초와 물감으로 그림그리기
9 (11/16)	소근육, 수개념학습, 성취감느끼기, 눈과 손의 협응력	수교육 (분홍탑 쌓기, 대소크기비교, 수세기)		모자 접기
10 (12/3)	소근육발달, 크기비교, 성취감, 눈과손의 협응력	이야기나누기 (숨은그림 찾기)	수교육 (크기순서)	지점토로 병만들기
11 (12/14)	소근육발달 성취감 눈과 손의 협응력기르기	이야기나누기(숨은그 림찾기)	수교육 (직조하기) 종이를 가지고 직조하기	미술 (작게 자른 빨대를 실에 끼워 목걸이 만들기)
12 (12/21)	소근육발달 성취감느끼기 눈과 손의 협응력기르기	이야기나누기 (그림보고 자기의 경험이야기하기)		미술 (물감으로 색칠하기)

9. 반구조적 접근법에 의한 6, 7세 아동소그룹의 사회성 발달 놀이지도 프로그램

〈표 11-10〉 대상아동의 개인적 특성

	아동A남아(만7세, 지능100)	아동B여아(만7세, 지능 115)	아동C남아(만6세, 지능 95)
치료교육 전 일반적 행동특성	· 겁이 많고 소극적 · 예민하고 짜증이 잦으며 · 공격적, 눈을 깜빡거림 · 주의 산만, 의기소침	· 친구관계가 원만하지 못함 · 튀는 행동을 함 · 다른 사람을 귀찮게 함 · 다른 사람에게 인정받고 싶어서 과장된 행동을 함	· 운동을 싫어함 · 산만함 · 친구들과 어울려 놀기가 안됨 · 어휘와 표현력이 부족함 · 글씨 쓰고 계산능력 빠름 · 책을 읽지 않으려 함 · 그림 그리기 좋아함

〈표 11-11〉 프로그램

기간	지도내용	
	활동Ⅰ	활동Ⅱ
제1회	자유놀이	
제2회	자기 자신 그림 그리기	'나처럼 해봐라'노래에 맞춰 신체표현하기
제3회	음악 듣고 그림 그리기	줄넘기 놀이
제4회	물감 불어 그림 그리기	음악을 통한 신체표현(리본막대, 훌라우프)
제5회	좋아하는 그림 그리기	숫자 따라가기
제6회	비언어적, 언어적 협동화 그리기	지시어 따르기
제7회	찰흙으로 싫은 친구 만들기	윷놀이

기간	지도내용	
	활동 I	활동 II
제8회	내가 좋아하는 친구 9명에게 주고 싶은 선물 그리기	여러 가지 블록으로 만들기 (협동작업)
제9회	색물감 물총으로 협동화 그리기	공 나르기
제10회	분할 그림 그리기	퍼즐 맞추기
제11회	고리 만들기	고리 던지기
제12회	공을 활용한 선 그림 그리기	역할놀이(가정생활)
제13회	나 자신을 광고하는 광조기 콜라주 만들기	블록으로 문장 만들기
제14회	크리스마스 카드 만들기	미니 올림픽
추 후 활 동		
제15회	물고기 모빌 만들기(협동작업)	자리 찾아가기

10. 놀이지도 소집단 상담장면에서의 초등 2, 3학년 아동의 사회성 개발

아동 1(초등학교 2학년 재학, 남아, WISC 지능검사 98)

아동 2(초등학교 3학년 재학, 남아, Binet 지능검사 112)

〈표 11-12〉 만 7, 8세 아동의 소그룹 활동 내용

횟수	활동 1	활동 2
3	이럴때 나는 상황에 따른 자기 생각말하기	블록쌓기
4	소금 파스텔	고리던지기
5	내가 커서 하고 싶은 것 말하기	볼링

횟수	활동 1	활동 2
6	자기가족 말하기	고리던지기
7	함께 활동하는 친구에 대해서 말하기	주사위게임
8	학교친구에 대해서 말하기	지시어 따라하기
9	그림보고 틀린 곳 찾아서 말하기	신문지에 발을 넣고 걸어가 고리 던지기
10	풍선에 친구 얼굴 그리기	사방치기

11. 인지적 · 메타 인지적 전략 교수법에 의한 초등학생 (초등 1, 3, 4학년)의 수학문제해결력지도 프로그램

1) 대상아동 : A여아(초등 1년, 7세) B남아(초등 3년, 8세) C남아 (초등 4년, 9세)

2) 프로그램 : 〈표 11-13〉, 〈표11-14〉, 〈표11-15〉

〈표 11-13〉 7세 학습장애 여아 A의 학습지도 목표와 내용

횟수	단계	목표	내용
1	기초선	· 레포를 형성한다.	
2	기초선	· 기초선을 설정한다.	
3	1	· 10개인 구체물(바둑알)을 둘로 가른다.	· 구체물을 조작하여 10을 나누고 해당하는 수를 적는다. · 합이 10이 되게 ○를 그려 넣고 덧셈식을 완성한다. · 두 수의 합이 10이 되도록 가수를 구한다.

횟수	단계	목표	내용
4	1	· 10을 두 수로 가를 수 있다. · 두 수의 합이 10이 되는 덧셈을 할 수 있다.	· 수직선에서 덧셈식의 가수를 구하기 · 두 수의 합이 10이 되는 덧셈하기 (ex. 8+□=10)
5	2	· 두 수의 합이 10이 되는 덧셈을 할 수 있다. · 더해서 10이하가 되는 한자리수와 한자리수의 덧셈을 할 수 있다.	· 덧셈식으로 나타내기 (ex. 3+2=□, 3더하기 2는□와 같습니다.) · 덧셈하기(ex. 4+4=□)
6	2	· 더해서 10이하가 되는 한자리수와 한자리수의 덧셈을 할 수 있다.	· 덧셈하기(ex. 3+5=□)
7	2	· 더해서 10이하가 되는 한자리수와 한자리수의 덧셈을 할 수 있다.	· 덧셈하기(ex. 4+2=□)
8	2	· 더해서 10 이하가 되는 한자리수와 한자리수의 덧셈을 할 수 있다.	· 덧셈하기(ex. 5+4=□)
9	3	· 그림을 보고 뺄셈식으로 나타낼 수 있다.	· ex. ●●● ○→□-□
10	4	· 그림을 보고 뺄셈식으로 나타낼 수 있다. · 한 자리수끼리의 뺄셈을 할 수 있다.	· ●●●●□-□=□ ●●● □빼기 □는 □와 같습니다. · ex. 9-4=□
11	4	· 한 자리수끼리의 뺄셈을 할 수 있다.	· ex. 9-4=□
12	4	· 한 자리수끼리의 뺄셈을 할 수 있다.	· ex. 9-4=□ · 9 -4
13	4	· 한 자리수끼리의 뺄셈을 할 수 있다.	· ex. 10-6=□
14	5	· 한 자리수끼리의 뺄셈을 할 수 있다. · 10에서 빼는 뺄셈식에서 빼는 수찾기를 할 수 있다.	· ex. 10-5=□ · ex. 10-□=4
15	5	· 10에서 빼는 뺄셈식에서 빼는 수찾기를 할 수 있다.	· ex. 10-□=3

〈표 11-14〉 8세, 남아(특수아동 학습장애, 행동장애) B의 학습지도 목표와 내용

횟수	단계	목표	내용
1	기초선	· 레포를 형성한다.	
2	기초선	· 기초선을 설정한다.	
3	1~2	· 올림이 없는 두 자리 수와 한자리 수의 곱셈을 할 수 있다. · 십의 자리에서 올림이 있는 두 자리 수와 한자리 수의 곱셈을 할 수 있다.	· ex. 23×3=□ · ex. 31×5=□
4	3	· 일의 자리에서 올림이 있는 두 자리 수와 한 자리 수의 곱셈을 할 수 있다.	· ex. 28×2=□
5	4~6	· 올림이 한번 있는 두 자리 수끼리 곱셈을 할 수 있다. · 올림이 두번 있는 두 자리 수끼리 곱셈을 할 수 있다.	· ex. 41×62=□ · ex. 37×41=□
6	7~8	· 올림이 세번 있는 두 자리 수끼리 곱셈을 할 수 있다. · 올림이 네번 있는 두 자리 수끼리 곱셈을 할 수 있다.	· ex. 52×63=□ · ex. 76×48=□
7	9	· 내림이 없는 두 자리 수와 한 자리 수의 나눗셈을 할 수 있다.	· ex. 2) 42
8	10~12	· 내림이 있는 두 자리 수와 한 자리 수의 나눗셈을 할 수 있다. · 내림이 없는 세 자리 수와 한 자리 수의 나눗셈을 할 수 있다. · 내림이 있는 세 자리 수와 한 자리 수의 나눗셈을 할 수 있다.	· ex. 3) 72 · ex. 2) 284 · ex. 2) 276
9	13~14	· 내림이 한 번 있을 때 세 자리 수와 한 자리 수의 나눗셈을 할 수 있다. · 내림이 한 번 있을 때 세 자리 수와 한 자리 수의 나눗셈을 검산을 할 수 있다.	· ex. 5) 485 · ex. 3) 456 〈검산〉 156×3=456
10	15~16	· 내림이 두 번 있을 때 세 자리 수와 한 자리 수의 나눗셈을 할 수 있다. · 내림이 두 번 있을 때 세 자리 수와 한 자리 수의 나눗셈을 검산을 할 수 있다.	· ex. 2) 512 · ex. 4) 736 〈검산〉 184×4=736

횟수	단계	목표	내용
11	17~18	· 몫의 일의 자리에 0이 있는 세 자리 수와 한자리 수의 나눗셈을 할 수 있다. · 몫의 일의 자리에 0이 있는 세 자리 수와 한자리 수의 나눗셈을 검산할 수 있다.	· ex. 3) 780 · ex. 3) 450 〈검산〉 150×3=450
12	19~20	· 몫의 십의 자리에 0이 있는 세 자리 수와 한자리 수의 나눗셈을 할 수 있다. · 몫의 십의 자리에 0이 있는 세 자리 수와 한자리 수의 나눗셈을 검산 할 수 있다. · 나머지가 0이 아닐 때의 세 자리 수와 한 자리수의 나눗셈을 할 수 있다. · 나머지가 0이 아닐 때의 세 자리 수와 한 자리 수의 나눗셈의 검산을 할 수 있다.	· ex. 4) 816 · ex. 5) 510 〈검산〉 102×5=510 · ex. 2) 257 · ex. 6) 544 〈검산〉 90×6+3=544

〈표 11-15〉 9세(도벽, 행동장애 학습부진) 남아C의 학습지도 목표와 내용

횟수	단계	목표	내용
1	기초선	· 레포를 형성한다.	
2	기초선	· 기초선을 설정한다.	
3	2	· 구구단 중 7단을 외울 수 있다. · 구구단 중 8단을 외울 수 있다.	· ex. 7×2=□ · ex. 8×3=□
4	3	· 구구단 중 2~9단을 외울 수 있다. · 2~9단의 곱셈을 할 수 있다.	· ex. 4×□=20
5	4~5	· 받아올림이 없는 세 자리 수의 덧셈을 할 수 있다. · 받아 내림이 없는 세 자리 수의 뺄셈을 할 수 있다.	· ex. 374×624=□ · ex. 710-600=□
6	6	· 일의 자리에서 올림이 있는 곱셈을 할 수 있다.	· ex. 14×3=□
7	7~10	· 세 자리 수와 한 자리 수의 곱셈을 할 수 있다. · 두 자리 수와 몇 십의 곱셈을 할 수 있다. · 올림이 한번 있는 두 자리 수끼리의 곱셈을 할 수 있다. · 올림이 두 번 있는 두자리 수끼리의 곱셈을 할 수 있다.	· ex. 123 , 32 × 4 ×40 · ex. 41 , 37 ×62 ×41

횟수	단계	목표	내용
8	11~12	· 올림이 세 번 있는 두 자리 수끼리의 곱셈을 할 수 있다. · 올림이 네 번 있는 두자리 수끼리의 곱셈을 할 수 있다.	· ex. 72 , ex. 27 ×45 ×75
9	13~16	· 몇 십과 한 자리 수의 나눗셈을 할 수 있다. · 두 자리 수와 한자리 수의 나눗셈을 할 수 있다. · 몇 백과 한자리 수의 나눗셈을 할 수 있다. · 몇백 몇 십과 두자리 나눗셈을 할 수 있다.	· ex. 90÷9=□ · ex. 2)46 · ex. 900÷9=□ · ex. 450÷90=□
10	17~18	· 내림이 없을 때의 몇 백과 한 자리 수의 나눗셈을 할 수 있다. · 내림이 한번 있을 때의 몇 백과 한 자리 수의 나눗셈을 할 수 있다.	· ex. 3)936 · ex. 5)585
11	19~21	· 내림이 한번 있는 세 자리 수와 한 자리 수의 나눗셈을 할 수 있다. · 내림이 한번 있는 세 자리 수와 한 자리 수의 나눗셈의 검산을 할 수 있다. · 내림이 두 번 있는 세자리 수와 한자리 수의 나눗셈을 할 수 있다. · 내림이 두 번 있는 세 자리 수와 한자리 수의 나눗셈을 할 수 있다.	· ex. 3)456 · ex. 2)512 〈검산〉 256×2=512 · ex. 3)780 · ex. 3)450 〈검산〉 150×3=450

12. 소그룹 놀이지도 프로그램 적용을 통한 4세 일반 소극적 아동의 소집단 사회적 행동 지도프로그램

대상아동 : 부산시 Y구내 거주하는 유치원과 어린이집의 만 4세 아동 중 사회성 발달이 늦은 남아 3명, 여아 1명

〈표 11-16〉 4세 아동 사회성 놀이 프로그램 내용

횟수	지도내용		
	활동Ⅰ(정적인 활동)	활동Ⅱ(동적활동)	비고
1회	그림보고 이야기하기 비밀상자	캐러멜 찾기	전반기
2회	자기소개하기 공동그림 그리기	무궁화 꽃이 피었습니다.	전반기
3회	물고기 색칠하기	낚시하기, 술래잡기	전반기
4회	동화 들려주기, 낚시하기	낚시하기, 동화듣기 (우리는 다정한 친구)	지도기
5회	동화 들려주기, 음식 콜라쥬	카펫 끌기	지도기
6회	비누방울, 수수께끼	그림자 맞추기, 비누방울 그림	지도기
7회	그림카드 설명하기	설설이 걷기, 자기자리찾기	지도기
8회	카나페 만들기	리본 막대, 자기자리 찾기	지도기
9회	카드 만들기	마라카스, 술래잡기	지도기
10회	과학(풍선 부풀리기)	터널통과하기, 공나르기	지도기
11회	전화번호수첩 만들기	볼링, 동대문을 열어라	종반기

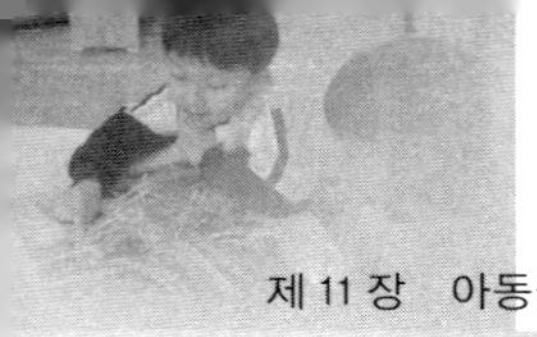

13. 12세 남아의 주의력집중지도 개인 상담프로그램

〈표 11-17〉 지도일정 및 활동 프로그램

회기	상담활동	월일	활동과제명 1	활동과제명 2	비고
1	1회 면담	2004. 11. 1	부모면담 아동면담		부모면담
2	2회 면담	2004. 11. 8	부모면담 아동면담		성격검사, 간편충동성 검사, 부모아동면담
3	1회 활동	2004. 11. 19	자기소개	도미노 게임(40분)	내담자 놀이 활동단계, "가정에서의 자기생활기록 표"평가
4	2회 활동	2004. 11. 26	볼링 게임(15분)	수수께끼 풀고 신문에서 답 찾아붙이기(20분)	상담실에서의" 활동평가" 도입
5	3회 활동	2004. 12. 1	딱지치기 (15분)	젠가(20분)	
6	4회 활동	2004. 12. 8	그림알아 맞추기(15분)	블루마블(20분)	12월15일 MFFT- KC검사
7	5회 활동	2004. 12. 22	루미큐브 (15분)	도미노 퍼즐(15분)	최종회

14. 초등 3학년 3명 소집단 ADHD 아동의 주의산만, 충동성, 자아개념지도 인지행동놀이치료

〈표 11-18〉 총 16회기의 인지행동 놀이치료프로그램

횟수	성취목표	활동내용	비고
1	프로그램 이해 신뢰 형성	프로그램의 전체적인 목표설정 규칙 및 약속 정하기, 서로의 같은 점과 다른점 찾기	프로그램 이해 및 신뢰형성
2	이완 및 신뢰 형성	'쓰레기봉투(Garbage bag)'에 자신의 문제적기 큰 비눗방울 불기 게임, '무엇이 달라졌을까' 게임	프로그램 이해 및 신뢰형성
3	자기교사훈련 4단계익히기 〈표 4 참조〉	'자기교시 4단계'도입, '자기교시4단계'익히기	자기교사 훈련
4	주의집중	성냥개비 떼어내기, 다른 사람의 말에 집중하기게임 1. 지시 따르기 게임, 2. 이기기게임, 지기게임 3. 느낀 점 나누기	중재 (TA+놀이) 시작
5	자아존중, 주의집중	'쓰레기봉투(Garbage bag)', 자기교시 4단계 연습하기(외현적 자기교시), 아트블록 맞추기	상동
6	자아존중	역할놀이 하기, 긍정적인 자아 목록 만들기	상동
7	자아존중	자신과 친구의 장점에 대해서 자세히 이야기하기 상황카드-자기교시 4단계 연습하기	상동
8	자아존중	'쓰레기봉투(Garbage bag)', -자기교시 4단계연습하기(속삭임, 자기교시), 내가 꿈꾸는 미래의 멋진 나	상동
9	충동성감소 주의집중	충동적 행동과 통제 카드 만들기 시간재기 놀이, 동상놀이	상동

횟수	성취목표	활동내용	비고
10	충동성감소 주의집중	상황카드, 자기교시4단계 연습하기, 도미노 게임	상동
11	충동성감소 주의집중	'쓰레기봉투(Garbage bag)', -자기교시 4단계연습하기(속삭임, 자기교시), 같은 모양 찾기 게임	상동
12	충동성감소	분노 조절하기, 상황카드(자기교시 4단계 연습하기)	상동
13	충동성감소	역할놀이, '쓰레기봉투(Garbage bag)', -자기교시 4단계연습하기(속삭임, 자기교시)	상동
14	충동성감소 자아존중	'쓰레기봉투(Garbage bag)', -자기교시 4단계연습하기 (내면적 자기교시), '나의 좋은 행동 목록표'작성	상동
15	충동성감소 주의집중	쓰레기봉투, 자기교시 4단계 연습하기(속삭임, 자기교시), 잃어버린 반쪽 찾기 게임	상동
16	종결단계	소감문 작성, 상품 주기 및 다과회	종결

〈표 11-19〉 자기교시(TA)4단계

단 계	내 용
문제 정의 주의집중과 반응에 유의하기 자기강화 자기평가와 실패교정	내가 해결해야 할 문제는 무엇인가? 나는 어떻게 해결해야 하는가? 나는 나의 계획을 실천하고 있는가? 나는 잘 했는가?

15. 6세 아동 4명 소그룹 언어 및 사회적 행동지도를 위한 소집단 놀이 활동 프로그램

〈표 11-20〉 소집단 놀이 활동의 내용

회기	(정적 활동:비활동성 소근육놀이)		(동적 활동:활동성 대근육놀이)		비고
	활동명	소요 시간	활동명	소요 시간	
Intake	볼링 가지고 놀기	자유	블록 가지고 놀기	자유	지도전 (A)
1	동화책 따라 듣기	11분 47초	무궁화 꽃이 피었습니다	5분 4초	지도전 (A)
2	동화책 따라 듣기	12분 26초	탁구공 나르기	9분 40초	지도기 (B)
3	그림보고 이야기하기	15분	캐러멜 찾기	10분 59초	지도기 (B)
4	수수께끼 그림카드 놀이	8분 28초	자기 자리 찾기	8분 47초	지도기 (B)
5	수수께끼 그림카드 놀이	8분 47초	과자로 음식 만들기	15분 38초	지도기 (B)
6	물고기 그림 색칠하기	9분 17초	카펫 끌기	10분 19초	지도기 (B)
7	어항속물고기 그리기	20분 36초	공으로 과녁맞추기	14분 32초	지도기 (B)
8	친구 얼굴공동 그리기	18분 32초	낚시 놀이	11분 38초	지도기 (B)
9	도미노 쌓기	15분 25초	블록 쌓기	11분 30초	지도 후(A')

16. SQ3R독해전략프로그램을 적용한 초등 4학년 학업부진아 3명의 국어과 교과독해력과 자기효능감 지도프로그램

〈표 11-21〉 SQ3R 독해 훈련 자료

자료	제목	출처
자료 1	개	3학년 1학기 읽기 127~128
자료 2	태권도	3학년 1학기 읽기 136-139
자료 3	고누	3학년 2학기 읽기 6-7
자료 4	토굴새우젓	3학년 2학기 읽기 28-29
자료 5	옛날에는 어떤 과자를 먹었을까?	3학년 1학기 읽기 130-134
자료 6	경칩	4학년 1학기 읽기 16-17
자료 7	윷놀이	4학년 1학기 읽기 18-19
자료 8	우리의 질그릇	4학년 1학기 읽기 27-28

〈표 11-22〉 연구진행과정

단계	차시	내용	참여아동	자료
사전 검사	1	독해력 검사	실험집단 비교집단	사전 검사지
	2	자기 효능감 검사	실험집단 비교집단	자기 효능감 검사지
훈련 단계	3	SQ3R 각 단계의 개관	실험집단	훈련 프로그램
	4	개관하기 Survey	실험집단	자료 1,2,3,4
	5	질문 만들기 Question	실험집단	자료 1,2,3,4
	6	읽기 Read	실험집단	자료 1,2,3,4
	7	읽기 Read	실험집단	자료 1,2,3,4
	8	암송하기 Recite	실험집단	자료 1,2,3,4
	9	복습하기 Review	실험집단	자료 1,2,3,4
	10	SQ3R 적응 훈련	실험집단	자료 5

단계	차시	내용	참여아동	자료
	11	SQ3R 적응 훈련	실험집단	자료6
	12	SQ3R 적응 훈련	실험집단	자료7
	13	SQ3R 적응 훈련	실험집단	자료8
사후 검사	14	독해력 검사	실험집단 비교집단	사후 검사지
	15	자기 효능감 검사	실험집단 비교집단	자기효능감검사

제 12 장

상담사 자격증

본 장에서는 우리나라에서 상담사 자격과 관련 있는 대표적인 학회를 소개한다. 본문의 내용은 각 학회의 인터넷 사이트의 자격증 관련 소개자료 중에서 일부분을 인용한 것이다.

자세한 내용은 각 학회 사무국과 홈페이지에서 확인하기로 한다.

1. 한국심리학회 산하 한국상담심리학회(http://www.akcp.or.kr)

1) 자격증 명칭

상담심리사 1급(상담심리전문가), 상담심리사 2급(상담심리사)

2) 자격규정

한국상담전문가협회(www.akcp.or.kr) 홈페이지(자격증 안내)에서 확인

3) 검정방법

자격시험(필답고사) 및 자격심사(면접)으로 평가

(1) 자격시험과목

① 상담심리사 1급(상담심리전문가): 상담 및 심리치료이론, 집단상담 및 치료, 심리진단 및 평가, 성격심리학, 심리통계 및 연구방법론

② 상담심리사 2급(상담심리사): 상담심리학, 발달심리학, 이상심리학, 학습심리학, 심리검사

(2) 자격심사: 자격시험에 합격한 자에 대해 상담수련과정 및 자격(자격검정기준에 의거)을 평가하는 면접시험

4) 자격시험 응시자격

(1) 상담심리사 1급(상담심리전문가)

① 상담관련 분야의 박사학위 취득자: 1년 이상의 상담경력 필요

② 상담관련 분야의 석사학위 취득자 또는 상담 비관련 분야 석사학위 취득자로서 상담관련 분야 박사과정에 입학한 자: 3년 이상의 상담경력 필요

③ 상담심리사 2급 자격증 취득자: 4년 이상의 상담경력 필요

④ 외국의 상담 및 심리치료 분야의 전문가 자격증을 취득한 자: 1년 이상의 상담경력(국내)과 본 학회 정회원으로서 1년 이상의 활동실적 필요

(2) 상담심리사 2급(상담심리사)

① 상담관련 분야의 석사과정 이상인 자: 1년 이상의 상담경력 필요

② 상담관련 분야의 학사학위 취득자: 2년 이상의 상담경력 필요

③ 학사학위 취득자: 3년 이상의 상담경력 필요

상담관련 분야 전공자 및 상담경력 인정에 관한 규정은 위 홈페이지 참조

2. 한국아동심리재활학회(www.playtherapy.or.kr)

1) 제 2조(정의)

놀이치료전문가라 함은 한국아동심리재활학회가 인정하는 대학 및 기타 연구기관에서 심리학, 재활학, 아동학, 사회복지학, 특수교육학, 유아교육학, 기타 교육학 관련 분야를 전공하고, 본회에서 주관하는 소정의 수련 과정을 이수하고 자격시험에 합격하여 소정의 심사과정을 통과한 자를 말한다.

2) 자격

제 3 조(구분) 자격은 다음과 같이 구분한다.

(1) 놀이치료지도감독전문가

(2) 놀이치료전문가

(3) 놀이치료사

① 정회원

② 준회원

제 4 조(놀이치료지도감독전문가 자격기준)

(1) 본 학회 정회원 자격을 2년 이상 보유한 자.

(2) 전공분야 박사학위를 소지하고 4년제 대학에서 10년 이상의 놀이치료 관련 교수경력이 있는 자, 또는 놀이치료전문가 자격을 취득한 후 10년 이상 임상경험을 한 자로 본 학회에서 실시하는 놀이치료 지도감독전문가 자격시험에 합격한 자.

(3) 소정의 수련과정을 거친 자(수련과정 시행세칙 제3조 참조).

제5조(놀이치료전문가 자격기준)

(1) 본 학회 정회원 자격을 2년 이상 보유한 자.

(2) 심리학, 재활학, 아동학, 사회복지학, 특수교육학, 유아교육학, 기타 교육학 관련 분야에서 박사학위를 취득한 자로 놀이치료현장에서 2년 이상 임상경험자, 또는 석사학위 취득 후 놀이치료 현장에서 3년 이상 임상경험자, 또는 놀이치료사 자격을 취득한 후 현장에서 5년 이상 임상경험자로 본 학회에서 실시하는 놀이치료전문가 자격시험에 합격한 자.

(3) 소정의 수련과정을 거친 자(수련과정 시행세칙 제 4조 참조).

제6조(놀이치료사 자격기준)

(1) 본 학회 정회원 자격을 1년 이상 보유한 자.

(2) 심리학, 재활학, 아동학, 사회복지학, 특수교육학, 유아교육학, 기타 교육학 관련 분야에서 학사 이상의 학위를 받은 자, 또는 이와 동등한 자격이 있다고 자격심사 위원회에서 인정하는 자로 본 학회에서 실시하는 놀이치료사 자격시험에 합격한 자.

(3) 소정의 수련과정을 거친 자(수련과정 시행세칙 제 5조 참조).

3) 자격시험

제7조(자격시험 종류와 과목)

(1) 놀이치료지도감독전문가

① 놀이치료 방법 및 기술

② 연구방법

(2) 놀이치료전문가

① 아동발달

② 성격이론

③ 놀이치료

④ 아동 및 청소년 정신병리학

(3) 놀이치료사

① 아동발달

② 성격이론

③ 심리치료의 원리

④ 특수교육학

4) 놀이치료사 및 전문가 수련세칙

제1조(목적) 본 세칙은 제 4조, 제 5조, 제 6조의 놀이치료전문가 자격기준에 명시한 수련과정에 관한 세칙을 규정함을 목적으로 한다.

제2조(수련기관 및 감독) 수련기관은 본 회에서 인정하거나 위촉한 개별전문가나 수련기관으로 한다. 수련자는 필기시험에 합격한 후 자신의 수련기관이나 개별수련전문가를 정하여 그의 감독 하에 수련과정을 이수하도록 한다.

제3조(놀이치료지도감독전문가 수련내용) 놀이치료지도감독전문가는 다음과 같은 내용을 중심으로 하여 수련을 실시한다.

① 놀이치료 지도감독: 2년 동안 10 사례, 50회기 이상

② 놀이치료 시간: 300시간

③ 임상 워크샵: 50시간

④ 놀이치료 사례발표회 참석: 15회 이상(놀이치료지도감독전문가가 1인 이상 참석한 사례발표에 한함).

⑤ 공개사례발표: 본인의 놀이치료 사례 3회 이상(놀이치료사례보고서 1회기 완전어록 녹음 또는 녹화테이프 제출).

⑥ 놀이치료관련 연구논문 발표: 3편 이상(저서 포함).

3. 한국 놀이치료학회

1) 학회 홈페이지 주소 : http://www.playtherapykorea.or.kr

2) 놀이치료사란?

놀이치료사는 사회·정서적 적응문제로 성장발달과 학습에 어려움을 겪는 아동과 청소년들을 놀이를 통해 진단하고 치료하는 전문가이다.

본 학회에서는 놀이치료관련 학문분야 석사학위 취득자로서 10개 전공과목을 이수하고 자격시험에 합격한 후 임상수련, 슈퍼비전, 사례발표 및 구술시험 등 놀이치료사 자격조건을 구비한 분들에게 자격증을 수여한다. 그밖에 놀이치료전문가와 교육전문가가 있다.

놀이치료 전문가는 놀이치료사 자격증을 취득한 후 소정의 시험과 수련 등의 조건을 충족한 후 취득할 수 있으며, 놀이치료교육전문가는 놀이치료 관련분야에서 교수를 하는 분들이 취득할 수 있다.

3) 연혁

1997. 06. 14.발기총회

2006. 12. 02. 제11차 한국놀이치료학회 정기총회 개최(회칙개정, 임원단 선출)

4) 자격증 - 자격시험 및 자격심사

자격구분

놀이치료 수련자 / 놀이치료사 / 놀이치료 전문가 / 놀이치료 교육전문가

[놀이치료 수련자]

놀이치료 수련자는 다음에 해당하는 자로서 본 회 자격관리 위원회에서 그 자격을 인준 받은 자로 한다.

(1) 본 학회 준회원 이상인 자

(2) 4년제 대학의 놀이치료 관련학과에서 학사학위 이상을 취득한 자 또는 2년제 대학에서 놀이치료 관련학과를 전공하고 본 학회에서 인정하는 2년 이상의 임상 경험이 있는 자.

(3) 대학 또는 본 학회에서 인정하는 기관에서 〈별표 1〉에 명시된 과목을 이수한 자.

(4) 놀이치료 수련중인 자(슈퍼비젼 받은 경험에 대해서 슈퍼바이져의 확인이 필요함)

[놀이치료사]

놀이치료사는 다음에 해당하는 자로서 본 회 자격관리 위원회에서 그 자격을 인준받은 자로 한다.

가. 본 학회 정회원인 자.

나. 대학 또는 본 학회에서 인정하는 기관에서 〈별표 2〉에 명시된 필수과목과 선택과목을 이수 하고 본 학회에서 실시하는 놀이치료사 자격시험에 합격한 자.

다. 소정의 수련과정을 거친 자(놀이치료전문가 시행세칙 제2장 제3조 참조)

라. 면접심사에 합격한 자(면접심사에 관한 세부사항은 자격관리위원회에서 정한다)

[놀이치료 전문가]

놀이치료 전문가는 다음에 해당하는 자로서 본 회 자격관리 위원회에서 그 자격을 인준 받은 자로 한다.

가. 놀이치료사 자격을 취득한 자.

나. 대학 또는 본 학회에서 인정하는 기관에서 〈별표 3〉에 명시된 필수과목과 선택과목을 이수하고 본 학회에서 실시하는 놀이치료 전문가 자격시험에 합격한 자.

다. 소정의 수련과정을 거친 자(놀이치료전문가 시행세칙 제2장 제3조 참조)

라. 본 학회에서 인정하는 기관에서 놀이치료 전문가 자격을 취득하고 자격관리 위원회의 인준을 받은 자.

마. 면접심사에 합격한 자(면접심사에 관한 세부사항은 자격관리위원회에서 정한다)

[놀이치료 교육전문가]

놀이치료 교육전문가는 다음에 해당하는 자로서 본 회 자격관리 위원회에서 그 자격을 인준받은 자로 한다.

가. 본 학회 정회원 자격을 2년 이상 보유한 자

나. 대학 또는 본 학회에서 인정하는 기관에서 〈별표3〉에 명시된 필수과목과 선택과목을 이수하고 본 학회에서 실시하는 놀이치료 교육전문가 자격시험에 합격한 자.

다. 박사학위를 소지하고 4년제 대학 10년 이상의 교수경력이 있는 자.(단, 교수로 재직하지 않은 기간동안 임상 및 놀이치료관련 연구 경력이 있는 경우 그 기간을 교수경력기간에 합산할 수 있으며 최대 인정기간은 3년까지임)

라. 소정의 수련과정을 거친 자(놀이치료전문가 시행세칙 제2장 제3조 참조)

마. 면접심사에 합격한 자(면접심사에 관한 세부사항은 자격관리위원회에서 정한다)

〈별표 1〉 [놀이치료 수련자]

놀이치료 / 아동발달 / 심리학 / 아동상담

〈별표 2〉 [놀이 치료사]

필수과목	선택과목 Ⅰ (다음 과목 중 3과목 이상)	선택과목 Ⅱ (다음 과목 중 2과목 이상)
놀이치료	인지치료	건강심리학
성격이론	행동치료	신경심리학
발달이론	정신치료	생리심리학
상담이론	분석심리학	임상심리학
심리평가	미술치료	아동정신의학
	음악치료	학습심리학
	단기치료	인지발달
	가족치료	교육심리학
		부모자녀관계
		부모교육
		정신건강
		청년심리학

〈별표 3〉 [놀이치료 전문가]

필수과목	선택과목 Ⅰ (다음 과목 중 5과목 이상)	선택과목 Ⅱ (다음 과목 중 4과목 이상)
놀이치료슈퍼비전	정신분석학적 놀이치료	미술치료
놀이치료이론	분석학적 놀이치료	음악치료
정신병리이론	아동중심 놀이치료	단기치료
	발달놀이치료	가족치료
	인지행동 놀이치료	집단상담
	모래놀이치료	연구방법론
	게임놀이치료	정신병리학
	집단놀이치료	부모상담
	가족놀이치료	청년상담
	생태학적 놀이치료	문제별 아동상담

5) 자격시험과목

(1) [놀이치료사]

놀이치료 이론 / 상담이론

(2) [놀이치료 전문가]

놀이치료이론 / 놀이치료 방법 및 기술 / 놀이치료의 적용 / 연구방법론

(3) [놀이치료 교육전문가]

놀이치료방법 및 기술 / 놀이치료의 적용

(※반드시 놀이치료수련자로 등록하셔야만 놀이치료사자격시험에 응시할 수 있습니다.)

4. 한국미술치료학회

1) 학회 홈페이지 주소 : http://www.korean-arttherapy.or.kr

2) 연혁: 1992. 11. 1

창립총회 개최(대구대학 도서관): 2004. 11. 1

3) 자격증 - 자격시험 및 자격심사

제1조(목적) 본 자격시험 및 심사 시행세칙은 임상미술 전문가 자격규정 제8조에 명시한 미술치료사 자격시험 시행세칙을 규정함을 목적으로 한다.

제2조(시험자격의 정의) 자격규정 제 4조, 5조, 6조의 사항을 다음과 같이 정의한다.

1. 대학과 대학원에서의 미술치료, 심리치료, 재활, 가족, 아동, 교육 관련분야 전공이라 함은, 〈별표 2〉의 학문분류표에 해당하는 자를 말하며, 관련 전공분야가 미술치료사의 자격으로는 애매하거나 여기에 명시되지 않은 분야는 자격관리위원회에서 심의하여 인정여부를 결정한다.

2. 미술치료사 시험에 응시하고자 하는 사람은 반드시 본 회 회원의 자격을 갖춘 자라야 한다.

제3조(시험시기) 자격시험의 횟수는 연 1회를 원칙으로 하고 매년 4월에 시험을 실시한다. 시험일자, 장소 및 기타사항은 미술치료학회장이 공고한다.

제4조(시험출제위원) 시험출제위원은 회장이 위촉하고 1인이 2개 과목까지만 출제할 수 있다.

제5조(필기고사 합격) 필기시험에서 전체평균 60점 이상, 과목별로는 50점 이상이어야 한다. 단 불합격자(평균 60점미만)라 하더라도 60점 이상을 얻은 과목에 대해서는 차기 시험에서 그 과목의 시험을 면제받을 수 있다.

제6조(시험과목의 면제) 미술치료사 시험에 응시하는 자가 본 학회가 인정하는 의사, 임상심리사, 상담심리사, 사회복지사, 가족치료사, 재활심리사, 미술과 교사, 가정과 교사, 간호사, 특수교사, 유아교육 교사 등의 자격증을 소지한 경우에는 [자격관리위원회]의 심의를 거쳐 소정의 과목을 면제한다. 단, 여기에 명시되지 않은 사항은 자격관리위원회에서 심의하여 결정한다.

제7조(면접고사 합격) 필기고사에 합격한 자는 면접시험에서 합격해야만 한다. 면접시험은 [자격관리위원]의 과반수의 찬성에 의해 결정하고 동수인 경우에는 의장이 결정한다. 단, 면접시험은 본 세칙 11조에 준한다.

제8조(시험응시 서류) 미술치료사 자격시험에 응시하고자 하는 자는 다음의 서류를 소정의 응시료와 함께 제출하여야 한다.

5. 대한음악치료학회

1) 학회 홈페이지 주소 : http://www.kamt.com/

2) 정의 : 음악치료는 음악활동을 체계적으로 사용하여 사람의 신체와 정신기능을 향상시켜 개인의 삶의 질을 추구하고 보다 나은 행동의 변화를 가져오게 하는 음악의 전문분야이다.

3) 연혁

4) 자격증

(1) 자격증 취득 학력 사항

① 2년제 대학 졸업이상

② 4년제 대학 2년 수료이상

5) 음악치료사 1급 전문가자격증 세미나과정 개설

(1) 대상 : 음악치료사 2급 자격증 소지자 평생교육원 등 음악치료 관련 기관에서 1년 이상의 과정을 수료한 자, 타기관 자격증 소지자 (예: 예술치료학회 예술치료사, 음악치료대학원중퇴자 등)

(2) 개설과목: 고급발달장애 음악치료, 이상심리와 음악치료, 정신분석적 음악치료 고급성인음악치료, 정신병리와 음악치료, 유도심상음악치료(GIM), Gestalt 음악치료 발달심리학, 정신분석, 정신병리, 이상심리, 성격심리, 사이코드라마 인턴과정, 임상분석

6) 2007 음악치료사 심화과정 수강생

(1) 대상 : 2년제 졸업 이상, 4년제 2학년 이상 수료자, 전공불문.
음악치료사 2급 자격증 소지자(초급과정 수료자)
평생교육원 등 음악치료 관련 기관에서 1년 이상의 과정을 수료한 자
타기관 자격증 소지자

(예: 예술치료학회 예술치료사, 음악치료대학원 중퇴자 등)

(2) 개설과목 : 고급발달장애 음악치료, 이상심리와 음악치료, 정신분석적 음악치료 고급성인음악치료, 정신병리와 음악치료, 유도심상음악치료(GIM) Gestalt 음악치료, 발달심리학, 정신분석, 정신병리, 이상심리, 성격심리, 사이코드라마 인턴과정, 임상분석

6. 한국 정서 · 행동장애아 교육학회

1) 학회 홈페이지 주소 : http://www.ksebd.org/

2) 정의 : '행동요법사'라 함은 한국정서·행동장애아교육학회가 인정하는 대학 및 기타 연구 기관에서 교육, 재활, 행동요법 관련 분야를 전공하고, 본회에서 주관하는 소정의 수련 과정의 이수 및 자격시험에 합격하고 자격심사에 통과된 자를 말한다.

행동요법사는 1급, 2급, 3급으로 나뉘어져 있으며, 행동요법사가 되기 위한 과정으로는 본 학회가 주관하는 연수를 240시간 이상 거친 후에 시험을 통하여 자격을 취득할 수 있다.

3) 연혁

1997. 11. 29 중복·중증장애유아의 교육과 대책

2005. 11. 19 정서 · 행동장애 아동을 위한 과학적 지원(국제학술대회)

4) 자격증

제7조(자격시험) 자격시험은 본회가 주관하는 연수를 240시간 이상 거친 후에 응시할 수 있다.

제8조(자격시험 종류와 과목) 자격시험은 필기시험과 면접시험으로 구분하며, 자격의 종별에 따라 다음의 필기시험 과목을 부과한다.

(1) 행동요법사 1급

① 행동요법 이론과 기법

② 행동장애아교육

③ 심리평가

④ 발달심리학

⑤ 이상심리학

⑥ 정신병리학

⑦ 행동심리학

(2) 행동요법사 2급

① 행동요법 이론과 기법

② 행동분석기법

③ 행동장애아 교육

④ 심리검사 및 평가

⑤ 발달심리

⑥ 이상심리

⑦ 행동발달

(3) 행동요법사 3급

① 행동요법 이론과 기법

② 행동분석기법

③ 행동장애아 교육

④ 심리검사 및 평가

⑤ 발달심리

⑥ 행동발달

7. 청소년 상담사

1) 홈페이지 주소 : http://www.youthcounselor.or.kr

2) 정의 : 청소년 상담사는 청소년상담관련 분야의 상담 실무경력 및 기타 자격을 갖춘 자로서 검정에 합격하고 연수 100시간을 이수한 자에게 청소년위원장이 부여하는 국가 자격이다.

3) 자격증

(1) 청소년상담사 자격검정의 과목 및 방법(시행령 제23조제2항)

등 급	검 정 과 목		검정방법	
	구분	과 목		
1급 청소년상담사 (5과목)	필수	ㅇ상담자 교육 및 사례지도 ㅇ청소년 관련 법과 행정 ㅇ상담연구방법론의 실제	필기 시험	면접
	선택	비행상담, 성상담, 약물상담, 위기상담 중 2과목		
2급 청소년상담사 (6과목)	필수	ㅇ청소년 상담의 이론과 실제 ㅇ상담연구방법론의 기초 ㅇ심리측정 평가의 활용 ㅇ이상심리	필기 시험	면접
	선택	진로상담, 집단상담, 가족상담, 학업상담 중 2과목		
3급 청소년상담사 (6과목)	필수	ㅇ발달심리 ㅇ집단상담의 기초 ㅇ심리측정 및 평가 ㅇ상담이론 ㅇ학습이론	필기 시험	면접
	선택	청소년이해론, 청소년 수련활동론 중 1과목		

(2) 제출서류

구 분	제 출 서 류
필 수	- 청소년상담사 자격검정원서 1통(사진부착) - 등급별 자격기준에 해당하는 졸업증명서 1통 (2007년 2월 졸업예정증명서도 인정) - 검정수수료 20,000원(검정수수료납부확인서 또는 입금증 포함)
해당자만 제 출	- 총리령이 정하는 상담관련분야임을 증명할 수 있는 서류 1통(학과장 직인이 날인된 졸업년도 전공커리큘럼 또는 성적증명서) - 상담실무경력 인정증빙서류(소정양식)

8. 한국 아동학회

1) 홈페이지 주소 : http://www.childkorea.or.kr

2) 정의 : 아동상담사란 4년제 대학이나 대학원에서 아동학 및 아동관련학을 전공한 본 학회의 정회원으로서, 제 2장에 명시된 자격을 갖추고 자격심사에서 그 자격을 인정받은 자를 말한다.

3) 자격증

(1) 자격시험 및 수련과정

- 자격시험: 자격시험은 필기시험과 구두시험으로 한다. 단, 구두시험은 서류 심사에 통과한 자에 한하여 실시된다.
- 자격시험 과목: 자격시험 필기과목은 필수과목과 선택과목으로 구분된다.
- 자격시험 횟수: 자격시험은 연 1회 실시하는 것을 원칙으로 한다.
- 자격시험 지원: 자격시험 지원자는 응시료와 함께 소정의 지원 서류를 제출한다.
- 수련과정 심의: 아동상담사의 수련과정은 자격관리위원회에서 심의한다.

• 자격시험 및 수련과정: 자격시험 및 수련과정의 시행은 시행세칙에 따른다.

(2) 아동상담전문가

① 아동상담전문가 자격심사 신청서(본 학회 소정양식)

② 이력서(본 학회 소정양식)

③ 아동상담전문가 수련과정 증빙서류(본 학회 소정양식)

가. 사례일지

나. 상담현장실습확인서(상담소, 기관장 확인 필요)

다. 아동상담사 워크샵 참가 확인서

라. 개인상담사례발표 확인서 및 참관확인증

마. 학술대회 이수증

ⓐ 아동발달전문가 자격증 사본(제 2장 5조 ①항 해당자)

ⓑ 아동상담관련 전문가 자격증 사본(제2장 5조 ②항 해당자로서 필요시 추가서류 제출)

ⓒ 대학원 성적증명서(제 2장 5조 ①항 해당자 제외)

ⓓ 대학원 졸업증명서 또는 학위증 사본(제 2장 5조 ①항과 ②항 해당자 제외)

(3) 아동상담사 1급

① 아동상담사 1급 자격심사 신청서(본 학회 소정양식)

② 이력서(본 학회 소정양식)

③ 아동상담사 수련과정 증빙서류

가. 사례일지

나. 상담현장실습확인서(상담소, 기관장 확인 필요)

다. 아동상담사 워크샵 참가 확인서

라. 개인상담사례발표 확인서 및 참관확인증 - 학술대회 이수증

ⓐ 아동상담사 2급 자격증 사본(제 2장 6조 ②항 해당자)

ⓑ 대학원 성적증명서(제 2장 6조 ①항 해당자)

ⓒ 대학원 졸업증명서 또는 학위증 사본(제 2장 6조 ①항 해

당자)

(4) 아동상담사 2급

① 아동상담사 2급 자격심사 신청서(본 학회 소정양식)

② 이력서(본 학회 소정양식)

③ 아동상담사 수련과정 증빙서류

가. 사례일지

나. 상담현장실습확인서(상담소, 기관장 확인 필요)

다. 아동상담사 워크샵 참가 확인서

라. 개인상담사례발표 확인서 및 참관확인증

마. 학술대회 이수증

ⓐ 학부 성적증명서

ⓑ 학부 졸업(예정)증명서 또는 학위증 사본

(5) 아동상담사 자격시험 필기과목

	아동상담전문가	아동상담사 1급/ 2급
필수 과목	아동상담 및 심리치료 이론 아동발달 진단 및 평가 발달정신병리 부모상담	아동발달 이상발달 아동상담
선택 과목	인지행동요법 미술치료 놀이치료 (택 2)	심리측정 및 평가 부모교육 아동복지 (택 2)

9. 한국상담학회

1) 홈페이지 주소 : http://www.counselors.or.kr

2) 연혁

2000년 한국상담학회 창립

3) 자격증

(1) 1급 전문상담사

① 자격심사 신청서(학회 소정 양식) 1부

② 수련기록부

③ 자격시험(1차) 합격통지서 사본 1부

④ 대표논문 또는 대표저서 1권

⑤ 해당 전문 분과학회가 요구하는 양의 지도감독 사례 및 공개발표 사례

⑥ 자기소개서 1부

⑦ 외국 전문가 자격증 사본 1부(해당자에 한함) 단, 전문가 자격규정 제5조 2항에 해당하는 자는 자격심사 신청서와 기타심사에 필요한 서류만을 제출할 수 있다.

(2) 2급 전문상담사

① 자격심사 신청서(학회 소정 양식) 1부

② 수련기록부

③ 자격시험(1차) 합격통지서 사본 1부

④ 학회가 요구하는 양의 공개발표 사례(해당자에 한함)

⑤ 자기소개서 1부

(3) 수련감독 전문상담사

① 수련감독 전문상담사 자격시험 응시원서(본 학회 소정 양식) 1부

② 대학원 졸업 및 성적증명서 각 1부(전공영역이 표기되어야 함)

③ 1급 전문상담사 자격증 사본(해당자에 한함) 1부

④ 이력서 1부

⑤ 재직 및 경력증명서 각 1부

⑥ 원서에 부착한 사진 이외의 사진(3×4㎝) 1매

(4) 1급 전문상담사

① 1급 전문상담사 자격시험 응시원서(본 학회 소정 양식) 1부

② 최종학교 졸업 및 성적증명서 각 1부(전공영역이 표기되어야 함)

③ 2급 전문상담사 자격증 사본(해당자에 한함) 1부

④ 이력서 1부

⑤ 재직 및 경력증명서 각 1부

⑥ 원서에 부착한 사진 이외의 사진(3×4㎝) 1매

(5) 2급 전문상담사

① 2급 전문상담사 자격시험 응시원서(본 학회 소정 양식) 1부

② 최종학교 졸업 및 성적증명서 각 1부

③ 이력서 1부

④ 재직 및 경력증명서 각 1부

⑤ 소지 자격증 사본(해당자에 한함) 1부

⑥ 원서에 부착한 사진 이외의 사진(3×4㎝) 1매

4) (자격검정과목) 전문상담사 자격검정은 필기시험과 면접시험으로 구분하며, 자격등급에 따라 필기시험의 과목은 따로 정한다.

(1) 수련감독 전문상담사 : 공통과목으로 상담철학 1과목과 해당 전문 분과학회에서 부과하는 1과목으로 총 2과목. 단 상담철학의 합격인정은 5년으로 한다.

(2) 1급 전문상담사 : 공통과목으로 상담연구 방법론, 상담윤리 등 2과목과 해당 전문분과학회에서 부과하는 2과목으로 총 4과목. 단 공통과목의 합격인정은 5년으로 한다.

(3) 2급 전문상담사 : 공통과목으로 상담이론(개론)과 집단상담, 심리검사 등 3과목과 선택과목으로 가족상담, 진로상담, 정신건강 등을 포함한 총 3과목 중 2개 선택, 총 5과목.

10. 한국행동요법학회(학회사무실 성균관대학교 소재)

홈페이지 개편중

제 13 장

상담의 사례

필자는 1999년 이후부터 상담 기록을 보관해 왔다. 이를 토대로 상담 사례를 분석하면 다음과 같다. 〈표 13-1〉은 아동의 문제를 증상별로 요약한 것이다.

표에 의하면 3세 미만 아동과 3세에서 5세 아동, 그리고 초등학교 저학년과 고학년 아동의 상담내용이 다르다. 3세 미만 아동에게는 언어발달, 모자분리, 과잉행동, 과잉울음 문제 등이 많았고, 3세에서 5세에는 정신지체와 주의 산만증세 등이 주된 상담 내용이었다. 아동이 점차 성장해 감에 따라 지적 능력과 행동상의 문제가 두드러지고 있었다. 초등학교 입학을 앞둔 5세에서 7세 아동에게는 상담 영역도 매우 다양해졌다. 수면 습관, 사회성, 모자간의 애착 문제, 자폐 증세 등이었다. 아동이 가진 수동적 행동 특성이나 성격 그리고 일상생활 습관과 관련된 문제도 상담 내용으로 등장했다.

초등 저학년인 8세에서 10세 아동들은 인지 숫자에 관한 문제와 친구들과의 문제도 상담의 내용이었다. 고집스런 행동, 자기주장이 없음, 학습 부진에 관련된 문제, 화를 내는 것, 몽유증, 공격적 행동 등이 이 시기에 처음으로 등장했다. 이것이 장기적인 문제 행동인 경우도 있었다.

11세에서 13세는 초등학교의 학령 후기이다. 연령에 비해 부모에게 의존적이거나 일상생활습관이 규칙적이지 못할 때 부모들은 염려한다.

친구들로부터 소외당하는 것 같은 심각한 상담 내용도 있었다. 13세 이후의 초기 청소년기 증세를 나타내는 아동들에게서는 부모나 주위 사람들의 질문이나 자극에 반응을 보이지 않는 유형의 상담 내용도 있었다.

상담 방법은 아동이 가진 문제 행동의 심각성의 정도와 아동의 지적 수준 그리고 성격에 따라 상담자 중심의 지시적 방법, 아동 스스로의 자발적인 참여로 이루어지는 비구조적 방법, 상담자의 중간정도의 개입이 요구되는 반구조적인 방법(절충형)으로 구분하여 적절히 적용했다.

아동과의 활동은 대상이 아동인 점을 고려하여 미술 재료를 이용한 과제물 만들기 및 그림 그리기, 혹은 아동의 수준과 적성에 맞는 여러 가지 놀이 프로그램을 개발하여 적용한 놀이 지도, 혹은 교사와의 대화(Talk)를 통한 이야기 치료 등 다양한 방법을 개발하여 아동 개인 혹은 그룹으로 적용하였다.

문제 행동이 단순하고 심각하지 않을 경우에는 1, 2회의 상담으로 끝마쳤고, 아동의 문제가 심각하거나 심리치료가 필요하다고 판단되는 경우에는 사전에 필요한 총 상담 횟수를 설정하였으며, 시작 전에 부모와 협의하여 총 상담 횟수를 정했다. 최대한 짧은 시간에 상담의 효율성을 높인다는 전제 하에 총 상담 회수를 10회에서 15회로 하였으며, 종료시점에서 다시 계속해서 상담이 필요하다고 판단되는 경우에는 아동의 행동변화의 결과와 부모 의견을 종합한 후에 다시 결정하였다. 상담자는 내담자에게 시간과 요일 그리고 장소를 정확히 지킬 것을 요구했다. 그러나 간혹 아동의 문제가 심각하고 부모의 요구가 있을 때에는 시간의 제한을 받지 않고 상담을 제공하기도 하였다.

상담을 진행해 감에 따라서 아동들은 수준과 능력에 따라 변화된 모습을 행동으로 표현하였다. 언어의 유창성이나 지능수준의 높고 낮음을 고려하더라도 아동들은 자신의 생각을 가진 존재이다. 그러므로 아동이 스스로 내적인 인지적 사고 작용을 거쳐서 행동의 변화된 부분들을 이끌어내도록 지도하는 상담 방법이 유효하였다.

상담 방법으로는 아동 개별상담과 소그룹 상담, 부모훈련, 전화 상담,

사회 복지기관에서의 지역사회 아동상담 및 이메일에 의한 방법 등을 활용했으며 개별상담, 소집단 상담, 부모교육을 적절하게 사용하였다.

(1) 소그룹 상담

소그룹은 아동의 연령이나 문제 행동의 종류에 따라 유사한 문제를 가지는 동질그룹으로 편성하는 것을 원칙으로 했다(이성한, 2003).

(2) 부모훈련

부모 소그룹은 부모의 연령대가 비슷하거나, 자녀의 연령대가 비슷한 부모들을 중심으로 구성하는 것을 원칙으로 했다. 부모교육은 총 5번을 실시하였으며, 1번에 대부분 12회 정도 실시하였다(이성한, 1989; 1993; 1994; 1997; 2002). 참가자의 연령분포는 3, 4세에서 12세까지의 자녀를 둔 어머니였다. 부모 그룹은 자녀의 연령층에 따라서 나누었다. 그 이유는 자녀의 연령층이 비슷할수록 부모그룹 상호간의 공감대 형성이 쉽고 정보교환의 면에서 유익하기 때문이다. 부모 소그룹은 한 번에 5명에서 9명 정도로 구성하였고, 한 번의 프로그램은 일주일에 두 번 정도 실시하였다.

부모훈련 교육은 주로 행동주의적 부모훈련 기법에 바탕을 둔 절충적 접근법을 적용하였다. 이 접근법은 아동의 사회적인 문제행동을 다루는 방법을 학습하는데 유효하며, 아동의 언어와 사회적 행동을 증가시키는 데에 유효하였다(이성한, 2002). 이 프로그램은 특별히 자녀의 양육행동 기법을 배우기를 원하는 부모에게 효과적이었다.

초기에는 발달 장애나 심각한 행동 장애를 가진 아동의 부모들이 주로 내담하였다. 그러나 총 5번 중 3번째 부모훈련부터는 일반 아동 중에서도 일상생활의 문제에 대해 곤란을 가지는 아동과 그로 인해 자녀 양육에 자신을 가지지 못하는 일반 부모를 대상으로 부모교육 프로그램을 다양하게 개발하고 일반화시켜 나갔다.

(3) 전화 상담 방법

필자는 부모나 유치원 교사 혹은 아동의 친척들로부터 걸려온 전화

상담도 했다. 그러나 1회의 전화로는 충분한 상담을 할 수 없는 등의 문제로 이 방법은 그다지 유효한 방법이 아니었다. 전화 상담의 단점으로는 전화의 음성이 적게 들리거나 전화의 소음 때문에 상대방의 말을 잘 알아듣지 못하는 경우도 있었다. 그리고 전화상담은 특별히 시간을 정해놓지 않았기 때문에, 필자가 시간적 여유가 없을 때 걸려오는 전화는 간단한 기본적인 대답밖에 할 수 없었다. 따라서 만약에 부모가 더 많은 상담을 원할 경우에는 상담실로 내담하도록 하여 상담을 실시하였다.

(4) 사회 복지기관에서의 상담

월 1회 정해진 시간에 필자는 하루 동안 복지관의 아동상담실에 나가서 상담을 하였다. 상담은 사전 예약을 원칙으로 하였다. 상담은 무료였으며, 지역사회 봉사 차원에서 이루어졌다.

(5) 이메일(E-mail)에 의한 상담

부모나 유치원 교사들로부터 이 메일로 문의가 있을 경우에 필자가 이 메일로 답변을 보내주는 방법이다. 이메일 상담은 인터넷을 활용한다는 점에서 사적인 비밀보장 차원에 있어서 문제가 있을 수도 있지만, 현대 생활의 특성상 시간 절약 차원에서 매우 유효한 방법이라고 생각된다.

이 메일은 두 가지 경우가 있다. 하나는 서로 대면하지 않고 이 메일로만 의사소통을 하는 방법이며, 또 하나는 일차 직접 면담을 가진 후에 설명해야 할 부분을 자세히 문서로 작성하여 그 결과를 아동의 부모에게 보내주는 방법이다. 이 메일에 의한 상담에는 부모의 문자 해득력과 컴퓨터 관리 능력이 요구된다는 점에서 저소득층 혹은 저교육층, 빈곤층에게는 아직 도입하기에 이른 방법이라고 생각되었다. 인터넷 상담은 때론 가명이나 익명으로 행해지는 경우도 있으며 내담자 측에서 상담자에게 문서로는 자세한 내용을 알리기 힘든 경우도 있다. 이러한 여러 가지 문제점, 그리고 상담의 특성상 상담자와의 일 대 일 대면에 의한 상담이 더욱 효과적이었다.

(6) 한국의 아동들에게 많이 보이는 문제행동의 징후들

〈표 13-1〉 아동의 주된 증상(1999~2003년까지의 필자의 상담 노트에서 발췌)

연령	문제점
3세 미만	언어지체, 인지, 사회성, 부모자녀분리, 과잉행동, 과잉울음
3~5	언어, 숫자문제, 사회적 정신적 지체, 주의 산만
5~7	언어발달 지체, 말더듬, 인지 지체, 수면습관 문제, 과잉행동, 사회성 발달 지체, 모자 애착문제, 울음, 유아 자폐증, 주의산만, 수동적 성격, 일상 생활습관 문제(예 늦게 자고 늦게 일어나는 행동으로 인해 학교에 지각, 숙제를 제때에 못해 감.)
7~10	인지, 숫자, 반사회성, 혹은 비사회성 문제, 친구들로부터 소외, 고집, 자기주장 능력의 결핍, 수동적 행동, 언어문제, 듣기 문제, 학습 장애, 울음, 일상생활 습관 문제, 주의 산만, 자주 화를 냄, 몽유 증세(Sleep-walking), 무시, 지나친 고집, 공격성
10~13	학업, 사회 언어적 문제, 부모에 대한 의존심, 일상생활 습관 문제, 시간 관리 문제, 친구들로 부터 소외 문제 등
13세 이후	시간관리 문제, 청소년기 증세

아래의 상담기록은 필자의 상담노트에서 발췌한 것이다. 순서는 1. 언어문제 상담 9사례 2. 행동・정서문제상담 35사례 3. 소극적・내성적 문제관련 상담 6사례 4. 학업부진관련 상담 6사례 5. 모자관계 가족관계관련 상담 4사례 6. 발달지체관련 5사례이다. 본문 중에서 (1)의 표기는 대상아동의 정보이고 (2)는 주된 증상 (3)은 조언 혹은 지도방법이다 (3)은 경우에 따라 기술되지 않은 사례도 있다.

1. 언어 문제의 상담사례

1) 사례 1

(1) 초등 1년 남아

(2) 돌전에 엄마 아빠 하다가 4세 되어 말을 다시 시작함. 모든 것이 늦음. 집중력이 떨어지고 다른 아이에게 맞는 편임. 또래에 비해 어리고 나약해 보임. 양보하는 것 잘 함.

(3) ① 집에서-책 읽기 지도를 통해(엄마가 같이 읽어 주도록) 국어 능력 기르도록 한다.
② 규칙적인 생활 습관을 기르도록 한다. 일찍 자고 스스로 밥 먹고 학교 가도록 지도한다.
③ 차츰 혼자서 하도록 가르침.

2) 사례 2

(1) 1999년 3월 26일(금) 오후 3시~4시 5세 남아

(2) 지금은 말을 하려고 애씀. 엄마가 못 알아들을 때도 많음. 발음은 정확하게 하지 않음.

- 언어발달 : 처음 돌 지나고 엄마 함. 그 뒤로 친할머니에게 1개월을 떼어놓음. 그 뒤로 심각함. 할머니가 아이를 거두지 못함. 4개월간 말을 안 함.
- Y동 D언어치료실 다님 - 글씨 그림 겸해서 가르침. 개별지도 받음.
- 4세 때 신경정신과 종합병원의 뇌파검사 결과 '자폐'가 약간 있다고 함. 그 후 D 언어치료실 다님. 아이들과 놀고 있으면 같이 어울리려하거나 관심을 보냄.

- 색에 대한 거부감이 있음. 저녁에 잠들 때 떨어지지 않으려고 함. 해가 지면 엄마를 찾음. 지금도 어머니와 같이 있어야 함. 위험하고 무서운 것이 구별되지 않음. 연필 쥐는 것 연습시킴.
- 눈 맞춤이 안 됨(초점이 흐림).
- 혼자 노는 습성이 있고 엄마를 쳐다보고 끌어보고 하는 일이 없음.

3) 사례 3

(1) 1999년 6월 18일 오후 4시 5세 남아

(2) 생육력- 정상분만 3.45kg. 황달이 있어서 울기 시작해서 돌 지날 때까지 울고 지금까지 울음.

- 양육-생후 1년 동안 어머니가 양육함.
- 언어-돌 지나고도 말을 하지 않는다고 느낌.
- 신체발달-기어다니는 것 없었음, 가만히 누웠다가 바로 앉음.
- 진단력-두 돌 지나고 병원 진료한 적 있음. 의사소견에 뇌수막염을 예상했으나 뇌는 괜찮은 것으로 결과 나옴.

현재문제

- 언어 : 아무 말도 하지 않음. 엄마, 아빠는 돌 지나고 함.
- 교육력: 1998년 11월부터 아동집 재원함,
- 가족력- 시가 쪽에 큰아버지가 6세에 말을 했다고 함.
- 경도 자폐 경향.

(3)

① 언어지도의 목표

가. 동작모방부터 지도-적극적인 피드백을 씀.

소리내기놀이, 말 연습놀이, 사회적 말놀이

언어지도 책 활용하기

나. 생활언어 지도

② 행동지도의 목표

가. 신경증적인 행동지도

나. 울기행동지도

③ 교사의 역할-바람직한 행동(주목, 반응)에 대해서는 칭찬과 격려, 불필요한 행동에 대해서는 무시한다(소거법 적용).

4) 사례 4

(1) 2000년 5월 22일 오후 3시 30분 5세 남아

(2) 사회성이 나아지지 않는다. 친구들과 어울리지 않고 물어도 눈을 맞추지 않는다. 혼자놀이는 되지만 어울리기가 되지 않음. 이웃아이들과는 잘 논다. 물건을 갖다 달라고 하면 갖다 주기는 한다. 생후 외갓집에 3개월간 맡겼고, 할머니가 양육한지 3년 됨.

소리가 나면 귀를 막는 현상이 있어서 소아과에 가니 일시적으로 그럴 수도 있다고 함. 귀막는 현상은 1년이 됨. 시끄러운 곳을 가면 귀를 막는다. 텔레비전 광고를 보면 반복되는 것을 보면 따라하고 샴푸 광고만 보면 보지 않으려고 함. 한마디씩 따라한다. 먹는 것 책읽기 좋아함. 주로 동화책을 좋아한다. 전화를 하면 반복되는 말을 한다. 명사를 반복해서 말함. 혼자서 좋아하고 웃을 때가 있음. 단어는 알고 있음. 행동관찰시 성인의 말 가운데 명사를 반복해서 따라함. 통제가 되지 않음. 멋대로 하려고 함. 관찰시 많이 움직이는 경향이 있음. 잠시도 가만히 앉아 있지 않음. 발육은 빠르나 말은 조금 늦고 잘 먹음.

"이건 뭔데"를 "이건 문데"라고 물음. 책 읽어 달라고 함. 숫자와 색은 암. 차를 좋아하고 책도 좋아함.

(3) 기다리는 시간 줄이고, 지도시간 정확히 한다.

목소리 크게 대답하도록 지도한다. "예"라고 답하게 지도. 간식 시 손 씻고 먹도록 지도, 피드백 잊어버리지 않기.

5) 사례 5

(1) 1999년 10월6일 낮 12시~12시 50분. 7세 남아

(2) 언어: 엄마 아빠는 하지만 말이 늦고 인지도 늦음. 어떤 때는 이야기도 함.

① 교육력: Y동 장애인복지관 1999년 5월에 1개월간 재원.

Y동 교육결과 특별한 병명이 없고 단지 언어가 늦다고 함.

② 행동: 하라고 하면 하지만 행동이 늦고 어머니와의 분리 문제.

태어난 직후 심장박동수가 낮다고 해서 호흡이 안 되고 수술함. 현재 또래보다 3kg적고 신장도 작고 뒤집기도 늦었고 걷는 것도 18개월에 보행함. C병원에서 18개월 때 피검사를 많이 함. 머리 검사는 할 필요가 없다고 함. 병명은 없고 두 돌 때 빈혈이 있다고 함.

6) 사례 6

(1) 2001년 6월 4일 오전 10시 6세 남아 가족관계 : 동생(5세)과 부모님

(2) 언어, 인지가 안 되고 일반 아동집 재원. 말이 많이 늦고 사람 보면 말을 잘 하지 않음 개별 언어치료실을 다님. 3세 이후에 말이 늦음. 어릴 때 경기. 집에서 일이 많았음. 두 돌 지나고 우려. 아버지가 말이 정확하지 않음. '엄마', '아빠', '주세요, 안녕하세요.'라는 단어 정도만 사용해서 말을 함. 집안에 일이 있는데 아직도 크게 좋지 않음. 아파서 경기를 하고 애가 울면 아이를 손찌검 함.

7) 사례 7

(1) 날짜 1991.12.6 남아 초2

(2) • 발표력이 없음.

- 소극적인 편. 짜증을 잘 내고 날카롭다.
- 동생인 아기와도 싸움.
- 어떤 부분은 쉽게 받아들이나 어떤 부분은 이틀씩 걸림.
- 나이에 비해 단어 이해를 못함.
- 겁이 많고 그네도 처음으로 탐.
- 언어발달이 30개월에 트임.
- 그림에 소질이 있음.
- 지금도 아직 유아어가 많이 나옴.
- 조리있게 이어서 하는 것이 안됨.
- 친구관계는 잘 노는데 신경질을 냄.

(3) ① 1학년 수준의 학습지를 함
② 놀이 경험과 친구관계 - 수영 등. 독서지도
③ 부모는 자녀와의 대립은 피해야 함.

8) 사례 8

(1) 날짜 1999년 10. 20. 남아 초등 1
(2) • 글씨 쓰고 읽고 계산은 빨리 함.
• 국어가 안 됨. 어휘가 부족함.
• 책을 안 읽으려고 하고 그림만 보고 넘김.
• 하기 싫어하는 말은 모름.
• 운동은 싫어함.
• 관찰결과 생각보다는 산만하지 않음. 엄하게 키움.
(3) ① 독서지도- 간단한 그림책. 학습능력은 평균. 부모의 양육태도 수정 중요.
② 엄하지만 자애로운 어머니로서 격려의 방법을 쓰도록 함.
③ 가정에서 말을 자발적으로 할 기회를 주도록 하고 잘못된 발

음은 수정하고 꾸짖지 않도록 함.

④ 친구관계지도 필요.

9) 사례 9

(1) 94. 12 남아 만5년 10개월,

(2) 소아정신과에서 보니 아무 이상 없음. 집에서 게임하는 것을 좋아함.

말이 늦다. 요즘은 혼자 놈. 자기보다 나이가 어린 아이와 놈.

- 엄마를 많이 찾음
- 발음이 약간 흘리면서 함. 유아어가 있음.
- 발표할 때도 친구관계에서도 말이 안 나옴.
  정서적 자신감이 없음.

(3)
- 격려와 인정이 필요
- 바깥 놀이 활동이 필요. 눈과 행동에 이상 징후가 보이지 않음.
- 언어치료 필요. 어휘력 부족.
- 어머니의 정서적 안정 필요. 이비인후과에 아동 데리고 감. 집에서의 언어지도
- 훈육에 있어서 다양한 벌의 방법을 활용하도록.

2. 행동 · 정서문제의 상담사례

1) 사례 1

(1) 1998년 10월 23일 남아 초등 1년

(2)
- 4세에 경기를 처음하고, 작년 열, 올해도 배, 머리 아픔.
- H병원에서 뇌파 CT촬영-이상 없음.

- 자전거 타고 차와 충돌한 적이 두 번 있음.
- 공부는 하나 행동에 문제가 있다(빵점)는 선생님 말씀.
- 정서불안도 있고 목소리도 크다.
- 담임선생님께 자주 야단맞음.
- 5세까지 책을 보았으나 현재에는 보지 않음.

(3) ① 학교담임에게는 찾아가서 상담을 하도록 함.
② "경기"가 의심됨으로(혹시 간질이 아닌지), 병원의 정밀진단을 새로이 받도록 권유함.
③ 어머니의 정서적 지원이 문제: 사회적 활동 권유, 너무 심하게 염려하지 않도록 함. 스트레스 없는 생활을 하시도록 권유함.

(4) 아이는 "엄마가 무서우냐"는 상담자의 질문에 "그렇다"고 함. 어머니의 양육태도는 잔소리가 심하고 밥도 떠먹이는 수준임.

2) 사례 2

(1) 1999년 4월 14일 오후 4:10~초등 3년 남아

(2)
- 학교나 학원에서의 내용을 전달하는 이야기가 없음.
- 거짓말을 하고, 아파트에서 1층으로 물건을 내어 던짐.
- 아동의 거짓말에 대해서 어머니가 느끼신 시기는 초등학교 1학년 때였고 약간의 거짓말을 5, 6세부터 시작됨. 4세까지는 영특하다는 생각을 함.
- 도벽이 있음. 남의 집에 가서도 도벽이 있어서 어머니가 갚아주고 함. 혼자서는 사과하고 하면 하지 않음. 돌아서서는 다시 놀러감. 그 집에서는 가면 또 놀아줌.
- 도벽의 최대 금액 수-30만원, 3일 뒤에 어머니가 알았음.
- 돈의 용도-오락실, 적은 아이들과 어울림, 돈을 주고 사주고 함. 물건을 사서는 집에 들어오지 않음. 돈을 밖에서 쓴다. 9시

경에 귀가가 늦어서 찾으러 다닌 적이 많음.
- 어머니 직장 다닐 때의 아동의 태도-엄마가 없어서 편하다고 이야기 함. 하루 용돈 500원.

(3)
- 아버지-아이에게 관심을 보여주도록 권유.
- 학습지도를 하루에 10분씩 함.
- 어머니와 자녀와의 진실한 대화의 필요성-대화시간을 규칙적으로 정하도록 함.
- 아동에 대한 관찰을 하여 도벽이 일어 날 즈음에 예비할 것.
- 어머니가 아이에게 이끌려 다니지 말고 속지 말고 통제할 것.
- 체벌을 할 때 회초리는 소용없음. 그 이외의 방법으로 밥 음식, 벌을 줌.
- 친구를 최소한 한 명이상 사귀도록 환경을 마련해 줄 것.
- 학습은 하루 10분 앉는 연습, 하루에 5문제 정해놓고 시작함.
- 시간 관리의 필요성이 있음.
- 아동과 합의하에 규칙을 정함.

3) 사례 3

(1) 1999년 4월 16일(금) 17:00~남아

(2) ① 산만하고 싫증을 잘 낸다.

② 학원에서 하다가도 나오고 누나를 괴롭힘. 학교에 교실로 찾아감.

③ 유치원 2년 재원, 상반기는 가지 않으려 해서 애를 먹음.

④ 사고 또는 다치기도 함.

⑤ 동네에 여자 친구가 많고 남자 또래가 없어서 남자친구관계 형성이 되지 않음.

⑥ 가정에서는 부모가 주로 비디오를 보여주고, 밖에서 노는 일이 적음

(3) ① 부(아버지)는 아이가 그럴 수도 있으니 하고 생각하며 늦어도 크게 심하게 염려하지 않고 있음.

② 모(어머니)가 심하게 걱정을 한다고 함.

③ 외견상으로는 주의 산만 증세는 보이지 않고 의학적 검사의 필요성은 없어 보임.

④ 그러나 양육태도와 훈육의 결핍으로 아동이 제대로 교육을 받지 못했음-할머니와 오랜 시간 지내고 비디오를 많이 보는 환경은 교육상 수정해야 될 필요성 있음.

⑤ 하루에 5분씩 각 과목 숙제(공부)를 집에서 지도해 나가도록 조언함-공부습관이 전혀 되어 있지 않음.

⑥ 행동 발달 면에도 유아스러운 행동이 많고 또래에 맞는 행동지도, 언어지도, 아버지에게 습관지도를 해나가기를 조언함.

⑦ 학습에 도움될 교재, 교구의 제공

⑧ 분명한 훈육이 필요함.

4) 사례 4

(1) 1999년 12월 2일 7세 남아

(2) 최근 1개월 전부터 조그만 물건들을 가게 주인 모르게 집으로 가지고 온다. 종류는 아이들이 좋아하는 포켓몬스터나 장난감이 든 사탕 등이다. 횟수로는 5회 째이며 지난번까지는 친구들과 같이 모르게 가져오다가 이번에는 혼자서 가게 물건을 가지고 온다.

(3) 어머니는 본 아동을 장녀보다는 나이가 어린 이유로 과보호 하는 경향이 있음. 따라서 본 아동에게는 먼저 아이의 나이가 유치원생인 만큼 자기의 일은 스스로 하도록 자립심을 길러주고 너무 어머니가 과보호하거나 감싸거나 도와주지 않도록 한다.

어머니의 애정은 기본적으로 아이가 부족함을 느끼지 않도록 충분하게 허용하면서 물질도 너무 제한하면 오히려 아동의 호기심을 자극하므로 기본적인 또래가 가질 수 있는 물건은 마련해주도록 한다.

가정에서는 어머니가 낮 동안 집에 계시지 않을 때 아동이 집에서 안정감을 느낄 수 있도록 누나가 동생을 괴롭히지 않고 누나로서 잘 보살펴주도록 가르친다. 누나도 어머니가 동생에게만 잘 해 주는 것처럼 질투심을 느끼지 않도록 부모는 공평하게 대한다.

- 아동이 한 번씩 남의 말을 귀담아 듣지 않는 경향이 있는 것 같다.
- 어머니의 의견으로는 본 아동은 왼손을 쓰며 아직 읽기 쓰기가 분명하지 않다고 함.
- 연령에 비해서 많이 늦다고 생각되면 신경정신과 진단을 참고삼아 받아볼 필요가 있다.
- 친구관계는 시간을 두고 더 지켜보도록 한다.

(4) 아이의 누나가 본 아동을 자주 때리고 꼬집고 같이 많이 싸운다. 가정에 일을 보는 할머니가 계시는데 아이에게 엄하지 않고 허용적인 편이다.

아이의 어머니가 최근 3개월 전부터 맞벌이를 하러 가게로 나가시고 부모와 있는 시간은 3개월 전에 비해서 일요일만 집에 있다.

본 아동의 친구가 두 명 있으나 한 명이 동갑이지만 연령적으로 몇 개월 차이가 나며 그 친구는 부유한 가정으로 물건을 많이 구입하는 편이다. 어머니의 의견으로는 본 아이는 친구와 대화 수준이 맞지 않고 본 아동이 정신 연령이 친구에 비해서 어린 것 같으며 본인은 친구와의 대화 내용을 이해를 하지 못한다고 한다.

5) 사례 5

(1) 1998년 초등1년 남아

(2) • 학교담임-집중력이 없고 산만하다고 함. 공부시간에 돌아다니

고 친구를 괴롭힘.
• 학습 능력은 뒤떨어지는 것이 아님
• 돌 전에 뇌진탕으로 입원-MRI촬영-퇴원
• 성격이 날카롭고, 짜증을 낸다. 학교 다녀오면 종일 밖에서 논다.
• 학교는 좋고 학원은 싫다고 함. 어머니가 밖에 나가지 못하게 한다.
• 자세가 바르고 묻는 말에 대답만 한다.
• 어머니가 좋으냐고 물으니 고개를 휘저음(싫다고 함)

(3) • 어머니-취미생활 하시도록 함(자기생활 가지도록
• 자녀와의 관계가 너무 가까우니 조금 거리를 두도록 함.
• 태권도등의 가벼운 운동을 시켜보도록 함.
• 어머니가 체벌을 많이 하시는데 조금 방법을 수정하도록 함.
• 모자가 세력싸움 하는 것 같이 보임. 아이를 인정해 주고 어머니가 이기려고 하지 말기 바람. 상담 종결 시에는 "엄마 좋아해요"라고 말하도록 시킴.

6) 사례 6

(1) 1998년 10월 23일 남아

(2) • 신체적-눈 깜박거림. 코 찡그림.
• 주의 산만함. 집중을 안 한다. 예민하고 잘 놀란다.
• 손을 늘 움직이고 만짐.

(3) ① 병원-이비인후과, 안과 B병원 소아신경정신과에서 과다 행동증 여부 진찰을 받고 가리도록 함.
② 어머니의 태도-아이에게 애정표현도 하고 좀더 웃고 훈육의 기능을 잘 감당하도록, 좀더 적극적으로 아이를 가르치도록 한다.
③ 병원의 결과가 좋지 않을 시에는 치료교육을 받도록 권유

④ 어머니가 평소에 아이에게 냉담하게 대함.

7) 사례 7

(1) 2000년 4월 20일(목) 초등 2년 남아

(2) • 특수반 다님.

• 5분도 못 앉아 있음.

• 1학년 때부터 그러함. 6, 7세부터 산만해 짐. 많이 산만함.

• 5세까지 할머니가 양육함.

• 말도 잘 듣지 않음. 잘 읽고, 수는 덧셈 뺄셈은 함.

• 학교 수업 시 참관을 가니까 산만하여 책을 꺼내지 않음. 시작 종이 치는 데도 늦게 들어옴.

• 책읽기는 하지 않고 운전하는 놀이를 하고 논다.

(3) • 먼저 앉아 있는 연습을 시킴. 매일 집에서 앉아 있는 훈련. 잔소리 하지 말 것.

• 발달이 늦음. 현재 유치원 수준의 TV프로그램을 시청하고 있음.

8) 사례 8

(1) 2000년 5월 18일 오후 5시. 2001년 12월 20일 초등 4년 남아

(2) 4학년이며 학습지나 학원은 하지 않고 학교에서 1주일에 3번 컴퓨터와 태권도를 함. 현재 학습에 관련된 것은 하지 않고 있다.

• 학업 능력은 또래보다 1년 정도 빠르다. 학교 행사에 참여하지 않으려고 한다. 학업을 빨리 끝내니까 3학년 때까지 주변 아이들이 끼워주지 않음.

• 현재 친구관계는 좋아짐. 컴퓨터를 열심히 함. 태권도는 1개월 되고 잘 하고 있음.

• 친구를 사귀고 싶어 하는데 방법을 모르고 오래가지 않는다. 성격이 예민함.

- 심각할 정도로 친구가 왜 싫어할까라고 생각함. 감정의 기복이 심함. 어릴 적부터 학습지를 하였으므로 학원에는 보내지 않음. 가정에서 주로 지냄. 잘 먹는데 요즘은 잘 먹지 않는다.

(3) 부모의 양육관을 지지함. 부모 교육 강의 참가나 서적 읽기를 권유.

- 아동은 1,2명의 가까운 친구들과의 캠프에 참여하기를 권유.
- 아동이 속하는 가족끼리의 모임도 좋고 친지들과의 모임도 좋음. 학교에 어머니가 참여하기를 권유함. 어머니가 아이의 학교생활(어머니회 등)에도 관심을 가지고 참여하도록 함. 어머니의 행동을 아이의 행동에도 영향을 미치게 됨.
- 아동에게 친구란 양보하고 협도하고 도와주어야 친구가 된다는 개념을 조언함.
- 어릴 적부터 사회생활의 습관을 쌓을 기회가 부족하지는 않은가, 그것을 점차 보충하여 가도록 함.

9) 사례 9

(1) 2000년 9월 20일 오후 3시~4시 만 3세 남아

(2) 뜻대로 하지 못하면 울고 짜증.

- 잘 때는 엄마에게 와서 잠. 잘 때 심하게 울면 반복해서 이야기하면 안심하고 잠.
- 씻는 것도 싫어함.
- 놀이방은 잘 다님.
- 집에서는 하지 말라고 지시하는 것이 90%.

(3) 어머니로서의 자신감 회복, 어머니의 자녀를 위한 시간관리 스케줄 조정의 필요성이 있음.

- 일반적인 자녀 양육서 읽기
- 부부관계는 의존적이 아닌, 독립적인 관계라는 것을 조언함.

• 모자간의 애정표현은 신체, 언어, 눈길, 마음으로 충분히 가능하므로 관심을 가질 것.

10) 사례 10

(1) 2001년 3월 20일 오후 3시 초등2 남아

(2) 고집이 세고 자기주장이 강한 편이다.

• 활달하고 극성맞게 뛴다. 양보, 협동, 남의 말을 들어준다.

• 잘 지내다가 학교 들어가서 힘들게 한다.

• 여자애를 밀어 다쳤는데 선생님이 주의를 주자 점심을 먹지 않고 고집을 부림.

• 잘 못한 점을 알기는 함.

(3) • 캠프를 1년에 한두 번 보냄. 수영도 보내고 바깥의 생활도 경험시켜 주도록 함.

• 본인이 좋아하는 것을 많이 시켜 주도록 함.

11) 사례 11

(1) 2000년 10월 18일 오후 3시 55분~4시 45분 9세 남아

(2) 담임선생님의 의견-산만하다고 함. 공부도 보통으로 함.

• 잠은 잘 자고 잘 먹지 않음 채소 안 먹고, 고기는 살만 먹고 생선 먹지 않음. 계란도 잘 먹지 않음.

• 물건을 잘 빌리지 못함. 애들이 따돌리지는 않으나 귀찮게 하니까 안 빌려 줌. 못 빌렸냐고 물으면 "못 생겨서 안 빌려주는가 보다"라고 말함. 학교에는 매일 준비물이 있음.

• 요즘은 아예 말을 하지 않음.

• 친구는 반에 한명 있다고 함.

(3) 혼자서 이야기 하는 시간 마련, 발표하는 시간. 국어, 쓰기 표현 시간 마련

- 친구관계지도-친구가 괴롭힐 때 “왜그래” “하지마”라고 주장하는 훈련.

12) 사례 12

(1) 2001년 2월 24일 초등 2 남아

(2) 엄마 말은 들으나 할머니 말은 안 들음.

- 안한다는 말도 하지 않고, 왜 안가느냐고 물어도 말하지 않음.
- 집에 안 오고 바로 학교에서 놀러감
- 매 들면 학습반에 가고 아니면 안감.
- 어머니 말은 무서워 함.
- 친구에게 맞았으나 안 맞았다고 함.
- 경비실 아저씨는 ‘아이가 착하고 인사성 밝다’고 함.
- 밤에 빵이 먹고 싶다고 해서 1,000원을 주니 오락을 함.
- 학습에 취미가 없음. 학습은 큰 문제가 없고 취미를 안 붙임.
- 싫증을 빨리 느낌. 재미없고 다른 곳에 감.
- 노는 것 좋아함.
- 할머니한테 못되게 함.
- 잘 안먹어서 많이 작음.
- 학교담임은 발표도 잘하고 성격도 밝고 좋다고 함.
- 자기반에 큰 아이들과 어울림. 맞고 들어옴. 때린 아이와 보고 놀지 말라고 함.

(3) 부부가 싸울 때는 아이에게 영향이 간다. 규칙적인 생활을 하도록 한다. 마음의 안정을 가지도록 한다. 규칙적인 습관들이기를 한다.

13) 사례 13

(1) 2001년 5월 17일(목) 오후 4시 초등 3 여아

(2) 1학년 때 힘들어 함. 입학 후 3월 말에 아파트에서 놀다가 머리

를 크게 다침. 이틀 후가 되어서 두통을 호소해서 큰 병원에 가보니 머리에 피가 고임 현상이 있었음. 그 이후에 입원하고 치료를 받고 피를 빼냄. 약 먹이고 삭힘. 1주일 이상 결석함. 학교에서 5월부터 친구들이 괴롭힌다고 함. 귀가길에 쓰레기를 가방에 넣고 돌아오고 손을 물고 함. 1학년 때 책상에 엎드려서 울음. 계속 괴롭힘을 당해서 옴.

- 2학년 때에는 너무 뛰어다님. 설치다가 맞아오기도 함. 괴롭히는 특정 아이들 몇 명이 있음.
- 3학년 때는 심하게 힘들어 하지는 않음. 그러나 얼마 전에 배를 발로 차여서 옴. 아이는 키와 몸무게가 약함. 키는 중간이다. 아이는 안 좋은날에는 질문에 대해서 회피하고, 일기를 쓰지 않음. 써도 대충 씀.
- 물건에 대해서 사고 싶어 하는 것이 감당이 안 된다. 필통이 있는데도 사고, 연필, 자, 학용품, 책도 사고, 특히 팬시 용품에 대해서는 끝이 없다. 어린이날 물감 10색을 받으니 20색을 사달라고 하여 사줌.
- 하고 싶은 일을 물으면 "대학교수"라고 답하나 실은 이모에게 "아무것도 되고 싶지가 않다"고 하였다.
- 끊임없이 물건(팬시)을 사달라고 조른다.
- 어머니 말로는 아이가 무기력하다. 학습은 많이 시키지 않는 편이고 몸무게가 또래에 비해서 적게 나간다. 이모에게 아이가 "사는 이유를 모르겠다"고 말함.

(3) ① 성격, 지능검사 실시의 필요성이 있음.

② 두뇌 MRI 검사 실시-초등 1년 이후의 이상 유무 확인할 것-정상이면 안심함.

③ 심리적인 문제에 대해서는 생활의 안정이 필요함-돌봐줄 성인의 필요성이 있음. 아이를 혼자 집에 두는 시간을 줄이기 바람-그룹 학습 가외나 그룹미술지도를 권함.

④ 식사의 조절이 필요함-간식보다는 식사(밥)를 제대로 먹이도

록, 영양의 균현을 도모하도록 권함.

⑤ 아이에 대해서 부모는 간섭이나 명령보다는 엄격한 행동의 모델을 보여줄 것(말을 줄이고 행동으로 보여줄 것), 무조건 허용하는 것도 좋지 못함. 또한 조건부식 교육도 좋지 못함. 아이는 스스로 하도록, 절제하는 교육을 하도록 함. 절제하는 용돈 사용 교육을 시킬 것. 안 되는 것은 분명하게 안 된다는 것을 주지시킴.

⑥ 부모가 심리적, 시간적으로 여유를 가지도록 한다.

⑦ 학교 준비물을 챙겨 가는지 저녁마다 확인할 것.

⑧ 학교 폭력이나 등교거부를 예방하기 위해서는 매일 일기지도를 시킴. 아니면 매일 저녁 학교생활에 대해서 아이와 이야기하는 시간을 어머니와 함께 짧게 가지도록 함. 담임과의 잦은 긴밀한 연락이 필요함.

⑨ 학습 성취도도 학교생활과 관계가 있으므로 학습에 뒤처지지 않도록 지금부터의 배려가 필요함.

⑩ 따돌림이 일어나는 친구 환경 요소를 담임과도 상의해보고, 어렵겠지만 특별하게 그 아이들을 집으로 초청해서 같이 놀이하는 시간을 가지도록 함.

⑪ 아이가 의사표현을 분명히 하도록 언어교육(말을 바르게 사용하기)과 행동교육(태도를 바르게 하기)에 신경을 쓰도록 함-등교거부나 학교 폭력예방 차원에서 안정적인 생활을 하도록 노력할 것.

14) 사례 14

(1) 2001년 7월 19일 오후 4시. 17개월 남아

(2) 누구에게도 안가고 고집 부림. 집에서 비디오는 잘 보고 있음.

• 아이는 보행, 언어, 행동, 인지 시선 정상임.

- 많이 울고 울기 시작하면 계속 운다.
- 딴사람이 안으면 울고 엄마만 안으면 그친다.
- 엄마가 많이 힘들고 아이는 잠이 많이 없다. 밤 두시에 자고 아침에 일어남. 많이 토함. 음식을 올려냄.
- 아이는 의사표현을 울면서 한다. 고함지르고 울기 시작함.
- 머리 표피층에 종양이 자주 생김. 현재도 3개 정도 있음. 피부과에서 짜면 고름이 나옴.

(3) 신속한 신경외과 두부관찰 필요함.

- 어머니의 양육태도 훈련 필요성, 훈육이 필요함

15) 사례 15

(1) 1999년 1월 29일 9세 남아

(2) 고집 세다. 하기 싫으면 누워 있다. 대립 갈등.

- 친구와 때리고 싸움. 모든 일에 승부욕이 강함. 처음 만나는 사람이나 장소에서 심한 거부를 느낌. 편식이 심함(야채는 안먹음), 친구의 사귐에도 편애가 심함.

16) 사례 16

(1) 2001년 3월 14일 6세 남아

(2) 어머니와 할머니는 무시하고 아빠는 무서워함. 아이는 아빠가 없었으면 좋겠다고 함. 동생은 사는데 재미가 없다고 함. 대답하는 것 좋아하지 않음.

- 아침에 어린이집에 갈 때는 전쟁을 치름. 자는데 스트레스를 받음.
- 스스로 태권도 학원에 보냈는데 안감.
- 아이가 작음. 잠도 자지 않고 안 먹음. 활동도 안함. 어린이집에서 김치를 먹은 날은 이튿날 어린이집에 안 나옴.
- 고집이 너무 세다.

• 그림도 세밀하게 잘 그림. 상상력도 있음.
• 머리가 좋음. 책에 작은 글씨라도 소화를 함. 과학, 태양계를 좋아함.
(3) 역할 분담시킴. 아버지와의 면담 약속.

17) 사례 17

(1) 1999년 4월 21일 오후 5시 만 6세 남아
(2) 어릴 때 눈 맞추기가 안되고 친구와 어울리지 않음.
• 때 쓰는 것 심하고 집어 던짐
• 반대로 말함. 어휘력은 좋은 편.
• 몸을 많이 움직이는 편.
• 98년 여름 소아정신과(온천장)-자폐성향이 있음. 사회성 3세 정도.
• 관심을 가르치면 기억을 함.
• 장난감은 관심이 없고 집안을 어지럽히며 논다.
• 환풍기 따라서 따라다님. 잊어버린 적도 있음. 많이 움직임.
(3) 일단 어머니 입에서 환풍기 말을 끄집어 내지 말 것
• 집 밖에 나오면 규칙을 정하도록 함.

18) 사례 18

(1) 1999년 5월4일 낮 1시반~2시 반 초등1년 3년
(2) 거짓말, 도벽
• 공부, 숙제, 기본사회생활이 안됨
• 계속 할머니에게 하던 방식을 사용함.
• 아침에 학교를 보내면 오전 11시에 감.
• 어릴 때부터 할머니가 키움. 방에서 소변을 누고 거짓말을 함.
• 초 1 남- 정신과에 감. 수업을 제대로 받지 않고 딴 짓을 함. 여자 아이보다 더 심각함.
• 초 3 여-거짓말, 학교생활이 안 됨.

- 거짓말 내용-- 아주 사소한 일.
- 수업시간에 딴 짓을 함. 초등 3학년의 여자아이는 도벽이 있고, 아이들이 놀리면 폭력(꼬집음)을 사용함. 학교에서 특수반에서 방과 후 기초보충을 받음.
- 남자아이는 집에서도 물건을 부수고 학교에서도 빼앗아 옴.
- 초등 3 여, 초등1남의 문제 정신과에서 상담을 받았으나 의사선생님은 아이 치료에 8~9년 걸리겠다고 함.

(3) ① 먼저 아이들을 책임지려는 재혼모의 결심여부가 중요함.

친모와 아이들과의 확실한 관계 정리 : 아이들의 의사를 물어보고 아이들의 의사로 확인할 것. 만나지 않게 하는 것이 바람직한 방법

할머니와의 아이들에 대한 간섭을 지양하고 관계도 정리할 것. 그리고 부부의 생활을 할머니나 친척들로부터 독립적으로 운영할 것. 집안의 일을 조모나 친척에게 전하지 말 것. 가정의 프라이버시를 보장할 것. 아이들이 할머니 집에 가려면 당분간 보내보는 것도 좋음. 여러 가지 방법을 다 고려해 보도록.

② 아이들 문제: 기본생활 습관 교육, 일과표 작성

아이들이 거짓말을 했을 때 부모의 대응에서 친부가 지금까지는 체벌을 심할 정도로 가했음. 이 방법을 바꾸도록 함. 체벌 대신에 그 이외의 타임아웃 등의 방법을 고려. 학교의 방과 후 교육을 참가 시키도록. 기초학습(국어, 수학)지도를 시작할 것.

(4) 재혼. 어머니는 친자녀가 초등4학년의 여자아이가 있음. 아이들과 지낸 지 3개월째에 접어듦.

아이들은 친모와 생후 2년, 행 후 6개월에 각각 헤어짐.(초등3학년아이는 친모와 헤어진 지 7년째에 접어듦) 할머니(63세)가 양육하고 일관성 없는 양육을 함. 현재는 할머니가 따로 산다. 재혼 가정 성립 후에 친모(사기성이 있음)가 아이에게 나타남. 친모와는 친부와는 재혼 1주일 전에 재판 이혼을 함.

19) 사례 19

(1) 2000년 5월 20일 오후 2시~3시 남아

(2) 외동이며 아이들과 어울리는 데 있어서 대장노릇을 한다. 안되면 화를 못 참음. 색연필을 부러뜨리고, 발로 차고 학교에서 모둠별 놀이하는데 누가 빠지라고 했다고 함. 욱하는 성질에 던지고 맞음. 잘 보이고 싶은데 화를 못 참음(약을 병에 든 시럽을 들어 깸)

일신기독병원 상담. 검사(심리), 컴퓨터 촬영함(40분), 성격검사(200매 문항)-어머니 기록함. 아이도 검사. 결과는 아무 문제가 없음. 아이 성격이 산만함. 오래 못 붙어 앉아있고, 돌아다니고, 학교 선생님은 아이가 성취욕이 강하다고 함.

3세 가을 때 어린이집을 보냄. 어리이집 4세 아이가 스트레스를 받아 그만둠. 4세 때 다른 어린이집(D아동집)에 2년간 다니고, C유치원 1년 다님.

친한 친구는 한명도 없음. 집에 와서 노는 것은 대장 노릇 잘함. 동네친구와는 잘 놈. 학교에서는 그게 안 됨.(학교에서는 동네와는 다른 아이니까, 학교 친구들은 본 아동의 성격을 모르니 같이 싸움.)

참지 않고 할 말 다 함. 다혈질임. 친구와 싸우면 때리고 맞곤 한다.

20) 사례 20

(1) 2000년 12월 27일 오전 11시 6세 남아

(2) 가만히 앉아 있지 못한다. 글을 안 가르침. 올해부터 '한글나라' 했는데 8개월에 다 뗌.

YMCA 아기스포츠단 다님(1년). 입학식날 선생님 보고 움. 작년까지는 인사를 못하고 숨음.

스포츠단 보내고 산만함. 자폐성향 아이가 반에 있음. 아이는 중이염(목소리 잘 안들림) 신체는 건강하나 산만함.

21) 사례 21

(1) 2005년 11월 1일 오후 5시 초등 6년 남아

(2) 유치원 때부터 어머니의 말을 듣지 않는다. 한번 잘못을 되풀이 하면 다시 잘못을 함.

- 담임선생님의 말은, 집중이 안 되고, 잘 다투고, 주변정리가 안되고, 숙제를 하지 않고, 잘 잊어버린다고 함.
- 축농증 증세가 있어서 한약을 복용함.
- 한국 아동상담센터에서 '주의력 결핍과잉운동 장애 진단'을 받음.

〈CAT검사, 가정에서의 행동기록표 작성〉

학교에서 친구와 화장실에서 싸움한 흔적, 말로는 친구가 먼저 자신에게 때렸다고 함. 본인은 목에 할퀴운 흔적이 있음. 본인은 혼자서 양호실에 가서 약을 바르고 옴.

주의력결핍 과잉 행동장애의 진단 기준에 비추어 아동의 상태를 진단해 본 결과 아래와 같은 증상이 나타났다.

흔히 지속적으로 정신력을 요구하는 과업(학업이나 숙제 같은)에 참여하기를 피하고 싫어하고 거부한다. 흔히 외부의 자극에 의해 쉽게 산만해진다.

과잉행동-흔히 손발을 가만히 두지 못하거나 의자에 앉아서도 몸을 옴지락거린다.

〈MFFT-KC 한국아동충동성검사 결과표〉

운동행동이 매우 빠른 편이다. 급하게 반응하는 경향이 높아 실수하는 때가 자주 있다. 충동적 경향성이 높으며 이를 억제하는데 어려움이 있다. 일의 세부적인 사항을 파악하기 전에 행동을 해버리는 경향이 있습니다. 주변 환경에 의해 쉽게 산만해지는 편이며, 과제에 집중하기를

어려워한다. 감정이나 흥분을 자제하고 차분하게 자신을 돌아보는 것이 필요하다. 즉각적인 반응을 억제하고 상황을 자세히 탐색한 후 행동을 결정하는 것이 필요하다. 학습에 임할 때는 주의를 산만하게 하는 요소(전화, 만화책, 오락기)를 제거해야 하며 과제에 집중하도록 스스로를 규제하는 훈련이 필요하다.

(3) 놀이의 종류: 정상적인 대인관계(양보, 대화, 타협)를 조성하는 놀이. 양보, 대화, 타협의 기술이 들어가는 내용으로 놀이구성, 아동에게는 사회적 획득의 요구가 있으므로, 성취감, 만족감을 주는 방향으로 지도. 대화치료도 실시.

규칙이 있는 게임(사회성, 인지)과 말하기(주제에 관해서 토론하기) 중심으로 진행. 과제로서는 규칙이 있는 게임과 인지학습을 하기, 말하기, 주제에 관해서 토론하기의 종류를 세우다

22) 사례 22

(1) 3월 19일 낮 12:40분 34개월 남아

(2) 누워서 기어가면서 설침. 8개월 때 앉아서 먹지 못하고 엄마가 일어서서 먹어야 함. 항상 업고 안고 함. 고함으로 질러서 서서 밥을 먹고 함.

돌 지나고 높은데 올라감. 버스타고 외출하면 벨을 누르고 손잡이를 자기가 만지려고 함. 잠을 잘 때는 설침. 다른 곳에 맡겨 놓으면 다른 아이를 때림. 작은 아이를 때림. 차고 꼬집고 집어 던지기를 좋아함. 한글나라 영어를 시키니 처음에는 받아들이나 선생님이 바뀌니 공부하지 않고 누움. 혼자서 높은데 올라가고 뒹굴고 뒷전에서 뛰어노는 것 좋아함. 말이 많이 늦음. 주먹 쥐고 고함지름. 머리 쓰다듬어주면 고함지름. 안기지 않고 보행기를 태우면 고함지름. 유모차를 태우면 밖으로 튀어나옴. 안고는 다님. 이야기는 간단히 함(차, 버스)

- 던지고 고함지르고 함. 다루기가 힘들고 거칠고 고집이 셈.
- B병원에 문의하니 정신과에 와서 상담해야 한다고 함.
- 놀이터에서 노는 것은 잘 하나 엄마와 있으면 끄집어내고 어질러 놓음.
- 장난감 중에서 목각으로 집짓는 것은 모양을 따라함. 두 돌 지나고 색깔별로 라이터를 모음.
- 머리빗도 색색으로 모음. 옷걸이도 모음. 공도 색깔을 모음. 어릴 적에는 잘 웃었으나 사람을 보면 고함을 지름. 어머니는 31세 때 초산. 출산 후기에 힘이 듦

(3) 소아 신경 정신과에 진단을 받도록 권유. 시각 청각 검사 권유. 다동 증상이 있음. 자폐의 우려기 있으나, 확실하지 않음.

23) 사례 23

(1) 5년 5개월 남아

(2) 집중력이 떨어지고 산만함. 과격한 행동을 함. 꼬집고 물고 밀고 때리고 함.

- 지금은 울지는 않으나 동생을 꼬집음.
- 언어표현이 늦고 표현력이 부족함. 의사전달이 명확하지 않음. 이전보다는 많이 나아졌다고 생각함.
- 어릴 적에는 칭얼대고 꾸준하게 좋아짐.
- 친구와 어울리지 못하고 말이 안 되고 과격한 행동이 나옴.
- 의사전달이 정확하지 않다.
- 여자 친구만 싫어하거나 따돌림.
- K정신과에서 상담받고 약을 먹으라고 조언을 들음.
- 부산 장애인사회복지관(Y동)-애착장애(1997년경)진단. 주 2회 2개월 심리치료 받음.

(3) 과잉행동의 징후가 보임. 장래 정확한 진단을 위해서 신경정신과

진찰을 권유. 소집단 치료 표현 언어 개발 필요성이 있음.

24) 사례 24

(1) 2002년 5월 30일 목요일. 4세 여아 할머니, 아버지, 어머니, 남동생

(2) 아버지가 K양이 아파 걱정되는 마음에 자는 동안 얼굴을 만지거나 손을 잡으면 잠결에도 손대지 말라고 함. 욕심이 굉장히 많은데 엄마만 자기 것을 만져도 허용하고 아버지나 동생은 절대 못 만지게 함. 동생과 많이 싸움.

① 유치원에서의 모습

가. 신학기: 칭찬받을 수 있는 모습만 함. 교사에게 잘 보이려고 하는 모습이 눈에 보일 정도임.

나. 학기 중반: 몰래몰래 아이들을 때림. 왜 때렸냐고 물어보면 대답을 안 하고 빤히 쳐다보거나 안 때렸다고 함. 도망감.

다. 지금 : 아이들을 때리는 횟수 증가. 왜 때렸냐고 물어보면 안 때렸다고 하거나 "나 힘세요", "저 아이가 나에게 나쁘다고 했어요"(실제로는 나쁘다고 말하지 않았음), 그냥 무작정 울어버리는 등의 반응이 나타남. 오늘은 "내 말이 맞아!"라고 하며 울다가 그쳤다가 이야기하려고 하면 다시 울어버리는 반응이 나타났음. 울고 있어 물어보니 "저 아이가 내 손 밟았어요"(멀리 앉아 있는 남아, 실제로는 움직이지 않았음)라고 함.

이런 반응 때문인지 아이들이 "재 거짓말하는 거예요. 뻥이에요"라고 하면 "내 말이 맞아!"하고 움.

오늘 하루 종일 나무망치에 집착, 자기 손에 들어오자 목공놀이 하는 곳에서 망치로 막 때림. 이하는 상담자의 의견을 기술했음.

(3) ① 사람에게는 아동이든 성인이든 사랑받고 싶은 욕구와 인정받고 싶은 욕구가 강하기에 그것이 정서적인 안정감과도 연결

되지 않을까.

② 동생이 있다고 하니 아마 집에서 부모님께서 남자동생이라고 해서 많이 예뻐하거나 편애를 하는 것이 아닌지 아마 부모님 심정으로는 딸도 예쁘겠지만 아들의 경우 더 마음이 가는 것을 .본 상담아동이 느끼고 질투심을 가지는 것은 아닌지...부모의 심정은 딸이라고 해서 마음이 덜 가는 것은 아닌 것임. 아마 애정을 아들에게만큼은 표현을 덜하시지 않을까 하는 생각도 듦.

③ 부모님이 서로 9년차이이면 상당히 연령차가 많이 나는데 아버지의 아동에 대하는 대응방법이 어머니와 차이가 나지는 않는지 궁금함. 아이가 어머니에게는 아버지에게 만큼은 싫어하지 않는 것 같으니 어머니의 대응방법을 아버지가 배워서 일치시켜 대하면 어떨까 하고 생각함.

④ 딸아이는 아버지와 동생이 아마도 싫거나 미워 보이는 시기가 아닌지, 아직 발달이 충분한 시기가 아니라서 자기중심적으로 생각하기 때문에 아버지나 동생의 입장을 고려하지 못할 것임.

⑤ 부모는 형제에게 대한 같은 대우를 해주어야 할 것임. 특히 딸이 질투심이나 애정에 대한 욕구가 강한 편이라면(기질적으로) 그것을 일단은 인정해주고 받아들여 줘야 할 것임. 아직 딸은 어리기 때문에 누나로서의 입장이나 역할에 대해서 확실하게 알지 못하고 있을 수도 있음. 중요한 점은 동생과의 나이차이가 1년 정도 밖에 나지 않으니 아직 누나로서의 역할을 제대로 알지 못하고 있을 수도 있고 아직 같은 수준의 어린아이라는 점.

⑥ 부모는 딸에게 누나니까 참아야 한다는 식의 설교나 교훈은 아이에겐 아직 이해되지 않을 것임.

⑦집안에서의 분위기가 바깥의 원에서도 나타나는 것이니 원의

교사들은 아이를 이상한 눈초리로 보지 말고 절대적으로 잘 한 일에 대해서는 좀더 인정을 해주고, 관심을 더 보여주어야 할 필요성이 있음(무조건적인 관심이 필요한 시기임)

⑧ 원에서 아이에게 잘할 수 있는 역할을 한 가지 분담을 해주거나 여러 친구들 앞에서 발표할 수 있는 기회도 주도록 함.

⑨ 요즘 이러한 아이들을 위한 정서적인 치료로서 음악이나 미술을 이용한 지도방법도 유행하고 있으니 원에서 아이에게 그림이나 음악지도를 하든지 하는 것도 방법임.

⑩ 집에서 아이에게 정서적인 발달을 도울만한 가까운 위치에 있는 기관에서 방과 후 과외(피아노, 미술, 수영, 독서지도 등등)를 한가지 시키도록 조언(이것은 반드시 아이가 좋아하는 활동이어야 한다). 활동을 선택할 때에는 아이에게 물어보고 동의를 받아야 할 것임.

⑪ 제일 중요한 것은 매일의 유치원의 생활이며 아이가 원에서 잘 지낼 수 있도록 교사가 특별한 배려를 해줄 필요가 있다는 것임. 인정받고 싶은 욕구가 강한 아이에게는 그것을 채워주지 않으면 참고 견디는 인내력이 약하므로 행동으로 표출되는 경우가 많을 것임.

25) 사례 25

(1) 1999년 9월 8일 오전 11:00. 6세 남아. 여동생, 부모

(2) 오줌을 자주 싼다, 현재 한달 반 쉬고 피아노 보냄. 잘 다님.

왜 울었니? 물으면 슬퍼서 운다고 함. 가기 싫다고 함.

아빠가 무섭게 한 뒤로는 안 울면서 감.

음악학원에서 큰 개에게 놀라고 난 후에는 더 안 가려고 함. 슈퍼에도 가지 않으려 함. 유치원은 보낸 지 보름정도 되었는데 유치원은 가고 싶은데 눈물이 나온다고 함. 겨울방학 졸업식 지내고 울고 안 가려

고 함. 나이에 비해 성숙함(글씨 읽고 쓰고 이해력도 있음). 성격이 내성적임 장녀라서 그런지, 동생에게 설명도 잘해줌. 친구와 놀이터에서 노는 것을 보면 그런 것이 없음. 엄마가 권유하면 가서 논다. 친구수가 적으면 가서 잘 논다. 친구와 만나는 기회가 별로 없고 집에만 있음. 집에 일이 많으니 많이는 못해줌. 유치원에서 엄마를 찾음. 5세 때 미술학원다님 1년 반 정도 다님. 3세 때 엄마와 떨어져 친할머니댁에 살았음.

26) 사례 26

(1) 2001년 9월4일 오후 3시 30분 7세 여아

(2) 주증 : 자다가 일어나서 불을 켜놓고 앉아있고 쓰레기통을 뒤짐.

- 주증이 생긴 것은 올해 봄부터 2001년 봄인 3.4월부터 시작함. 밤 수면중에 일어남. 평소에는 잘 모르나 잘 때 여름에 2,3일에 한번씩 발생. 잠들고 새벽녘쯤에 발생.
- 자고 있는데 새벽 2시 넘어서 소등함. 갑자기 일어나서 방에 불을 켬. 왜 그러냐고 물으니 고꾸라져 잠.
- 일어나더니 불안하게 왔다 갔다 함. 쓰레기통을 뒤지고 까만 봉투를 끄집어 냄. 면담자가 직접 아동 본인에게 물어보니 '잠이 안와서'라고 대답함.
- 자고 있는데 베게 밑 수건을 잡아당기고 있음.
- 친정 외갓댁에 자다가 일어나니 창문틀 잡고 동생이름을 부르고 잠듬.
- 마루에서 잘 때 일어나서 돌아다니고 시어머니 옆에 눕고 제정신이 아니고 불안해 함. 그림을 그리면 관찰력이 뛰어나서 묘사를 함. 손을 그리지 않고 잘 빠뜨림. 지적하면 지금은 그림을 그림.
- 반항적임.
- 유치원 반일제 1년 6개월, 아동집 2년 재원, 읽기는 되나 쓰기는

되지 않음. 작년 2000년 종일반, 올해 반일반. 내년 봄 입학함.

- 출산시는 정상이며 특별히 문제가 없었음.
- 2000년 12월에 어머니가 가게에 출근해서 밤 8, 9시에 귀가함. 시어머니는 62세이며 아동은 혼자서도 잘 있음. 책이나 비디오를 보고 잘 있음.
- 부는 작년 2000년 12월부터 집에 들어오지 않음.
- 시어머니는 아기를 좋아하는 편임.
- 식사는 잘 먹지 않고 굶기면 달라는 소리를 하지 않음. 키는 평균이며 체중은 덜 나감.

27) 사례 27

(1) 2000년 9월 4일 오후 4시

(2) 작년부터 말을 내뱉을 때 더듬음. 집에서는 그러지 않음 서너 번 말하다가 '이~이거 주세요'라고 말함. 머리는 뒤지지 않으나 말만 더듬음. 생각해서 이야기 할 때 더듬음. 말을 처음 시작할 때 더듬음. 정서(EQ)에 문제가 있을 것 같음. 집안 중 현재 10세 인데 3,4세 수준으로 말하는 사람이 있음. 발표를 시키면 다리를 떰. 어린이집에 가면 잘 놈. 어릴 때는 조용함. 말 이외에는 내성적임 지난해부터 말더듬기를 함. 얌전함. 한글나라도 한 지 1년 되지 않음. 4세부터 함. 수학 3개월 하다가 그만 둠. 집안의 변동은 없었음. 4세때 학원 다니고. 넓은 학원에 보냄. 학원은 시설이 잘 되어 있음. 한반에 35명. 옮기고 작년에 서너 번 오줌을 쌈. 집에서도 오줌을 눔.

현재 어린이집에 다님. 반일반으로 3시 40분 되면 집에 옴. 집에서는 잠시도 가만있지 않고 오락하는 것은 끈질기게 함. 밖에 나가서 놀지 않음. 성질이 급하고 엄마를 닮음.

28) 사례 28

(1) 12월 28일(월)저녁 6시. 중1 남아

(2) 시간 관념이 약함. 이제는 이야기 하고 다니라고 하고 있음.

시간이 많이 걸림. 야단을 쳐야 함. 초등학교 때 놀기만 하고 놀기만 하고 싶다고 함. 자기가 해야 되는 것도 모름. 하루 일과를 낮 시간 컴퓨터만 함. 좋아하는 것은 아침에 일어나서 함.

- 중등부-바이올린 부. 다른 아이가 아동을 보고 "못 노니까. 불쌍하다"라고 함.
- 어릴 때부터 주일학교 다녔는데 노는데 신경이 팔림. 그러나 적극적으로 노는 것 같지 않음. 뭐든지 확실하지 않은 것 같음. 친구관계는 많으나 다양한 친구가 없음. 교회 아이들과 만남.

(3) 자녀에게 하고 싶어 하기 전에 먼저 시키지 않았나?라고 생각됨.

- 관심을 주지 않는 딸 아이는 알아서 함.
- 상담자가 생각하기에 엄마가 아들 생각을 많이 하는데, 아이가 잘 자랄 수 있는 것을 방해하지 않았나?라고 생각이 듬.
- 어머니가 싫어하는 것은 아이가 아빠 성격을 닮은 것임. 아이가 차분하고 내성적임. 아빠가 관리직을 하는데, 대인관계에 있어서 적극적이지 못함.

29) 사례 29

(1) 2002년 6월 11일. 16세 남아(고 1)

(2) 기질적- 엄마의 생각이 앞선다. 환경에 적응 잘함. 끈기가 없음. 청소년 클리닉(초등 5때 검사), 글쓰기를 싫어함. 수학->공식->암산-> 도형이 어려움.

새벽 12시 40분에 귀가함. 노트가방을 열어보면 노트정리가 안됨(고 1)

• 책읽기는 좋아하여 환타지 소설에 빠져 듦, 영어회화 좋아함.
• 학원, 과외는 조금만 하면 만점.
• 머리를 쓰는 것은 아예 하지 않음.
• 자기 것을 못 챙김.

(3) 학업성적은 중학교 시기는 중상, 고1은 중간(끈기가 너무 없음). 집에는 귀가 12시 40분에 옴. D고등(S구)일반고 다님. 건강하지 않음, 체격이 작음.

30) 사례 30

(1) 남아. 초5.

(2) 나가서 고개 숙이고 말을 하지 않음.
• 어머니와의 대화가 없고 집에서도 말하는 것이 줄어듦.
• 집에서도 말할 때 머뭇거림. 클수록 심해짐.
• 특별히 좋아하는 과목은 없음
• 게으른 경향이 있다.
• 집에서 컴퓨터를 하고 밖에 나가 놀라고 하면 놀 친구가 없다고 함.
• 일부러 시켜도 대답도 잘 안함.
• 모든 게 불만임.

(3) 부모의 양육태도 훈련 - 적절한 부분은 인정. 부적절한 부분은 무시하는 방법을 가르침.

31) 사례 31

(1) 1999. 12. 14. 남아 7세

(2) 증상 : 2학기에는 1학기보다 말이 거칠어지고 친구를 괴롭힘.
• 주로 만들기와 조립을 함.
• 장래 화가가 되겠다고 함.
• 친구관계는 문제없음.

(3) 학습지를 시켜보도록 함.

• 어머니와의 밀착이 있음. 친구가 또래이지만 출생 개월이 먼저임.

• 부유한 가정임. 1개월 전부터 도벽이 있음.

32) 사례 32

(1) 날짜 2001. 9. 2. 여아 8세

(2) 증상 : 학교에 가지 않으려고 함. 액세서리는 관심이 많고 학습에는 관심이 없음. 아이는 엄마가 학교에 와서 청소해주기를 원함.

• 양보심이 없고 어른이 안주면 안먹지 하고 건잡을 수 없음.

• 자기가 해야 되는 일을 행동으로 빨리 못함.

• 학교 담임은 만들기 관제(협동심)에 관심이 없고 주의력이 부족하다고 함.

• 글 읽기 좋아하고 수는 전혀 못함.

• 아버지를 찾고 어머니가 체벌하면 아버지를 부름.

• 기분의 굴곡이 심함.

33) 사례 33

(1) 1998년 5월 28일. 남아 초등학교 2학년

(2) 아이가 순진하고 당당하다.

• 집에서는 장난치지만 밖에서는 싸우지도 않고 당함.

• 소리없이 운다.

• 집에서는 애교도 있고 활발하다

• 식사는 잘 먹지 않고 잠은 잘잠.

• 3, 4일마다 한번씩 맞고 옴.

• 학교생활 - 동작이 느리고 당당한 것이 없음.

• 식사도 제일 늦게 함. 책가방 챙기는 것도 느림.

- 아침마다 야단을 쳐도 별 효과 없음.
- 친구들과 말다툼 할 때 설명을 못하고 '몰라'라는 말을 제일 잘함.
- 숙제도 미루고 하기 싫어함.

(3) 아이의 몸을 건강하게 함(잘 먹여야 함). 알림장을 쓰게 함. 아이교육에는 부모 모두의 참여가 중요함. 아이에게 간섭하는 말을 줄이도록 함. 어머니 개인 생활이 필요함. 독서 지도를 함. 1개월 후 전화상담 하기로 함.

34) 사례 34

(1) 남아. 초등학교 4학년.

(2) 산만하다. 제자리에 앉아 있지 않음. 밖에서는 누구와도 접촉을 못함.

- 성적은 상위권이다.
- 3학년 올라와서부터 동생과 매일 싸우고 매를 맞음.
- 아동을 양육하는데 부모가 신경을 많이 씀. 스스로 안하기 때문에 간섭을 많이 함.
- 어른들 이야기 하는데 끼어들고 말이 많음.
- 친구가 싫다고 함. 이유는 그냥 싫다는 이유임.(아기와 같은 행동을 함.)
- 태권도 학원은 6개월 다녀도 큰 차이가 없음.
- 아빠는 말이 없음. 내성적이고 정을 안줌.
- 승부근성이 강함. 게임을 하면 끝까지 이겨야 함.
- 학교에서도 여자 아이들하고 놈

(3) 스스로 하도록 지도. 밤에 10시에 자고 아침에 9시에 일어나도록 함.

- 건강에 신경을 써주도록 함.

35) 사례 35

(1) 남아 초2

(2) 산만함. 수업시간에 수업에 집중하지 않고 딴짓을 함.

유치원 때는 주의 산만함.

학교성적표에는 '표현력이 뛰어나고 상상력이 좋다'고 기재되어 있음.

주의가 산만하고 많이 움직임.

잔소리를 하지만 기대치만큼 못 따라줌.

내버려두면 숙제를 안해감.

환경적 요인 ; 어릴 때부터 예민하고 잘 놀램.

양육태도 : 나무라거나 잔소리는 안하려고 함.

(3) 조언 - 병원 소아정신과 방문해 보도록 권유함. 말로만 주의를 주지 말고, 방법을 가르쳐줘야 함.

병원에 가보고 이상소견 있을시 치료교육 받도록 함.

3. 소극적 · 내성적 문제

1) 사례 1

(1) 1998년 6월 16일(화) 낮 12:00. 5세 여아

(2) 유치원에서 소극적, 내성적임. 본인이 먼저 친구에게 놀자고 하지 못함(놀고는 싶으나). 유치원에서 친구들이 안 놀아 준다고 해서 유치원에 가지 않으려고 하는 문제가 지속되고 있음.

(3) ① 현재 유치원 6세반에 있으나 가능하면 같은 또래 5세반에 옮기도록 함(상호작용이 이어나도록).

② 가정에서 또래아이와 놀이하는 기회를 주고 연습을 시킴(유치원 또래 친구나 동네 친구, 친척 또래 아이 등)

③ 동물원 등 바깥으로 아이를 자주 데리고 나가도록 함.

④ 어머니가 아이에게 절대적으로 지시, 명령, 간섭, 훈계하는 것을 줄이고 이제는 아이가 스스로 하도록 말을 줄이고 지지, 격려를 많이 할 것

⑤ 집에서 칭찬을 많이 하고 있다고는 하지만, 행동을 구별해서 하고, 아이가 스스로 하는 것에 대해서 칭찬을 많이 하도록 함.

⑥ 아버지가 아이를 무조건적으로 이뻐하여 어린아이 취급하고, 밥도 먹여주고 한다고 하나 이것을 고치고, 식사나 행동을 혼자서 하도록 격려하는 방향으로 아버지도 수정을 해 나가야 함.

⑦ 어머니의 사회성도 아이에게 영향을 미침으로 어머니가 유치원 모임 등 사회활동에 적극 참여하여 좋은 모델을 보이도록 함.

⑧ 대화의 기법은 open question으로 하도록 함.

⑨ 유치원의 담임선생님께서 본아동이 잘 놀 수 있도록 놀이하는 장면에 본아동(여아)을 격려해주고 칭찬, 인정해 주도록 함(유치원 선생님께도 부탁드리도록 한다.).

2) 사례 2

(1) 2001년 3월 21일(수) 오후 2시 초등3 남아

(2) 아이가 내성적임.

- 학교에서도 발표는 잘 하지 않음. 공부는 중상. 수동적이지 않나 싶음.
- 또래에 비해 몸무게 키는 작음. 질서정연하고 착함.
- 휴일은 좀 많이 놈. 친구들과 몰려다님. 친구는 친한 친구 또래 2명.
- 어머니가 물어보면 대답은 잘 함.

- 자발성, 염려, 발표를 잘하지 않고 수동적인 느낌, 스스로 하기를 가르침. 자기주장이 없음.
- 아이는 일부러 몰려다니고 용기가 부족하다.

3) 사례 3

(1) 2001년 12월 20일 오후 4시/ 12월 21일 초등 6년 남아

(2) 아이가 속을 드러내지 않음. 물으면 대답은 하지만 속내를 털어놓지 않음. 시키면 반항하지는 않고 무조건 함. 성적인 호기심이 많음.

어머니가 힘들다고 하면 부축해주고 마음도 여린 편. 친구들과는 좋으나 친구가 하자고 하면 자기의사는 잘 밝히지 않음. 내성적이고 의사표현을 잘하지 않음. 활달했으면 좋겠다고 말함.

(3) '성'에 관한 호기심은 자연스러운 발로이므로 막기보다는 건전한 방향으로 해결하는 쪽으로 지도함. 운동을 하고 의사 표현력을 기르는 것이 필요하다.

- 아동-교회생활을 하고 있으니 꾸준히 출석토록 권유함.
- 주 1회 축구를 할 수 있도록 축구시간을 연장시켜 주도록 함.
- 자기 전에 책읽기를 시킴.
- 어머니-교회 생활을 하고 있는 것을 계속적으로 교분을 맺어 갈 것.
- 아이가 취침 전에 혹은 축구 후에 샤워를 하고 속옷을 갈아입도록 권유함.
- 성에 관련된 교육적 자료를 개방적으로 보여줄 것.
- 아이가 축구를 할 때 운동장에 직접 가 볼 것.
- 아이의 학교에도 1년에 2회 정도는 방문을 할 것.
- 아이의 양육태도를 너무 무섭게 하지 않고 민주적인 방법으로 아이의 요구를 살펴줄 것.
- 어머니 자신도 위축된 생활에서 벗어나서 당당하고 자신감 있는 생활을 해나갈 것.

4) 사례 4

(1) 1999.4.1(목) 오후 3시 반. 6세 남아

(2) 유치원에 가기는 하지만 친구에게 관심을 나타내지 않음.

• 아이가 한 곳에 못 있고, 주의 산만함. 위험한 놀이를 함 위험에 대처, 고집이 셈.

• 말을 알아듣고 따라 하기는 하지만, 눈 맞추기를 많이 안함. 혼자서 놀려고 함. 비디오 게임을 좋아함. 혼자 있으면 몰두하는 행동.

• 가만히 놀다가도 건드리거나 때리거나 함. 많이 움직이는 편임. 안아주면 잘 안기고 함.

(3) 소그룹으로 지도.(소집단 언어치료 실시)

B병원 뇌파검사-자폐는 아닌 것 같음. 언어치료를 받음.

5) 사례 5

(1) 1999년 6월 18일 초등2년 남아.

(2) 사회성 지수가 낮음. 학교에 친구가 전혀 없음.

* 학습태도: 집중해서 듣지 않고 재미있어 하지 않고, 친구가 안 되고 혼자서 논다. 스스로 왕따라고 이야기 함.

* 엄마에 대한 집착이 있고, 학교 친구관계는 한 명에게 집착을 함.

〈CAT검사(다면적 인성검사)분석〉(일시-1999년 5월 7일(금)

아동은 자신의 욕구들을 대부분 구강기적인 욕구로 표현하고 있음을 볼 수 있다. 획득하려는 것들을 먹는 음식으로 표현하며, 그것들을 얻기 위해서 노력하려는 모습을 볼 수 있는 것이다. 즉 성취하려는 경향이 강하게 나타난다. 성취 욕구를 지니고 있는 반면에 무엇인가를 획득하지 못하면 그것에서 다른 것으로 합리화를 시키는 방어기제가 보인다. 다시 말해서 아동은 강하게 누군가와 힘을 겨루며 나가는 것을 좋

아하는 인성을 지녔으며, 그것으로 인해서 자신의 힘을 드러내려고도 한다. 그러나 그때마다 권위적인 힘에 자신의 욕구를 억제하고 자아를 다스리는 인성을 지니고 있다. 강자(자신보다 큰 대상)에게는 강한 모습을 보이고, 약자(어린대상)에게는 보호본능을 자극할 정도로 다정한 모습을 보인다. 약자가 불리한 상황에 부딪히면 다른 힘으로 그들을 반드시 도와주려는 의지를 지니고 있다. 그러나 이런 모습은 강자 앞에서는 다른 인성을 나타낸다. 모든 방법을 사용해서라도 이기려는 경쟁 심리를 보인다. 끝까지 이기려는 경쟁심리 때문에 다른 아동과의 배척을 두려워하며, 자신이 분리되는 갈등을 느끼고 있다. 그렇기 때문에 아동은 자신이 이길 수 있는 것도 다른 기제를 사용하여서 평등화된 결과를 얻도록 노력하는 경향이 나타난다. 아동은 더욱이 부모에 대해서 공급자로서의 관계를 유지하려고 한다. 자신에게 물질적인 것들과 다른 모든 것들을 줄 수 있는 존재이다. 한 이불 속에 있는 모습들을 나타내는 것으로 보아서 부모와의 분리현상에서 불안을 지니고 있음을 알 수 있다. 그러나 이 불안이 크게 아동에게 영향을 미치지는 않는다. 이것보다는 앞에서 말한 동년배들에게의 분리불안을 더욱 크게 느끼고 있음을 더욱 유의해야 할 것이다.

(3) 다른 아동이 하는 말을 귀담아 듣는 행동훈련

- 시작 전에 이야기 시간에는 마음대로 말하고 그 외의 시간에는 말하기 전에 손을 들고 허락을 받고 말하도록 지도한다.
- 말을 때와 장소에 맞게 적절하게 했을 때에 강화를 한다.
- 지능에는 문제가 없고 언어표현력 좋으나 대화 기술과 방법에 있어서 친구관계나 사회성 지도에 있어 혹시 문제가 있을지도 모르므로, 일단은 타인의 말을 먼저 잘 들어주는 경청법의 지도가 필요하다. 그런 후에 자신의 의사를 잘 표현하는 방법도 필요하다.

6) 사례 6

(1) 날짜 6.18 이름 - 남아

(2) 내성적이고 친구를 못사귐. 공부를 하지 않으려 함.

- 친구가 괴롭혀도 당하고 있음.
- 모르는 어른을 만나면 고개를 숙이고 아예 피함.
- 멍하게 앉아 있음. 예민하고 남을 의식한다.
- 집에서는 활달하나 나가서는 그렇지 않다.
- 요즘 정신과 병원에 다님.
- 어머니가 과잉보호를 하면서도 매를 듦
- 말이 늦음. 정서적으로 불안함.

(3)일관성 있는 양육태도 필요.

- 방과 후 일정시간 후에 규칙적인 학습지도.
- 양육태도 - 격려, 지지, 신뢰, 칭찬
- 어머니의 정서적 안정 필요
- 건전한 또래 경험 필요
- 친구 한명 있는데 그 친구 엄마가 정신적으로 문제가 있음.

4. 학업부진 문제상담 사례

1) 사례 1

(1) 1998년 6월 17일(수) 낮 12:50 12세 남아

(2) 학업에 있어서 이해력이 없고, 기억력이 없고 산만함.

- 3학년 경부터 성적이 반에서 최하위권임.
- 학원, 개별지도 해 보았으나 차이가 없음.

- IQ는 학교에서 보통이라고 함.
- 동생도 같은 경향임.
- 어려서부터 숙제를 엄마가 계속 도와서 같이 해 왔음.

* 친구관계는 많음.

(3) ① 개별 학습지도를 구체적으로 단계를 낮추어서 함. 2,3학년 수준부터 새로이 시작하여 검증해보도록(방학을 이용) 매일 혹은 이틀에 한 번 규칙적으로 하도록 함.

② 개별지도 교사는 남학생보다 여학생(대학 1, 2년도)가능함.

③ 학습지는 가장 쉬운 수준으로 시작함.

④ 신체상 질병은 없는지 방학을 이용해서 병원에서 뇌파검사를 해보도록 권유함.

⑤ 어머니가 아이의 학습을 도와주는 것을 지양하고 스스로 매일 조금씩 혼자서 하도록 조금씩 과제를 해나가도록 함.

⑥ 지능, 성격, 행동 검사 등 검사의 필요성이 있음.

* "학습 부진아"의 가능성이 엿보임.

2) 사례 2

(1) 1999년 4월 15일 7세 남아

(2) 한글을 60% 정도 읽을 수 있으며 학교에서 보내는 알림장에 "읽기 연습을 해 주세요"가 많이 적혀 있다. 선생님이 알림장에 적으라고 불러주면 다른 친구들은 받아 적는데 아동은 안 적는다고 함. 현재 피아노 미술학원을 다니고 있는데, 미술학원은 적응을 못하는 편임. 노는 것(로봇을 가지고)을 좋아하며 공부하는 것을 싫어하며 산만하다고 함.

3) 사례 3

(1) 1999년 3월 19일 금 오후 5시~6시. 초등2년 남아

(2) 읽기와 쓰기, 받아쓰기가 틀림(학습문제)

• 엉뚱한 말(가끔씩 섬뜩한 말을 함. 나를 낳았느냐, 떨어져 죽었으면 좋겠다. 성씨가 '오씨' 맞냐고 함.)

• 받아쓰기는 10개중 4개 맞음. 수학은 10문제 다 틀림.

• 의사소통할 때 '낮다'를 '높다' 로 바꿔 말함. '다녀오십시오'를 '다녀가세요' 등.

• 친구가 없다고 하고 텃밭에서 일을 하고 논다.

• 집에서는 게임기 혼자서 공부함. 친구도 없음.

아토피피부병이 있음. 감기 편도비대로 유치원에서 1학년까지 음성이상(목소리를 제대로 내지 못함)으로 아이들에게 놀림 당함.

• 취미가 그림 그리기임. TV시청시에는 여자아이들이 나오는 것을 즐겨 보고, 제스츄어도 여성적, 치마 그림을 그림.

(3) 방과 후 학원이나 미술학원 보내도록(소규모)

• 어머니가 칭찬과 격려를 사용하도록(애정표현을 하도록)

• 여자아이나 동생수준의 친구를 삼아주도록.

4) 사례 4

(1) 2002년 9월 9일 오전 10시. 4세 남아

(2) 학습지 열심히 하려고 노력을 함. 결과는 잘 따라 함. 국어 수학이 늦다.

• 말하기 전에 알아서 해 둠.

• 또래에 비해서 늦다. 이비인후과-정상

(3) 불명확 하게 했을 경우--명확하게 한 번 더 제시해 준다.

5) 사례 5

(1) 초등 4년. 남아.

(2) • 학원에서 산만함.

- 학습할 때 딴 일- 그림을 지켜 봄.
- 3학년 1학기까지만 해도 수학 잘 했는데 2학기부터 떨어짐.
- 정서적으로 불안, 지능이 떨어져서 그런가 생각됨.
- 국어쓰기가 안 되는 스트레스임.
- 전 과목 학원을 보내고 엄마와 집에서 두 시간 공부를 하게 됨.
- 사회성이 안 됨. 먼저 말을 건네지 않고 물으니깐 대답함. 간단한 것을 대답을 함. 생각을 해서 말하지 않으나 음절은 세 음절. 대화가 아예 안 됨.
- 발음이 부정확. 강한발음. 책을 읽어도 자연스럽지 못한. 배에 힘이 들어감.
- 산만하기도 함. 듣고 있는 것 같으면서도 안 됨.
- 글을 빨리 알음(5세 때 한글, 책을 읽음.), 생각을 요하는 부분이 잘 안됨.
- 자폐경향: 고집하는 것이 있음, 학습지 시키면 10문제 80% 맞음.
- 백일 때 수술-장 중첩으로 대수술을 받음. 병원에서 늦게 알음. B 병원 정신과의사는 태어날 때 그렇다고 함.
- 뇌 촬영 : 서울 삼성병원-지능검사 받음. 말을 많이 하니까 좋아짐.
- 운동이 뒤짐(세 발 자전거도 못 탐)

(3) 방학을 이용해서 매일 혹은 이틀에 한번 개별 학습지도를 함 - 가정환경을 조용히 하고 장난감등 치우고 함. 가장 쉬운 학습지부터 시작함.

- 교사는 남자보다는 여자로 하고 학습능력을 측정해 보도록 함.
- 병원 등에서 방학을 이용해 뇌파검사를 받아보도록 함.
- 어머니가 도와줘서 하는 학습을 지양하고 스스로 하도록 조금씩 과제를 매일 줌.
- 학업성취도를 평가하도록 함.
- 검사의 필요성 - 지능. 성격검사 등.

• 학습 부진아의 가능성도 검토

6) 사례 6

(1) 4월14일 초등3

(2) 덧셈, 뺄셈 안되고 학원 경험은 전혀 없다.

• 어머니는 키울 줄을 모름. 혼자 놀기 좋아함.

• 거짓말하고 아파트 11층에서 1층으로 물건을 내어 던짐.

• 도벽이 있다. 남에 집에 가서도 가져옴. 그래서 갚아주고 함.

• 병원에서 뇌파검사 - 이상 없음.

(3) ① 하루 10분씩 규칙적으로 학습하는 습관을 가르쳐 본다.

② 어머니와 자녀와의 진실한 대화의 필요성이 있음. 대화시간을 규칙적으로 정한다.

③ 도벽지도에 대해서는 미리 원하는 물건을 사주도록 한다(1주일에 두 번 정도).

④ 아이를 잘 관찰 했다가 도벽이 일어날 즈음을 예비해야 한다.

⑤ 어머니가 아이에게 이끌려 다니거나 속지 말고 통제해야 한다.

⑥ 체벌은 매는 소용없다. 체벌은 음식이나 Time out 등 다른 방법으로 해야 한다.

⑦ 아동과 합의하에 규칙을 정해야함.

⑧ 친구를 한명 사귈 수 있도록 도와줌.

5. 모자관계, 가족관계, 애착 상담사례

1) 사례 1

(1) 1999년 6월 17일. 8세 여아

(2) * 선생님을 어려워하지 않음.

- 튀는 행동을 한다.
- 동생 태어난 후 도벽 있음(1학년 때 두 번). 수첩 2번, 과자 한 번 가져옴.
- 6,7세까지 손가락을 빰. 못 빨게 하면 많이 움.
- 엄마를 자주 찾는다(수시로 확인함).
- 학교 다녀 온 후 엄마가 없으면 난리가 난다.

(3) 아이는 특별한 문제가 보이지 않음. 차차 좋아지고 있는 단계임.

- 어머니가 자녀에게 애착을 가지고 있음.

2) 사례 2

(1) 2001년 2월 24일. 9세 남아

(2) 형들이 때림.

- 감기 때문에 마음도 여리고 밥은 안 먹음.
- 학교성적 좋음
- 3개월째 지금 부가 양육하고 있음.

3) 사례 3

(1) 2001년 5월 17일 오후 4시. 5세 여아

(2) 아이가 3세에 어머니가 우울증이 심했다. 애를 심하게 다룸. 어

머니는 병원에는 다니지 않음. 5세 이후에는 어머니도 좋아지고 매도 덜 들고 안정을 되찾음.

- 아이가 병치레를 함. 아이는 똘똘하고 아이에게 한글도 시킴.
- 어릴 적 받은 영향이 문제가 되는지 궁금함.
- 고집이 세고, 다치면 울기 전에 눈치 보고 이거 하면 안 되지? 엄마 미안해 먼저 함. 눈치 보고 운다. 사회성이 부족하고 잘 싸우고 함.

(3) 올해 안에 아이 집단경험 시킴(유치원 연결)

- 어머니는 취미 생활하도록(친구관계 만들도록) 함.
- 건강한 모자 관계가 중요함. 아이에게 모의 심리가 그대로 전달되니 먼저 모의 심리적 안정이 중요함.
- 부모교육 권함.

* 관찰결과 아이는 영리하고 현재로선 밝다. 어머니 표정이 우울하고 걱정이 많아 보인다.

4) 사례 4

(1) 2004년 12월 14일 낮 1시 30분~2시. 남아

(2) 또래에 비해서 어머니와의 애착 정도가 심하고 처음 보는 사람에게 경계(?)하거나, "안해", "안한다" 등의 말을 자주함.

타인이 호의를 보이거나 하면 본인 스스로 다가서지 못함. 사회적 기본적 언어능력이 없음(혼잣말은 함. 여동생 어머니와의 관계는 성립), 주거나 받거나 하는 언어나 사회성능력 보이지 않음(2년 아래 여동생과의 관계는 가능), 행동이 상당히 주의 산만함. 또래에 비해 많이 움직임. 표정에 적대적인 표정이나 언어가 간혹 보임.

어머니의 일반적인 자녀양육태도의 문제점이 발견됨. 어머니 스스로 말하길 아동의 올바른 행동에 대해서 주의나 훈육을 하지 않았고, 그저 자연스러운 것으로 보아 넘겨왔다고 함. 아동에게 가르쳐야 할 부분을 전혀 가르치지 못했다고 본인도 인정함.

아동이 공격적, 혹은 적대적, 거부적으로 보이나 이상한 것은 어린이집에서는 오히려 또래에게서 맞거나 꼬집히고 집으로 오는 일이 있었다는 것, 보기에는 산만해보이나 또래관계에서는 수용되거나 놀이에 끼이지 못한 것으로 파악됨.

* 기타 병원의 검사 소견 등 청취함(참고)

① 주요사항은 태어나 두개골이 벌어진 정도가 심하여 생후 2주후에 검사를 다시 받은 적이 있다는 점.

② 장애인복지관(2004. 11. 17)제반 검사를 행한 결과, 지능지수 67, 언어 2세 11개월(그전의 검사에서는 3세 6개월로 나와 일치하지 않음), 심리는 안정되고 사회성은 정상이라는 검사결과를 받았다고 함.

③ 어머니의 희망으로는 아이가 의사표현을 잘 했으면 하는 바람을 이야기 함.

(3) 한 번의 면담으로는 아동의 행동을 자세히 파악할 수는 없음. 그러나 1회의 면담 소견으로는 아동지도나 아동의 단체생활에는 어느 정도의 어려움이 따를 것으로 예상됨. 따라서 지도하는 교사의 역량부분의 비중이 크게 요구됨.

6. 발달지체상담사례

1) 사례 1

(1) 2000년 3월 10일 오후 2시. 8세 남아

(2) 발달이 늦음. 신체발달은 빠르나 행동은 문제가 있음. 걷는 것 늦음, 그러나 전체적으로 이상은 없다고 함.

- 뇌파검사(6세 때)이상 없음.
- 유치원 3년 재원. 치료실에서 주2회 6개월 수업 받음. 언어 치료함.
- 98년도 지능검사 결과 75~85 발달지체로 나옴.

• 숫자 1~10은 알지만 11~20 응용을 못함.
• 국어는 읽고 쓰고 함.
• 그림그리기가 되지 않음 사람 형태나 집 그림이 되지 않음.
• 덩치에 비해서 손이 작고 손에 힘이 없음.
• 유치원에서 아이를 건드리고, 좋아서 말로 하고 싶으나 표현이 제대로 되지 않음.

〈CAT 검사결과〉(일시: 2000년 5월 12일)

친구들과의 활동에 관심 있어 하며 유친의 욕구가 나타난다. 공부에 대한 성취의 욕구가 나타나며 공부하지 않을 때의 처벌에 대해 두려워 한다. 자신을 드러내고 싶어 하는 경향이 아주 약하게 드러난다. 공격에 대해서 후퇴하거나 회피하는 경향이 있다.

가족과의 관계는 원만하며 친화적인 분위기 조성을 위해 애쓰는 듯하다. 아버지를 친한 상대로 여기고 있으며 권세는 있지만 조금은 힘이 없는 존재로 나타난다. 아동은 아버지를 의존하는 경향을 띤다. 어머니는 권위적이며 힘 센 존재로 묘사되며 때로는 적개심과 반항심이 나타나나, 곧 회피하거나 순종한다.

(3) ① 행동주의-지시적 혹은 주도적
② 게임은 먼저 설명을 간단히
③ 학습지도를 함. 학습지도와 휴식의 적절한 배분을 한다. 학습지도에는 긴 집중을 하도록 한다.
④ 학습내용의 난이도와 아동의 수준 맞추기.

2) 사례 2

(1) 2001년 5월 25일 오후 2시 30분. 초등6년 여아

(2) 친구 사귈 줄 모르고 혼자 떨어져 있음. 언니도 성적이 좋지 않음(거의 영점)

- 학원이 별 효과가 없음. 학습이 뒤떨어짐.
- 학습은 전 과목이 0점 수준. 먹는 것은 정량 정식임.
- 말은 본인을 귀찮게 하면 조리 있게 잘함. 컴퓨터 음악은 감각이 있음. 체육 음악, 미술을 좋아함. 친구가 거의 없음. 친구에게는 다가감. 먹는 것은 남에게 줄려고 하지 않음.
- 3.6kg 크게 아픈 것 없음. 현재도 체격이 작은 편. 어릴 적에 열이 나면 열 경기를 함. D의료원 소아과를 다님. 양육시 집에서만 키움. 이웃에도 거의 나가지 않고 어머니는 아이에게 "하지마", "안된다"고 함. 4세 때 어머니 잠시 파트타임 일을 함.
- 2,3학년 때 B병원에 나감. 치료해보고 특수교육 받도록 권유 받음. 학년 테스트를 해봄. 응답을 안함. 불가 판정.
- 5학년 겨울방학 1월에 간질 증세. 현재 B병원 신경과에 다님. 4학년 때 약 먹고 좋아짐. 신경과에서는 약 먹고 3년 지나면 좋아진다고 함.
- 학습은 전 과목이 다 떨어짐. 전혀 하지 않으려고 함. 10분 이상 지나면 관심을 가지지 않으려고 함.

(3) 집중 학습지도의 필요성, 사회성개발의 필요성, 지능검사를 하도록 함.

3) 사례 3

(1) 1999년 3월 5일 오후 2:40. 여동생(3학년), 부모

(2) 성격장애, 학습장애가 있음. 학교에서는 특수반에 보내도록 함. 제일 어려운 건 본인이 배우려는 마음을 가지지 않음. 유치원 1학년 때 비음이 많이 남. 좋아졌으나 친구 관계도 좋지 않음. 자신감이 필요한 듯함. 목소리 때문에 친구들에게 따돌림. 목소리는 발음에 비음이 많이 있어서 다루기가 어려움. 병원에서 음성교정을 위해 검사를 함. 3학년 때 소아정신과에서 지능이 낮다고 이야기함. 약을 줌.

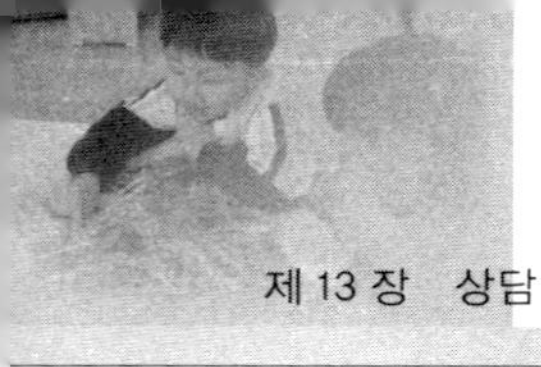

(3) 부모에게 아이의 행동치료를 하도록 권함. 내담약속을 했으나 교육을 보류하겠다고 전화 옴.

4) 사례 4

(1) 3월 2일 6세

(2) 묻는 말에 대답을 하지 않고, 말 전달을 못함. 놀다가 왔다는 등의 이야기가 안됨.

- 4세 때 말귀를 못 알아들음. 4세 때부터 조금씩 늦었음.
- 소아정신과(삼성병원)검사는 하지 않음.
- 원장님 이야기는 관심을 보임.
- 말은 횟수가 많아짐 말귀는 알아들음.
- 어린이집 1년 다님. 이야기를 하면 대답을 못함.
- B병원 소아정신과에 의뢰함.

5) 사례 5

(1) 2000년 4월 7세

(2) 3세반에도 수업이 안됨. 자기 이름도 표현을 못함.

- 집중력이 없고 앉아 있지 못함.
- 영어단어를 기억함. 다른 것은 모름.
- 학습의욕이 없다. 색종이 붙이기를 한다.
- 4세 때 혼자 이야기함. 따라만 하고 말이 늦됨.
- 약간 지능적으로 떨어짐.
- 다 정상적인데 그림. 손. 운동이 늦음.

참고 문헌

강문희(2000). 『유아생활지도』. 교문사.
강희영 · 이성한(2006). "TA 인지행동놀이치료의 적용과 ADHD 아동의 주의 산만, 충동성, 자아개념의 변화". 『아동연구』, 15, 39-56.
권세경 · 장미아(2004). 영유아놀이지도. 동문사.
김계현 편저(2003). 『상담심리학연구 Ⅱ』. 학지사.
김계현(2004). 『상담심리연구』. 학지사.
김광웅 · 유미숙 · 유재령(2004). 『놀이치료학』. 학지사.
김군자(1998). 『음악치료의 이론과 실제』. 양서원.
김나영 · 이승희(2001). 『아동임상 및 상담심리』. 동문사.
김동연(2000). 『미술치료 비디오 활용지침서』. 학지사.
김동연, 이재연, 홍은주(2001). 『아동미술심리이해』. 학지사.
김순혜(2003). 『아동상담』. 학지사
김재은(1996). 『아동의 심리치료』. 배영사.
김청송(2002). 『정신장애사례연구-DSM-Ⅳ를 중심으로-』. 학지사.
김춘경(2006). 『아동상담-이론과 실제-』. 학지사.
김혜련 · 신혜섭(2005). 『정신건강론』. 학지사.
김효경(1992). 『독서의 힘』. 구미무역.
류종훈(2004). 『최신정신건강론』. 청목출판사.
박성숙 · 이성한(2007). "SQ3R 독해전략프로그램의 적용이 학습부진아의 국어과 교과 독해력과 자기효능감에 미치는 효과". 『아동연구』, 16.
신민섭 외(2002). 『그림을 통한 아동의 진단과 이해』. 학지사.
안영진(2006). 『새아동상담』. 동문사.
안영진, 장선철(2005). 『아동상담』. 동문사.
오영희 · 박창옥(2006). 『정서 및 행동장애아교육의 이해』. 동문사.
윤치연 · 이영순 · 천성문(2004). 『특수아상담 및 치료교육프로그램』. 학지사.
윤혜미 · 김혜래 · 신영화(2005). 『아동복지론』. 청목출판사.
이 숙 · 정미자 · 최진아 · 유우영 · 김미란(2004). 『아동상담』. 양서원.
이성진(2004). 『행동수정』. 교육과학사.
이성한(1993). "부모교육 프로그램의 적용과 그 효과". 『아동연구』, 2, 32-46.
______(1994). "어머니 집단의 자녀의 문제 행동 대응방법의 획득과 일반화에 관한 임상사례 연구". 『아동연구』, 3, 19-36.
______(1995). "언어지도 기법의 적용과 아동의 언어행동 개선에 관한 연구". 『아동연구』, 4, 57-77.

______(1996). "소집단활동과 아동의 그룹참가 행동변화". 『아동연구』, 5, 61-73.

______(1998). "아동 문제 행동 개선을 위한 부모의 준전문가기능에 관한 연구". 『아동연구』, 7, 28-47.

______(1999). "아동의 반사회적 행동지도를 위한 대화나누기와 놀이치료의 적용". 『아동연구』, 8, 31-48.

______(2000). "어머니의 유아기 자녀에 대한 커뮤니케이션 행동과 그 변화에 관한 연구". 『아동연구』, 9, 31-49.

______(2001). 놀이 활동 프로그램의 개발과 적용에 따른 유아의 어휘력 증가에 관한 놀이치료 사례 연구. 아동연구, 10, 32-47.

______(2002). "놀이지도 소집단 상담 장면에서의 반구조적 접근법에 의한 학령전기 아동의 사회성 개발". 『아동연구』, 11, 34-52.

______(2002). "부모훈련 프로그램 효과의 분석과 적용". 『한국 상담 및심리치료학회지』, 14, 1, 179-196.

______(2004). 『소그룹 놀이지도 프로그램 적용을 통한 4세 일반 아동의 사회적 행동 관찰 연구". 『아동연구』, 13, 69-86.

______(2005). "학령후기 초등학생의 주의력집중 행동 개별상담사례". 『아동연구』, 14, 54-67.

이성한(2006). 소집단놀이활동과 아동의 언어 및 사회적 행동변화. 상담학연구, 7(2), 505-521.

이성한 · 김환 · 김희정 · 이두림 · 전미혜 · 최지혜(1997). "행동기법의 적용에 의한 주의력 결핍 과잉행동장애(ADHD)의 과잉 행동 및 언어행동요법과 일반화". 『아동연구』, 6, 25-44.

이성한 · 김한나 · 김선경 · 장수현 · 한은희(2003). "인지적, 메타 인지적 전략 교수법에 의한 학령기 아동의 수학 문제 해결력 지도". 『아동연구』, 12, 36-54.

이성한 · 中野良顯(2001). "부모에게 효과적인 아동양육기능을 가르친다". 일본 행동분석학회, 『제19회 대회발표 논문집』, 19, 68-69. 일본 서남여자대학교.

이영석 · 김숙자 · 이항재 · 최민수(1999). 『현대 부모교육론』. 형설출판사.

이영호(2006). 『정신건강론』. 공동체.

이장호 · 정남운 · 조성호(2005). 『상담심리학의 기초』. 학지사.

이재연(2001). "아동문제해결을 위한 독서치료의 적용과 전망". 숙명여자대학교 아동연구소, 15.

______(2001). 『아동문제해결을 위한 독서치료의 적용과 전망』. 숙명여자대학교 아동연구소, 15.

이태연 · 최명구(2006). 『생활속의 정신건강』. 신정.

이형득 · 김성회 · 설기문 · 김창대 · 김정희(2003). 『집단상담』. 중앙적성출판사.
임종렬(1999). 『모신』. 한국가족복지연구소.
장선철(2006). 『아동생활지도』. 태영출판사.
장정옥분 · 정순화(2005). 『부모교육-부모역할의 이해』. 양서원.
정용부 · 고경인 · 신경일(1999). 『아동생활지도와 상담』. 학지사
조성연 · 이정희 · 천희영 · 심미경 · 황혜정 · 나종혜(2005). 『아동발달의 이해』. 신정.
주리애(2000). 『미술치료는 마술치료』. 학지사.
______(2003). 『미술치료요리책』. 아트북스.
최병철(1996). 『음악치료학』. 음악춘추사.
한국행동요법학회편(2003). 『행동요법』. 양서원.
현윤이(1992). "정신병환자에 대한 시치료 활용에 관한 연구". 『원광복지』, 1, 45-83. 원광대학교 사회복지학과 인문과학연구소.
현정환(2003). 『아동문제행동의 이해와 지도』. 창지사.
황의백(1996). 『독서요법』. 범우사.
______(1996). 『독서치료』. 범우사.

岡堂哲雄(1993). 『心理面接學』. 山內出版.
岡本夏木(2005). 『유아기』. 일본 : 岩波新書.
乾吉佑, 飯長喜一郎, 條木滿(1991). 『교육심리임상』. 일본: 성화서점.
桂廣介, 石田恒好편(1978). 『아동심리학』. 일본: 酒井서점.
桂廣介, 長島貞夫, 眞仁田昭, 原野廣太郎編(1988). 『아동의 문제행동』. 일본 : 金子書房.
國分康孝(1979). 『카운슬링의 기법』. 일본: 誠信書房.
國分康孝, 中野良顯(2000). 『교사가 육성하는 카운슬링』. 일본: 동경서적.
堀川直義(1994). 면접. 신판 심리학사전. 일본: 평범사.
宮本茂雄, 林邦雄, 細村夫, 武田洋編著(1987). 『지도기법핸드북』. 일본 : koreru社.
內山喜久雄, 高野清純, 田畑治(1988). 카운슬링. 일본: 일본문화과학사.
藤永保, 高野清純편(1977). 발달과 학습. 일본: 일본문화과학사.
藤永保, 三宅和夫, 山下榮一, 依田明, 空井健三, 伊尺琇而(1989). 『臨床心理學』. 일본 : 有斐閣북스.
武藤清榮, 涉谷英雄(2006). 『메일 카운슬링』. 일본: 川島書店.
森谷寬之(2005). 『臨床心理學』. 일본 : 사이언스사.
三宅和夫(1993). 『유유아의 인격형성과 가족관계』. 일본: 방송대학교육진흥회.
上出弘之 小鳥謙四郎 伊藤隆二편(1988). 아동상담. 일본: 有斐閣選書.
小批木啓吾編(1989). 『현대의 정신분석』. 일본: 株式會社 日本評論社. 167-178.

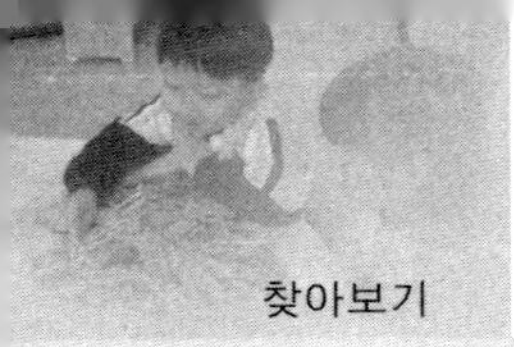

宋原達哉(1988). 아동, 생도이해의 방법. 일본: 교세이.
伊東博(1988). 신정 카운슬링. 일본: 성신서방.
伊藤隆二편(1989). 『심리치료법 핸드북』. 일본: 福村출판.
長谷川榮, 杉原一昭(1994). 『학생지도와 교육상담』. 일본: 협동출판.
井上建治(1979). 子供の發達と環境。일본: 東京大學出版會.
井上健治(1985). 『아동의 발달과 환경』. 일본 : 동경대학 출판회.
左藤泰三, 市川宏伸(2002). 임상가가 알아 두어야한 어린이 정신과. 일본: 醫學書院.
中野良顯(1989). 행동요법. 伊藤隆二편. 심리치료법 핸드북. 일본: 福村出版, 635-706.
村山 正治(1987).maslow. 『兒童臨床心理學辭典』. 771.
太田昌孝(2006). 『發達障害』. 일본: 日本評論社.
河合洋, 山登敬之(2006). 『こどもの精神障害』. 일본: 日本評論社.
河合準雄(1998). 임상교육학입문. 일본: 岩波서점.

Alberto, P. A. & Troutman, A. C.(1986). Applied Behavior Analysis for Teachers. Merrill Publishing Company & A Bell & Howell Company.
American Counseling Association.(1995). *Ethical standards of the American Counseling Association.* Alexandria, VA: Author.
Anderson, C. E.(2000). Dealing constructively with managed care: Suggestions from an insider. *Journal of Mental Health Counseling*, 22, 343-353.
Axline, V.(1969). *Play therapy*. NY: Ballantine Books.
Bandura, A.(2000). Social cognitive theory. In A. Kazdin(Ed.), *Encyclopedia of psychology*. Washington, DC. and New York: American Psychological Association and Oxford University Press.
Bowlby, J.(1973). *Seperation: Anxiety & Anger 2. Attachment and loss*. London: Hogarth Press.
Boxhill, E. H.(1985). *Music therapy for the developmentally disabled.* Rockville, Md: Aspen Systems Corp.
Brammer, L. M.(1993). *The helping relationship*(5th ed.). Boston: Allyn & Bacon.
Cameron, S., & tutle-song, I.(2002). Learning to write case notes using the SOAP format. *Journal of Counseling and Development*, 80, 286-292.
Cathy, A. Malchiodi, 김동연 · 이재연 · 홍은주 역(2001). 『아동미술심리이해』.

학지사.

Clynes, M., & Walkers, J.(1982). *Neurobiologic functions of rhythm, time, and pulse in music.* In M. Clynes.(Eds.), Music, mind, and Brain, 172-216. NY: Plenum Pless.

Cooper, C. C. & Gottlieb, M. C.(2000). Ethical issues with managed care: Challenges facing counseling psychology. *The Counseling psychologist*, 28, 179-236.

Corcoran, K. & Vandiver, V.(1996). *Maneuvering the maze of managed care. Skill for mental health practioners.* New York: The Free Press.

Cormier, W. H. & Cormier, L. S.(1998). *Interviewing strategies for helpers: Fundamental skills and cognitive behavioral interventions*(4th ed.). Pacific Grove, CA: Brooks/Cole.

Feldman, M. A., Condillic, R. A., Tough, S., Hunt, S., & Ggiffiths, D.(2002). Effectiveness of community positive behavioral intervention for persons with developmental disabilities and severe disorders. *Behavior Therapy*, 33, 377-398.

Gladding, S. T. & Newsome, D. W.(2004). *Community and agency counseling*. Pearson Merrill Prentice Hall.

Glosoff, H. L.(2001). Managed care: A critical ethical issue for counselors. *Counseling and Human Development*, 31, 1-16.

Goodyear, R.K., & Bradley, F. O.(1980). The helping process as contractual. *Personnel and Guidance Journal*, 58, 512-515.

Hackney, H. & Cormier, L. S.(1996). *The professional counselor*(4th ed.). Boston: Allyn & Bacon.

Hurlock, E. B.(1964). *Child Development.*

Ivey, A.(1983). Microcounselling

Johnson, J. H., Rasbury, W.C., Siegel, L. J.(1986). Approach to Child Treatment: Introduction to Theory, Reaesrch and Practice. Pergamon Press. 김태련·이경숙·이선우·강우선 옮김(1999). 『아동치료접근』. 이화여자대학교 출판부.

Kelly, K. R. & Stone, G. L.(1982). Effects of time limits on the interview behavior of type A and B persons within a brief counseling analog. *Journal of Counseling Psychology*, 29, 454-459.

Lambert, M. J. & Bergin, a. E.(1994). The effectiveness of psychotherapy. In A. E. Bergin & S. L. Garfield(Eds.), *Handbook of psychotherapy and behavior change,* New York.

Wiley, 143-189.

Lendreth, G.(1991). *Play therapy: The art of the relationship*. Muncie, IN: Accelararated Development.

Loborsky, L.(1984). Principles of Psychoanalytic Psychotherapy, Basic Books, New York.

Lowenfield, M.(1957). *Creative and mental growth*. NY: MacMillan Co.

McCrady, Barbara, S.(2001). Special Series: Behavior Therapy Perspectives on the American Psychiatric Association Practice Guidelines. *Behavior Therapy*, 32, 209-210.

Merriam, A.P.(1964). *The antropology of music*. Chicago, IL: Northwest University Press.

Michael, B. First., Allen Frances, Harold., Alan, Pincus.(2004). DSM Ⅳ-TR Guidebook. American Psychiatric Publishing, Inc.

Mitchell, R. M.(2001). The ACA legal Series: Documentation in counseling records(2nd ed.). Alexandria, VA: American Counseling Association.

Naumbetg, M.(1966). *Dynamically Oriented Art therapy: Its Principles and Practics*. New York: Grune & Stratton.

O' Connor, K. J.(1991). *The play therapy primer. An integration of therapies and techniques*. NY: Wileys.

Papageorgious, C.(2001). Positive Beliefs about Depressive Rumination: Development and Preliminary Validation of a Self-Report Scale. *Behavior Therapy*, 32, 13-26.

Phelps, R., Eisman, E. J., & Kohout, J.(1998). Psychological practice and managed care: Results of the CAPP practitioner study. *Professional Psychology Research and Practice*, 29, 31-36.

Piazza, N. J. & Baruth, N. D.(1990). Client record guidelines. *Journal of counseling and Development*, 68, 313-316.

Prieto, L. R. & Scheel, K. R.(2002). Using case documentation to strengthen trainees case conceptualization skills. *Journal of Counseling and Development*, 80, 11-21.

Salup, B. T., & Salup, A.(1978). *Bibliotherapy: A Historical review*.

Santrock, J. W.(2003). Adolescence(9 th. ed.). McGraw Hill. 50.

Seligman, I.(2001). *System, strategies, and skills of counseling and psychotherapy*. Upper Saddle River, NJ: Merrill/Prentice Hall.

U.S. Surgeon General's Report on mental health.(1999). Washington DC: Office of the surgeon General.

Wadeson, H.S.(1980). *Art Psychology*. New York: John Wiley & Sons.
Young, M. E.(2001). *Learning the art of helping: Building blocks and techniques*(2th ed.). Upper Saddle River, NJ: Merrill/Prentice Hall.

Web Sites

KPA: Korea Psychology Association.
KCA: Korea Child Association: http://www.childkorea.or.kr/.
KIGEPE: Korea Institute for Gender Equality Promotion and Education: http://www.kigepe.or.kr/usr/eng/intro.asp.
Korea Youth Counseling Institute: http://www.kyci.or.kr/ eng_youth /e-kyci.html:.
J-ABA: Japanese Association for Behavior Analysis.
AABT: Association for Advancement of Behavior Therapy.
New York Institute for Cognitive and Behavioral Therapies.
NBCC: the National Board for Certified Counselors: www.nbcc.org.
APA: American Psychiatric Association.
APA: American Psychological Association.
NACBT: National Association of Cognitive-Behavioral Therapists.
ACA: American Counseling Associations.www.counseling.org.

찾아보기

[ㅇ]

[ㅈ]

〈기타〉

[저자 소개]

• 이성한(Lee Sung Han)

이메일 주소: shlee@kosin.ac.kr
부산 고신대학교 아동복지학과 교수
일본 츠쿠바대학(筑波大學) 교육학과 박사과정 졸업
학교교육학(생활지도, 교육임상) 전공
교육학 박사

〈논문〉
유아의 행동개선을 촉진하는 부모훈련프로그램의 개발과 효과에 관한 연구(학위논문)
소집단 놀이활동과 아동의 언어 및 사회적 행동변화
아동중심 소집단 놀이지도활동과 사회성 개발
부모훈련 프로그램 효과의 분석과 적용 외 다수

〈저서〉
행동요법Ⅱ(2006, 공저)
행복한 아이 행복한 부모(2006)

아동상담

2007년 8월 20일 초판인쇄
2007년 8월 25일 초판발행

저 자 이 성 한
발행인 유 성 렬
발행처 청목출판사
서울특별시 영등포구 신길동 233-96
전화 (02) 849-6157(代) · 2820
FAX (02) 849-0817
등록 제318-1994-000090호

파본은 바꾸어 드립니다. 값 18,000원

http : //www.chongmok.co.kr

ISBN 978-89-5565-202-4